Heino Hollstein-Brinkmann

Soziale Arbeit und Systemtheorien

Lambertus

Band 2 der „Darmstädter Beiträge zu Studium und Praxis" der Evangelischen Fachhochschule und der Evangelischen Hochschulgesellschaft Darmstadt, herausgegeben von Verena Krähenbühl, Gertrud Nolterieke und Karin Siegmann.

Die Deutsche Bibliothek – CIP-Einheitsaufnahme

Hollstein-Brinkmann, Heino:
Soziale Arbeit und Systemtheorien/
Heino Hollstein-Brinkmann. – Freiburg im Breisgau :
Lambertus, 1993 (Darmstädter Beiträge zu Studium
und Praxis; Bd. 2)
Zugl.: Frankfurt (Main), Univ., Diss., 1992
ISBN 3-7841-0658-7
NE: GT

Alle Rechte vorbehalten
© 1993, Lambertus Verlag, Freiburg im Breisgau
Umschlaggestaltung: Christa Berger, Solingen
Umschlagfoto: Uwe Stratmann, Wuppertal
Herstellung: Druckerei Rebholz GmbH, Freiburg im Breisgau
ISBN 3-7841-0658-7
D 30

Inhalt

5

Vorwort des Herausgeberkreises

Soziale Arbeit als Wissenschaft existiert bereits seit einigen Jahrzehnten in Entwürfen, Modellen und theoretischen Konzepten[1]. In den letzten Jahren werden Anstrengungen deutlich, eine solche Wissenschaft inhaltlich stärker zu akzentuieren und voranzutreiben. Gegenstand, Erkenntnis- und Handlungstheorien sowie Forschungsmethoden und Professionalisierungsbestrebungen von Sozialarbeit / Sozialpädagogik werden untersucht, verbunden mit einem neuen Interesse für die historischen Wurzeln und die Denkansätze der Pionierinnen Sozialer Arbeit. Studienordnungen an Fachhochschulen werden reformiert und – weg von der Fächerorientierung – auf eine fachwissenschaftliche Basis des Berufs ausgerichtet. Weiterbildungsstudiengänge entstehen, und die Forderung nach Promotionsmöglichkeiten auch an Fachhochschulen wird lauter. Die Chancen für eine wissenschaftlich begründete Praxis sind groß. Gleichzeitig werden gesellschaftliche Bedingungen sozialstaatlicher Sicherung von Professionalisierung und Selbsthilfe immer prekärer. Die Nachfrage nach einer theoretischen Orientierung, die die Folgen der „Modernisierungsschübe" innerhalb des gesellschaftlichen Wandels und seiner Widersprüche kritisch untersucht und Perspektiven aufzeigt, wächst.

Die vorliegende Studie untersucht den Beitrag der Systemtheorie zu Fundierung und Weiterentwicklung einer Wissenschaft Sozialer Arbeit. Dabei handelt es sich nicht einfach um eine distanzierte, distanzierende Betrachtung von Konzepten, Theorien und Ideen. Die berufliche Biographie des Autors bildet sozusagen die Klammer zwischen Theorie und Praxis der Sozialen Arbeit einerseits und der Auseinandersetzung mit Systemtheorien andererseits. Der Verfasser hat über 12 Jahre als Sozialarbeiter im öffentlichen Dienst gearbeitet. Seine Weiterbildung in systemischer Familienberatung an unserer Hochschule hat ihn mit dem systemischen Denken und Handeln vertraut gemacht und ihn gezwungen, in einem Arbeitsfeld Sozialer Arbeit zu überprüfen, wie Systemtheorie im Kontext dieser Arbeit nutzbar gemacht werden kann. Seine Promotionsarbeit hat er nun dieser wichtigen Fragestellung gewidmet.

Ein weiterer Bogen ist in diesem Buch gespannt, der den Leser und die Leserin bekannt macht sowohl mit den Denktraditionen Sozialer Arbeit als auch den Entwicklungsschritten, Grundannahmen und Ursprüngen systemischen Denkens. Dabei erweist sich „der Hauptertrag der Erkenntnis aus der Systemtheorie für eine Entwicklung einer Theorie Sozialer Arbeit (...) in der Übernahme der Systemvorstellung als solcher: Alle sozialen Phänomene können unter dem Aspekt ihrer Verbundenheit und Zugehörigkeit zu einem übergeordneten Kontext betrachtet werden"[2]. Das Verstehen der Dynamik von Systemzusammenhängen kann also das Fundament für eine theoretische Orientierung und den Ausgangspunkt für sinnvolles Handeln bilden.

Die vorliegende Arbeit zeigt eindrucksvoll, daß mit der Systemtheorie ein Theorierahmen Sozialer Arbeit geschaffen werden könnte, der bestehende Konzepte, Denk- und Handlungstraditionen dieses Berufs nicht von vornherein als „richtig" oder „falsch" einsortiert oder sogar ausgrenzt und ausschließt, sondern prüft, welche Teilperspektiven sie auf der Beschreibungs- und Handlungsebene zu einer Gesamtschau anbieten. Zusammenfassen, verknüpfen und vernetzen, ohne zu vereinheitlichen, sind nicht nur in der Sozialen Arbeit not-wendige Aktivitäten, um die wachsende Komplexität im Denken und Handeln bewältigen zu können.

Die vielbeschworene „unvollständige Professionalisierung" erscheint in diesem Licht positiv als konstitutives Merkmal eines Berufs in einer Gesellschaft, in der Unstrukturiertheit, Ausdifferenzierung und Ungewißheit zunehmen. Wir hoffen, daß gerade auch Praktikerinnen und Praktiker der Sozialen Arbeit dieses Buch in die Hand nehmen, weil wir glauben, daß sie Anregungen für ihr Denken und Handeln gewinnen können. Ihr Erleben von Widersprüchen in den vorhandenen Strukturen Sozialer Arbeit, von begrenzten und immer enger werdenden Handlungsmöglichkeiten in einer sich ständig verändernden Gesellschaft, entkräftet der Autor nicht, sondern er zeigt auf, daß und wie eine systemische Deutungs- und Handlungsrichtung alternative Zugänge in Praxis und Theorie eröffnet.

Darmstadt, im Dezember 1992

Der Herausgeberkreis:
Verena Krähenbühl
Gertrud Nolterieke
Karin Siegmann

ANMERKUNGEN

[1] Ernst Engelke: Soziale Arbeit als Wissenschaft. Freiburg 1992, S. 14
[2] S. 196 der vorliegenden Arbeit

10

Vorwort

Es scheint allmählich ein Modernitätsnachweis zu werden, sich mit „Systemtheorie" oder „Lebenswelt" zu befassen. Die Auseinandersetzung des Verfassers mit diesem Thema ist zweifellos von diesem Schielen nach Aktualität frei und trotzdem hoch aktuell. Die langjährige Erfahrung des Autors in einem Jugendamt, in systemischer Familienberatung und in der Lehre an einer Fachhochschule motivierte ihn zur Suche nach den Zusammenhängen. Ist nicht Sozialarbeit in ihrem Selbstverständnis zur „Verteidigung des Individuums" gegen Systemzwänge verpflichtet und muß sie sich nicht deshalb gegen Systemtheorien und ihre Konsequenzen abschirmen? Oder verschieben sich ohnehin wieder einmal die Gewichte vom Subjekt zum sozialen oder ökologischen System? Haben Theorien aus der Biologie, Physik und Kybernetik einen Erklärungswert für soziale Phänomene? Da für den Bereich der Sozialarbeit nur einige ältere Übertragungsversuche zur Systemtheorie vorliegen, drängt sich eine umfassendere Sichtung und Bearbeitung geradezu auf, um herauszufinden, welche der verschiedenen Systemtheorien spezifische Erklärungsmuster für Sozialarbeit und ihre Theorie anzubieten haben und wo ihre Chancen und Grenzen liegen.

Die besondere Schwierigkeit lag sicher darin, dieses hoch theoretische Denksystem auf seinen pragmatischen Nutzen zu untersuchen. Dazu werden zuerst die Entwicklungsgeschichte der Systemtheorie und ihre verschiedenen Ausprägungen im kybernetischen Modell, in der Theorie offener Systeme und der Selbstorganisationstheorie sowie die erkenntnistheoretischen Ansätze des Konstruktivismus dargestellt – und auf ihre Konsequenzen befragt.

Demgegenüber werden zentrale Begriffe der Theoriegeschichte Sozialer Arbeit wie Integration, Emanzipation, Beratung und Handlungsforschung diskutiert. Systemische Modelle werden dann unter dem Aspekt der Methodenintegration und Professionalisierung mit Begriffen wie Lebenswelt, sozialer Wandel, Selbsthilfe, Subsidiarität und Wohlfahrtsstaat verknüpft.

Dem Verfasser ist es außerordentlich gut gelungen, die schwierige Materie so aufzuarbeiten, daß einerseits eine verständliche Einführung in das Denken der Systemtheorie entstanden ist und andererseits ihr Ertrag für die Sozialarbeit und ihr Selbstverständnis überzeugend deutlich wird. Dabei arbeitet er aber auch kritisch die Grenzen heraus, die besonders am Homöostase-Modell, am Prinzip der Selbstorganisation (Autopoiese) und am Strukturdeterminismus festgemacht werden, der pädagogische Beeinflußbarkeit oder freie Wahl weitgehend ausschließt.

Der große Nutzen dieser Arbeit liegt in ihrer Klarheit, Verständlichkeit und weitgespannten Gründlichkeit. Bei aller Wertschätzung systemischer Sichtweisen werden zu hochgespannte Erwartungen zu einer realistischen Einschätzung der Möglichkeiten geführt. Darin liegt der eminent wichtige Beitrag der Arbeit für Theorie und Praxis der Sozialarbeit und Sozialpädagogik.

Gerd Iben

Wie in einem fremden Land mag sich mancher fühlen, der den Versuch unternimmt, in die Systemtheorie einzudringen. Die Gefahr, sich darin zu verirren, ist groß.

A. Treml (1990: 150)

‚Systemtheorie' ist heute ein Sammelbegriff für sehr verschiedene Bedeutungen und sehr verschiedene Analyseebenen. Das Wort referiert keinen eindeutigen Sinn.

N. Luhmann (1984: 15)

Einleitung

Ein wichtiger Ausgangspunkt dieser Arbeit war meine Weiterbildung und anschließende mehrjährige Praxis in systemischer Familienberatung. Dabei erlebte ich das systemorientierte Konzept als hilfreich zur Entwicklung von Hypothesen in bezug auf Personen und Familien wie auch zur Strukturierung von Beratungssituationen selbst. Insbesondere sehe ich es als Vorteil an, mit Begriffen und Bildern arbeiten zu können, die anschaulich sind und von den zu Beratenden nachvollzogen werden können. Systemdenken kommt der Praxis Sozialer Arbeit entgegen, in der es ja immer um beides, Erleben und Handeln, geht.

Die Beteiligung verschiedenster gesellschaftlicher Funktionsbereiche an Problemlagen wie auch an Lösungsmöglichkeiten und insbesondere die als Rahmenbedingung für Soziale Arbeit wirkenden Dimensionen der Sozialpolitik erfordern ein Denken und Handeln in überindividuellen Zusammenhängen. Die Grenzen der Handlungsmöglichkeiten in der Praxis zeigen dies immer wieder deutlich. Das Bild mehrseitiger Verbundenheit und Abhängigkeit auf allen Komplexitätsstufen der Realität findet einen Ausdruck in den Begriffen der Systemtheorie.

Fragen nach theoretischen Zusammenhängen, nach Herkunft, Konsistenz und Kompatibilität systemischer Ansätze mit anderen sind der Erfahrung der Anwendbarkeit und Nachvollziehbarkeit in der Praxis erst nachgefolgt. Insofern ist diese Arbeit auch Ausdruck einer erkenntniskritischen Haltung, die in gelingender Praxis zwar das stärkste Argument für eine Theorie sieht, sich jedoch dadurch nicht hindern läßt, auch zu fragen, in welchem erkenntnistheoretischen, ideengeschichtlichen und gesellschaftspolitischen Rahmen eine Theorieentwicklung steht.

Ist von ‚System' die Rede, so stellen sich in der Diskussion schnell die bekannten Vorbehalte ein. Zunächst der Ideologieverdacht: Systemtheorie, so wird vor allem mit Bezug auf Parsons gesagt, suggeriert die Vorstellung einer harmonisch integrierten Gesellschaft, welche die allgegenwärtigen Widersprüche zudecke.[1]

Zum zweiten wird ‚System' als Gegenbegriff zu ‚Subjekt' gefaßt und muß daher gerade im pädagogischen Diskurs beunruhigend wirken; ist doch der Subjektbegriff der „Sinnkern sozialpädagogischen Denkens", „die semantische Figur, mit der in der neuzeitlichen Gesellschaft die Realität des Menschen gefaßt und zugleich auch als ein Ideal verbürgt wird" (Winkler 1988a: 98). Verteidigung des ‚Individuums', so scheint es, müsse notwendig mit einer Zurückweisung systemtheoretischen Denkens einhergehen.

In dem Diktum von Habermas (1971: 145), Systemtheorie sei die „Hochform eines technokratischen Bewußtseins", zeigt sich die Bewertung der soziologischen Systemtheorie vor zwanzig Jahren im Kontext eines Gesellschaftsverständnisses, das sich an Leitbegriffen wie Widerspruch, Emanzipation und Kritik orientierte. Systemtheorie galt (und gilt) als Theorie der Systemerhaltung, der ‚Stabilisierung' des Bestehenden, und sah sich seinerzeit unter Legitimationszwang gesetzt (Podak 1984: 734). War doch deutlich geworden, daß Systemtheorie als Paradigma wissenschaftlicher Forschung durch die Erkenntnisinteressen der ökonomisch-technologischen Teilsysteme der Gesellschaft bestimmt und befördert wurde (Händle/Jensen 1974: 20).

Heute hingegen ist die Systemtheorie zu einer Hauptströmung des zeitgenössischen Denkens avanciert; bisweilen ergibt sich der Eindruck, daß sich das gesamte wissenschaftliche Selbstbewußtsein der Gegenwart darin artikuliert (Becker 1984: 9ff). Ein solches Attribut war vor zwanzig Jahren noch dem Marxismus zuzuerkennen, dessen Paradigma heute weithin als erschöpft gilt (vgl. Becker 1989: 10). Der systemtheoretische Diskurs hingegen entwickelt eine zunehmend determinierende Kraft; eine Bezugnahme auf ihn scheint zwingend (Becker 1984: 34). Insofern löst hier eine Theorie mit universalistischem Anspruch die andere ab. Das Interesse an Systemtheorie weist auf veränderte gesellschaftliche Fragestellungen hin: Die Aufmerksamkeit verschiebt sich vom sozialen Konflikt hin zur ökologischen Gefährdung. Menschliche Entwicklung wird nicht mehr vor allem in ihrer Prägung durch die Umwelt, sondern auch in ihrer Eigendeter-

---

[1] So schon Dahrendorf (1961: 92ff).

miniertheit gesehen. Aus einer solchen Perspektive erscheint Systemtheorie, die ja selbst durch Verschiebungen und Weiterentwicklungen von kybernetischen Steuerungsmodellen hin zu Theorien der Selbstorganisation gekennzeichnet ist, als angemessener und auf der Höhe der Zeit:

Systemtheorie ist systemübergreifend; die nunmehr vollends obsolet werdende Unterscheidung von Sozialismus und Kapitalismus als Realsysteme ist für sie nicht konstitutiv;
Systemtheorie übergreift die Fronten politischer und sozialer Konflikte in der Gesellschaft;
Systemtheorie besitzt ein Analysepotential für globale, weltweit bedeutsame Problemstellungen und
Systemtheorie macht nicht an Disziplingrenzen halt (vgl. Becker 1984: 9ff).

Insbesondere die Globalisierung des Selbstorganisations-Konzeptes, seine außerwissenschaftliche Popularisierung, erzeugt Leitbilder, wie sie von den neuen sozialen Bewegungen aufgegriffen worden sind, um Alternativen zu Problemlagen in unserer Gesellschaft zu artikulieren: Etwa in der Frage ungeregelten Wachstums und der damit verbundenen Umweltschädigung, in Fragen bürokratisierter Versorgungssysteme oder etwa des Wettrüstens. „Versöhnung mit der Natur", „Kooperation statt Wettbewerb", „Gewaltfreiheit statt Beherrschung", „qualitatives statt quantitatives Wachstum" etc. sind populäre Überschriften dieser Kritik (vgl. auch Krohn et al. 1987: 457f).
Untersuchen zu wollen, wie Systemtheorie im Kontext Sozialer Arbeit nutzbar zu machen ist, ist ein Unternehmen, das sich in diese angedeuteten gesellschaftlichen Wandlungsprozesse und die ihnen entsprechenden Vorstellungen, Bilder und Theorien einordnen läßt.
Daß die großen Denkfiguren, die sich in gesellschaftlichen Prozessen herausbilden und die auch umgekehrt solche Prozesse befördern, in allen gesellschaftlichen Teilsystemen mehr oder minder auffindbar sind, so auch im Kontext Sozialer Arbeit, ist keine neue Erkenntnis. Sie läßt jedoch hoffen, daß die Resonanzfähigkeit dieser Teilsysteme doch noch größer ist, als es die systemtheoretische Analyse bisweilen nahezulegen scheint.[2]

[2] Vgl. etwa Luhmann (1986).

1. Gegenstand und Methode

Die Rezeption systemischer Konzepte durch Theorieansätze Sozialer Arbeit hat bereits eine, wenn auch diskret verlaufende und keineswegs homogene Geschichte. Ein Überblick über die jüngere Entwicklungsgeschichte der Systemtheorie ist daher zu Anfang ebenso angebracht wie ein Abriß zu theoretischen Orientierungen in der Sozialarbeit und Sozialpädagogik[3] der letzten dreißig Jahre.

Was die Darstellung der Entwicklung und Veränderung der Systemtheorie betrifft, so darf es angesichts der Aufgabenstellung dieser Arbeit genügen, einmal mehr eine Variante einer ‚Standardgeschichte ohne Überraschungen‘ zu präsentieren, d.h. den Selbstbeschreibungen der Systemtheorie hinsichtlich ihrer Entwicklungsgeschichte zu folgen, ohne die Voraussetzungen einer solchen Rekonstruktion und den Bezugspunkt, unter dem sich Vorfindbares dabei ordnet, ausführlich zu diskutieren (vgl. Becker 1984: 1ff).

Die Übertragung naturwissenschaftlicher Konzepte in die Sozialwissenschaften bildet die Matrix, auf der sich Systemtheorien, ebenso wie Evolutionstheorien, als ‚Brückenkonzepte‘ für den Wissenschaftstransfer entwickeln (vgl. Forschungsgruppe 1987: 141ff). Problemanalysen oder gar -lösungen, etwa bei komplexen ökologischen Zusammenhängen, sind anders als systemwissenschaftlich, d.h. durch ein globales Integrationskonzept, das ‚quer‘ zu den Einzelwissenschaften liegt, gar nicht mehr denkbar.

Physik, Kybernetik und biologische Theorien bieten Konzepte an, die über ihre einzelwissenschaftliche Gültigkeit hinaus Erklärungskraft auch für soziale Phänomene beanspruchen; etwa das Synergiekonzept (Haken 1984), die Ungleichgewichtsthermodynamik (Prigogine/ Stengers 1981), das Autopoiesekonzept (Maturana/Varela 1987) oder in neuester Zeit die Chaos-Theorie.

Soziale Arbeit als Theoriebereich, dessen Status und Zuordnung immer wieder neu befragt wird, und als Handlungsbereich, der sich immer wieder legitimieren muß (Haupert/Kramer 1991), kann solche Globalkonzepte nicht unbeachtet lassen. Die Hoffnung auf Verringerung eines vielfach konstatierten ‚Technologiedefizits‘, wie auch das

---

[3] Im folgenden als „Soziale Arbeit" bezeichnet; vgl. Kap. 3.1.

Wissen um die Begrenztheit der eigenen Möglichkeiten sind dafür Voraussetzung und Anlaß.

Ansatzpunkt dieser Arbeit ist die Faktizität solcher Übertragungen auf das Gebiet der Sozialen Arbeit. Einwendungen gegen die mögliche Gültigkeit systemtheoretischer Konzepte in ihrem eigenen Wissenschaftskontext werden nicht diskutiert. Vielmehr soll die Verwendung systemtheoretischer Konzepte kritisch überprüft werden; gefragt wird, ob die Spezifika des jeweiligen Gegenstandes angemessen erfaßt werden (vgl. Kap. 4).

Dabei muß anerkannt werden, daß ein spekulatives Element in solchen Prozessen wohl ein notwendiges Durchgangsstadium ist, das Theoriebildung erst ermöglicht (vgl. Winkler 1988a: 93f, Krohn et al. 1987: 457). Daß Begriffe hierbei nicht die gleiche Schärfe wie in ihrem Ursprungskontext erreichen und bisweilen metaphorisch, ja unbestimmt wirken, darf insoweit zunächst in Kauf genommen werden, bringen sie doch die Selbstverständigungsprozesse in Theorie und praktischem Handeln voran.

Ausgehend von den zuvor identifizierten systemtheoretischen Grundrichtungen fragt die Arbeit, inwieweit sich diese auf eine Theorie Sozialer Arbeit anwenden lassen, was sie als deskriptive Nachbeschreibung, Phänomenerklärung oder beim Aufzeigen neuer Zusammenhänge zu leisten vermögen. Der Realitätsbezug der Konzepte wird sich hierbei erweisen müssen, wenn nach Nützlichkeit und Anwendbarkeit für Handlungskonzepte und nach Praxisrelevanz auf der Interaktionsebene gefragt wird.

Soweit systemische Orientierungen in der Sozialen Arbeit vorliegen, sind sie überwiegend nicht der aktuellen systemtheoretischen Diskussion zugehörig, die Sozialsysteme unter dem Aspekt der Selbstreferentialität temporalisierter Komponenten faßt[4], sondern im Sinne des älteren Systemansatzes als Theorie von Strukturbildungen. Damit trifft allerdings für unseren Theoriegegenstand nicht zu, was möglicherweise naheliegt: das eine werde durch die Entwicklung des anderen obsolet. Vielmehr ist – wie sich zeigen wird – das Strukturmodell für Soziale Arbeit vielfältig einsetzbar, weil sich seine Theorievoraussetzungen leichter mit vorhandenen Theorien Sozialer Arbeit verbinden lassen. Weiterhin muß unterschieden werden, welches Potential Systemtheorie zur Analyse von Institutionen und Prozessen Sozialer Arbeit zur Verfügung stellen kann und wie systemische Vorstellungen

---

[4] Vgl. paradigmatisch: Luhmann (1984).

und Konzepte von SozialarbeiterInnen/SozialpädagogInnen in Strategien professionellen Handelns aufgenommen werden können. Der Beitrag der Systemtheorie für die Theoriebildung Sozialer Arbeit kann an verschiedenen Beschreibungsebenen ansetzen (vgl. Kap. 3.3.3.); alles erfassen kann er nicht. Eine Theorie Sozialer Arbeit muß ihre Anwendungsbezogenheit immer schon mitbedenken. Der lebensweltliche Kontext der Handlungsadressaten und normative Orientierungen bei allen Beteiligten müssen mit funktionalem und strukturellem Denken zusammengeführt werden. In Anbetracht der notwendig handlungswissenschaftlichen Ausrichtung einer Theorie Sozialer Arbeit kann ‚System' nicht als Gegen- oder Konkurrenzbegriff zu ‚Handlung' aufgefaßt werden, sondern nur komplementär.

Soweit Fragen der Interaktion, insbesondere solche in Beratungskontexten Sozialer Arbeit, systemtheoretisch erfaßt werden sollen, kann auf die fortgeschrittene Diskussion der systemischen Familientherapie Bezug genommen werden, die in ihren Anfängen auch Impulse aus der Sozialarbeit aufgenommen hat (Staub-Bernasconi 1985: 69). Dies ist möglich, da Familienberatung im Kontext Sozialer Arbeit auf die gleichen theoretischen Ansätzen und Vorgehensweisen zurückgreift. Die für Soziale Arbeit alltägliche Einsicht, keinen engen ‚Familismus' pflegen zu können, sondern mit anderen Institutionen und Personen interagieren zu müssen, deutet sich zunehmend auch in der Diskussion über Möglichkeiten systemorientierter Therapie an. Die Orientierung von Therapie an der Lebens(um)welt der Klienten (Simmen/Welter 1988) zeigt solche konvergierenden Entwicklungen im Handlungsverständnis. Es wird daher bei den hier interessierenden Aspekten prinzipiell von Vergleichbarkeit zwischen Therapie und sozialpädagogischem Beratungskontext ausgegangen, ohne die Unterschiede negieren zu wollen.[5]

Folgen wir der Definition, daß eine systemorientierte Untersuchung dann vorliegt, „wenn ein Gegenstand unter dem Gesichtspunkt seiner inneren Organisation und seiner Verbundenheit mit anderen Gegenständen der Umwelt betrachtet wird" (Händle/Jensen 1974: 17), so ergibt sich, daß die vorliegede Arbeit in ihrer Gesamtheit selbst keine systemtheoretische Analyse darstellt. Dies wäre der Fall, würde der gesamte Komplex der Sozialen Arbeit hier als System rekonstruiert; dies trifft jedoch nur begrenzt zu, die Arbeit dient vielmehr der Auseinandersetzung mit eben solchen Rekonstruktionen.

---

[5] Siehe hierzu S. 72, sowie Neue Praxis 1978, Sonderheft.

Des weiteren wird danach gefragt, wie sich die Rezeption systemtheoretischer Vorstellungen im Feld Sozialer Arbeit auswirkt, wie sich dadurch Sichtweisen verändern und welche Bedeutung systemtheoretische Vorstellungen für die Handelnden selbst haben. In einem interpretativen Zugang wird das Handlungs- und Bedeutungsfeld Sozialer Arbeit, die Interaktionsebene, daraufhin befragt, wie sich durch das Selbstorganisations-Paradigma Selbstdefinitionen verändern können. Professionalisierung und Handlungskompetenz als einschlägige Standardthemen bilden hierfür die Bezugspunkte, um die Strukturen des Gegenstandsbereichs zu untersuchen. Wir fragen also nach der Bedeutung für die Handelnden selbst, nach Motiven und Absichten, die sich innerhalb eines Bedeutungsfeldes entwickeln und gewinnen aus der Sichtung der Literatur wie auch aus eigenen Erfahrungen und Beobachtungen ein Vorverständnis, das zu folgender These führt:

Die Übernahme systemtheoretischer Konzepte und Orientierungen wirkt sich in den Handlungsvollzügen Sozialer Arbeit entlastend aus und wird als Erweiterung der Handlungskompetenz bewertet.

Die Entwicklung von Theorien vollzieht sich in einem wechselseitigen, sich gegenseitig durchdringenden Verhältnis zu Veränderungsprozessen in der Gesellschaft. Theoriebildung ist Folge wie Voraussetzung solcher Prozesse zugleich. Auch die Rezeption der Systemtheorie in der Sozialen Arbeit muß in ihrem zeitgeschichtlich bestimmten Wirkungszusammenhang (Dilthey 1981: 186ff) betrachtet werden, der, wenn auch nur angedeutet, auf der Ebene der gesellschaftlichen Funktionsbestimmung Sozialer Arbeit faßbar wird und in einer zweiten allgemeinen These Ausdruck findet: Systemtheorie ist ein Konzept zur Begründung und Analyse widersprüchlicher Entwicklungen im Sozialsektor und zur Funktionsbestimmung Sozialer Arbeit.

Diese These geht ein auf Prozesse, die zunächst verallgemeinernd als Wende vom sozialen zum ökologischen Paradigma (Blanke/Sachße 1987) charakterisierbar sind und in vielfältiger Form einen Ausdruck auf dem Gebiet Sozialer Arbeit finden.

Dabei richtet sich das Interesse der Arbeit darauf, ob beziehungsweise wie sich mit der Übernahme systemtheoretischer Vorstellungen die Selbstbeschreibungen und Funktionszuweisungen Sozialer Arbeit verändern.

Ist damit eine Rücknahme von Aufgaben und Leistungen nahegelegt, ist etwa der Anspruch kritischer Sozialarbeit auf gesellschaftliche Veränderung noch auffindbar? Kurz: Es ist danach zu fragen, wie eine um Systemdenken angereicherte Theorie ihren Gegenstand neu faßt und ob sie das Handlungsfeld begrenzt oder erweitert.

2. Systemtheorie

2.1. ZUR ENTWICKLUNG DES SYSTEMDENKENS

Der ‚systemische Ansatz' wird häufig als Gegenströmung zur zunehmenden Unterteilung der Wissenschaften in hochspezialisierte Teildisziplinen dargestellt. Die Systemtheorie ist als eine Integrationsleistung verschiedener Wissenschaftsdisziplinen zu sehen, die Strukturähnlichkeiten ihres Gegenstandes in den Vordergrund stellt. Schon der Begriff ‚System' (griech. lat.: das Zusammengestellte) zeigt die Orientierung an den Verhältnissen der Teile zueinander, an ihren Wechselbeziehungen, aus denen ein ‚Ganzes' seine ihm zugehörigen Eigenschaften hervorbringt.

Die Systemtheorie sucht integrierende Prinzipien, die hinreichend allgemein sind, um in unterschiedlichen Kontexten anwendbar zu sein: in physikalischen, biologischen, psychologischen und gesellschaftlichen. Systemtheorie ist daher in so unterschiedlichen Wissenschaftsgebieten und Anwendungsbereichen anzutreffen wie: Philosophie, Ingenieurwissenschaften, Organisationsberatung, Therapie und eben auch im Feld der Sozialen Arbeit. Von einer einheitlichen Systemtheorie kann deshalb auch nicht gesprochen werden.

Außerhalb ihrer technischen Anwendungsgebiete hat die Systemtheorie nicht den Charakter einer in sich geschlossenen Theorie, sondern den einer allgemeinen Modellvorstellung, die in verschiedene auch sozialwissenschaftliche Theorien Eingang findet. Laszlo (1983: 144) bezeichnet die Systemvorstellung als „die einfachste Form der Konzeptualisierung einer Einheit in Begriffen ihrer organisatorischen Invarianz".

Interdisziplinäre Universalität nennt Willke (1987: 1f) als eine der Stärken der Systemtheorie neben ihrer fachspezifischen Universalität (hier in der Soziologie) und ihrer Fähigkeit zur Bearbeitung des Universalproblems moderner Gesellschaften überhaupt: der Komplexität. Diese Aussage ist allerdings mit zwei Einschränkungen zu versehen (Luhmann 1971: 378f, 1984: 9): Universalität meint die Möglichkeit zur systemtheoretischen Erfassung aller sozialen Tatbestände einer Wissenschaftsdisziplin, es bedeutet jedoch weder, daß Systemtheorie die einzig richtige oder mögliche Theorie ist, noch, daß sie ihren jeweiligen Gegenstand in jeder möglichen Hinsicht erfaßt. Universalität beinhaltet keinen Alleinvertretungs- oder Erklärungsanspruch.

In der modernen Systemtheorie fließen die Beiträge der genannten Naturwissenschaften und eine ganzheitliche Denktradition der Philosophie zusammen, die sich bis zur Antike zurückverfolgen läßt. Als wissenschaftliche Orientierung in der Systemtheorie kann Ropohl (1978: 10) daher sowohl ein holistisches wie auch ein atomistisches Prinzip ausmachen. Das holistische Prinzip betont das Denken in übergreifenden Zusammenhängen, die Ganzheit, die Integration der Vielfalt, die Einheit in der Mannigfaltigkeit. Das atomistische Prinzip hingegen betont die Analyse des Zusammengesetzten, Differenzierung, das Vordringen zu einfachsten Elementen, ihre Isolierung und jeweilige Spezialisierung.

Die Leistungsfähigkeit der Naturwissenschaften in der Neuzeit, dem Zeitalter des kartesianisch-newtonschen Denkens, ist diesem Prinzip zu verdanken. Gleichwohl erweisen sich heute zunehmende Spezialisierung und Segmentierung mehr und mehr als unzulänglich, globale Probleme zu lösen, beispielsweise in ökologischen oder militärischen Fragen, wo einem hochspezialisierten Fachwissen und Entwicklungsniveau im einzelnen Gefährdungen für die Bevölkerung und die Erde insgesamt gegenüberstehen.

Die Entwicklung der Systemtheorie ist also Ausdruck der Grenzen eines, gelegentlich auch als ‚reduktionistisch‘ bezeichneten Wissenschaftsverständnisses, das die Untersuchung von Phänomenen durch ihre immer stärkere Zerlegung in immer kleinere Einheiten, Bausteine und deren isolierte Untersuchung betreibt. Dies erscheint dort als unzureichend, wo es um Fragen der „Ganzheit“, also Probleme der Organisation, der Neubildung von Eigenschaften etc. geht: wo also Systeme nicht verstanden werden können, indem ihre Teile isoliert voneinander untersucht werden. Bertalanffy (1968: 73) zufolge treten diese Probleme in allen Wissenschaftszweigen auf, gleichgültig, ob es um unbelebte Dinge, lebende Organismen oder soziale Phänomene geht.

Solches Denken in Ganzheiten weist auch Bezüge zur Dialektik bei Hegel und Marx als einer ebenfalls nicht-mechanistischen Denkrichtung auf (Capra 1985: 9, Bertalanffy 1968: 11). Die Ursprünge des Ganzheitsdenkens sieht Capra (1985) in der Naturmystik, in der Eingebundenheit des einzelnen Menschen und der Gesellschaft in die zyklischen Vorgänge der Natur. Ein ganzheitlich-ökologisches Denken beruhe auf dem Bewußtsein der grundlegenden Abhängigkeit und wechselseitigen Verknüpfung aller Phänomene. Bertalanffy führt diese Denktradition des systemischen ganzheitlichen Denkens und Ergebnisse neuer wissenschaftlicher Entwicklungsrichtungen zu einer

‚General System Theory' zusammen: Er baut dabei auf den Ergebnissen der Thermodynamik einerseits und der Biologie als Theorie des Organismus andererseits auf. Weiter nennt er (1968: 15, 90f) als Quellen der modernen Systemtheorie die Entwicklung der Kybernetik durch N. Wiener, die Entwicklung des Homöostase-Prinzips durch Cannon als wichtige Vorarbeit für die Kybernetik, die Informationstheorie (Shannon und Weaver) und die Spieltheorie (Neumann und Morgenstern). Als Vorarbeiten zu einer allgemeinen Systemtheorie aus der Zeit vor dem Zweiten Weltkrieg können die Gestaltpsychologie (Köhler) und die Arbeiten von Lotka zur Bevölkerungsstatistik gelten. Neurophysiologie, Zellentheorie und Computertheorie haben in neuester Zeit weitere Anstöße gegeben (Luhmann 1984: 27).

Jensen (1983: 20) weist darauf hin, daß es insbesondere außerwissenschaftliche Bedarfsstrukturen waren, namentlich solche der industriellen Produktion, des Transports, der Kommunikation und der Rüstungsindustrie, die auf der Suche nach generalisiertem Wissen und entsprechenden operativen Methoden das Systemdenken befördert haben. Operations-Research und Systemanalyse sind die Begriffe für solche Entwicklungen der Kriegs- und Nachkriegszeit, die zur General System Theory und der Kybernetik hinzugekommen sind. Als weiterer Aspekt gegenwärtiger Systemtheorie wären Teilgebiete der modernen Mathematik zu nennen, der ‚Systemtheorie par excellence' (Ropohl 1978: 13).

2.2. DER SYSTEM-BEGRIFF

„A System is a set of objects together with relationships between the objects and between their attributes". Diese klassisch gewordene Definition von Hall und Fagen (1975: 52), die auf den Mathematiker S.C. Kleene zurückgeht (Klaus/Buhr 1971: 1060), zeigt das Bestreben, auch für soziale Systeme eine präzise ‚mathematisierte' Begriffsbestimmung vorzunehmen. Mit dieser Definition ist freilich nur der strukturale Systemaspekt, die Integrationsleistung der Systembildung angesprochen. Eine funktionale und eine ‚hierarchische' Dimension müssen hinzutreten, um ein umfassendes Systemkonzept zu entwickeln (Ropohl 1980). Der funktionale Systemaspekt behandelt nicht ‚Dinge', Gegenstände, sondern Verhalten. Im Sinne des Black-Box-Modells fragt er nicht, „was ist das System?", sondern „was tut es?", und sieht insoweit von den inneren Zuständen und dem Aufbau eines Systems ab. Die Theorie des Behaviorismus ist an dieser Systemvorstellung orientiert, ebenso die pragmatische Kommunikationstheorie (Watzlawick et al. 1969).

Die hierarchische Dimension schließlich zeigt den Umstand, daß die jeweiligen Elemente eines Systems wiederum als Systeme, das System selbst aber auch als Element eines umfassenderen Systems angesehen werden kann.[6] Im Systembegriff finden wir also eine Abstufung vom Ganzen und von Teilen vor, die verschiedene Ebenen der Betrachtung ermöglicht: „bewegt man sich in der Hierarchie abwärts, so erhält man eine detailliertere Erklärung [des Systems], während man, wenn man sich in der Hierarchie aufwärts bewegt, ein tieferes Verständnis seiner Bedeutung gewinnt" (Mesarovic/Macko in: Ropohl 1978: 18).

Die Definition von Ropohl (1980: 325) führt zu einem erweiterten Systembegriff, der die drei genannten Dimensionen erfaßt:

> „Ein System ist dann eine geordnete Ganzheit, die (a) gewisse Funktionen als Beziehungen zwischen bestimmten Attributen (Inputs, Zustände, Outputs) aufweist, die (b) aus Elementen bzw. Subsystemen besteht, die durch Relationen miteinander zu einer Struktur verknüpft sind und die (c) auf einen bestimmten Rang von ihrer Umgebung abgegrenzt bzw. aus einem Supersystem ausgegrenzt wird."[7]

Mit dieser Bestimmung als Ausgangspunkt von Systemanalysen verbindet sich die Vorstellung einer Systemtheorie als präziser Modelltheorie, mit der auch soziale Phänomene beschreibbar sind (vgl. auch Bertalanffy 1968: 37). Grundlage dieser Systemkonzeption ist das Vernetzungs-Modell (Schiepek 1989), das die Zeitdimension der Systembildung (Temporalisierung der Systemstrukturen) lediglich als „Momentaufnahme" zeigt.

„Systeme sind Konzepte," schreibt Jensen (1983: 13),"die wir benutzen, um unserer Erfahrung eine bestimmte Ordnung zu verleihen. Systeme sind (...) begriffliche Konstruktionen unseres Verstandes. Sie kommen in der Wirklichkeit selbst nicht vor." Jedoch erhalten solche Konstruktionen oder Modelle ihren Sinn dadurch, daß sie auf reale ‚Gegenstände' bezogen, daß sie wirklichkeitsbezogen sind.

Der Kern einer Systemtheorie besteht nicht aus empirisch prüfbaren

---

[6] Der Hierarchie-Begriff wird hier als reiner Ordnungsbegriff verwendet. Er ist insbesondere für die Analyse von Organisationen anwendbar; für gesellschaftliche Teilsysteme trifft er nicht zu. ‚Differenzierung' ist dafür der Leitbegriff; Hierarchie ein Sonderfall davon (vgl. Luhmann 1984: 38ff).

[7] Der Funktionsbegriff wird hier rein deskriptiv aufgefaßt, also nicht in dem teleologischen Sinn: Funktion als Mittel zu einem bestimmten Zweck.

Gesetzesannahmen, sondern aus einem formalen Theoriekern, der die zentralen Strukturprinzipien der Theorie enthält (vgl. Schiepek 1989: 232). Innere Konsistenz, Nachvollziehbarkeit und logische Widerspruchsfreiheit sind die Kriterien, mit denen eine solche Theorie Geltung beanspruchen kann. Die Differenz von System und Umwelt etwa als Ausgangspunkt jeder systemtheoretischen Analyse (Luhmann 1984: 35) ist eine Grundentscheidung nichtempirischer Art, die zwar selbst keiner direkten empirischen Prüfung zugänglich ist, sich aber „auf eine Verantwortung für Bewährung [ihrer] Aussagen an der Wirklichkeit" (ibid.: 30) einläßt. Unter Heranziehung von Zusatzannahmen muß dann geprüft werden, ob sich die Theorie zu Erklärungs- und Handlungszwecken und für bestimmte Anwendungsbereiche eignet (vgl. Schiepek 1989: 232).

Unter System soll hier das Modell verstanden werden, mit dessen Hilfe Objekte der Realität beschrieben werden, wenngleich der Begriff oft objektsprachlich verwendet wird. Ein System ist also letztlich die systemtheoretische Darstellung eines Gegenstandes, keine Wesenseinheit. Systeme sind kognitive Organisationsinstrumente (Ropohl 1978: 32). Sie sind Repräsentationen natürlicher oder künstlicher Originale und erfassen nur solche Aspekte des durch sie repräsentierten Originals, die der Anwender für bedeutsam erachtet (Verkürzungsmerkmal), und sie sind beschränkt auf bestimmte gedankliche oder tatsächliche Operationen in einer bestimmten Zeit (Stachowiak 1973: 131ff). Wir konstruieren Systeme, indem wir der Realität Zusammenhänge, Abhängigkeiten, Wechselwirkungen oder Funktionsweisen unterstellen. Eine solche Verarbeitungsweise ist als allgemeine menschliche Eigenschaft anzusehen. Jensen (1983: 9) nennt sie eine anthropologische Prämisse menschlichen Erlebens und Handelns. Soziale Konstruktion der Realität wäre demnach die erkenntnistheoretische Vorbedingung der Systemtheorie, und damit ist zugleich ihre Nähe zur Theorie des Konstruktivismus angedeutet.

Gleichwohl kann die Auffassung von Jensen (1983: 25), daß Systemtheorie zwangsläufig eine realistische Erkenntnisposition ablehnen müsse, so nicht geteilt werden. Zwar gehen alle Systembildungen auf menschliches Erleben und Handeln zurück; dies widerspricht jedoch nicht a priori der erkenntnistheoretischen Voraussetzung einer erkennbaren Außenwelt. Die Position des „hypothetischen Realismus" nimmt an, „daß es eine reale Welt gibt, daß sie gewisse Strukturen hat, und daß diese Strukturen teilweise erkennbar sind" (Vollmer 1975: 35)[8] und vermeidet so letztlich ein schwer entscheidbares erkenntnistheoretisches Problem.

Festzuhalten bleibt überdies, daß nicht in jedem Fall eine konstruktivistische Erkenntnistheorie, wie sie in Kap. 2.5. skizziert wird, hinter einem Systemkonzept stehen muß.[9] „Um betriebliche Strukturen, Wirtschaftssysteme oder biologische Ökosysteme zu untersuchen, muß man nicht Konstruktivist sein" (Schiepek 1990: 197).[10] Diese Aussage darf auch für den Bereich Sozialer Arbeit in Anspruch genommen werden. Wir finden dort überwiegend Konzepte einer objektsprachlichen Systemtheorie, die mit dem Vernetzungskonzept arbeitet und nicht auf der Basis einer Theorie selbstreferentieller Systeme.[11]

2.3. PARADIGMENWECHSEL

Die Entwicklung der Systemtheorie in diesem Jahrhundert wird in den Selbstbeschreibungen der Systemtheorie als erfolgreicher Versuch verstanden, gegen den Atomismus und Mechanismus der Naturwissenschaft des 19. Jahrhunderts ein ganzheitliches Denken mit Mitteln moderner Wissenschaft neu zu beleben (Hejl 1982: 23). Wissenschaftstheoretisch ist mit der Systemtheorie die Entwicklung eines alternativen Paradigmas verbunden, das öfter auch mit Attributen wie ökologisch, ganzheitlich oder organismisch bezeichnet wird. Capra (1988: 24ff) sieht in der Ablösung des ‚reduktionistischen' Paradigmas eine der großen Übergangsbewegungen unserer Zeit, gleich dem Verfall des Patriarchats und dem absehbaren Ende der Nutzung fossiler Brennstoffe.

Im Gegensatz zum systemischen ist das analytisch-dualistische Denken an Objekten und Substanzen orientiert. Charakteristisch ist für diesen Ansatz eine immer weitere Zerlegung und Analyse der Objekte, die Entwicklung von Gegensätzen und Dichotomien, etwa die Aufteilung des Menschen in Körper und Geist (Guntern 1983: 41ff). Das kartesianische Denken, die Newton'sche Physik, die Auffassung vom Universum als einem mechanischen System und die Biologie Darwins mit

---

[8] Zit. nach Riedl (1980: 31).
[9] Vgl. hierzu Obrecht (1991).
[10] Schiepek verweist insbesondere auf die Arbeiten von Dörner, siehe beispielsweise Dörner (1989).
[11] Die Unterschiede und Gemeinsamkeiten diskutiert ausführlich: Schiepek (1990).

der Vorstellung des Lebens als Konkurrenzkampf um die Existenz haben das abendländische wissenschaftliche Denken entscheidend geprägt. Die Leistungsfähigkeit des mechanistischen Paradigmas zeigt sich in den vielfältigen wissenschaftlichen und technischen Entwicklungen der letzten Jahrhunderte. Gleichwohl muß die Vorstellung vom unbegrenzten technischen Fortschritt und vom wirtschaftlichen Wachstum, die sich mit diesem Weltbild verbindet, aus heutiger Sicht stark relativiert werden.

Der Übergang vom reduktionistischen zum systemischen Paradigma in diesem Jahrhundert nimmt seinen Anfang in den logisch-mathematischen Wissenschaften und in der Physik (vgl.Capra 1988: 77ff). Überkommene Vorstellungen von Raum, Zeit und Kausalität werden zunehmend in Frage gestellt. Guntern (1980: 15ff) nennt insbesondere Relativitätstheorie, Quantentheorie und die logische Typenlehre (Whitehead und Russell) als Hauptbeiträge in diesem Veränderungsprozeß.

Für eine systemische Erkenntnistheorie dürften dabei die folgenden Aspekte dieser Theorien von Bedeutung sein: Die Relativitätstheorie konnte zeigen, daß die physische und/oder konzeptionelle Position des Beobachters das Resultat seiner Erkenntnis mitbestimmt. Die Heisenbergsche Unschärferelation besagt – in einem allgemeinen Sinn –, daß unsere Untersuchungsmethodik das zu untersuchende Objekt beeinflußt und daß wir – je nach methodischem Ansatz – nur bestimmte Dimensionen des beobachteten Ereignisses genau wahrnehmen können. Die Vorstellung eines neutralen, nichtintervenierenden Beobachters hat sich durch diese Untersuchungen als Fiktion erwiesen.

Mit einer zeitlichen Verschiebung zeigt sich diese wissenschaftliche Umorientierung in der Biologie und seit Mitte des Jahrhunderts zunehmend auch in den Sozialwissenschaften (Guntern 1980: 18ff). Dieser als ‚wissenschaftliche Revolution' verstandenen Entwicklung liegt ein qualitativ verschiedener Ansatz zugrunde: das Denken in komplexen Strukturen. Guntern (1980: 4) kennzeichnet das systemische Paradigma als multikonditionell, multifaktoriell und multidimensional. Die systemische Sicht versteht die Welt als ein organisiertes Ganzes, in dem jeder Teil von allen anderen mitbestimmt wird. Der Satz: „Der Kontext macht den Sinn" kennzeichnet diese Grundorientierung des Systemansatzes.

Das Verhältnis von Teil und Ganzem ist seit jeher ein Leitthema der Systemtheorie (Willke 1987: 101). Das holistische Axiom ‚Das Ganze ist mehr als die Summe seiner Teile', das bereits aus der Antike überliefert ist, darf dabei nicht als Mystifizierung mißverstanden werden.

Das Verdienst von Bertalanffy bei der Entwicklung der General System Theory liegt genau darin, „den Weg vom spekulativen Ganzheitsmythos zur wissenschaftlichen Systemtheorie" eröffnet zu haben (Ropohl 1978: 11), indem er Ganzheit aus den systemspezifischen Beziehungen und Prozessen zwischen den Teilen erklärt. Auch verschiedene soziologische und psychologische Phänomene, wie Motivation, Wünsche, Angewohnheiten, lassen sich nicht auf die Qualitäten einzelner Elemente zurückführen. Es handelt sich dabei um Neubildungsprozesse emergenter Systemeigenschaften und Merkmale, die durch die je spezifische Art des Zusammenwirkens der Systemkomponenten entstehen und von diesen qualitativ unterschieden sind. Das Ganze ist etwas *anderes* als die Summe seiner Teile, wäre daher mit Laszlo (1975: 68) zu präzisieren.

2.4. ISOMORPHIE

Mit der General System Theory entwirft Bertalanffy (1968) eine Theorie universaler Prinzipien, die sich auf sämtliche Systeme anwenden läßt, unabhängig von ihrer Eigenart, ihren Komponenten und der Kräfte, die im System wirksam sind. Eine Metatheorie also, die sich nicht nur auf physikalische, sondern auch auf biologische, soziologische, ökonomische und psychologische Fragestellungen beziehen läßt (Bertalanffy 1968: 32f).

Im Zentrum steht dabei das Isomorphie-Konzept: Das Vorhandensein allgemeiner Systemeigenschaften zeigt sich im Auftreten von „strukturellen Ähnlichkeiten" oder Isomorphien.

Isomorphie ist definiert „als Identität zweier formaler Strukturen oder Relationsgeflechte (-netze), die (und: sofern sie) in ihren rein formalen, d.h. auf beliebige Inhalte anwendbaren, Eigenschaften identisch sind" (Zahn 1975: 54). Diese formalen Eigenschaften bestehen entweder in operativen Regeln und Gesetzen oder in daraus resultierenden Strukturbildungen, die in allen betreffenden Systembildungen vorfindbar sind.

Lebewesen auf allen Stufen der Entwicklung wie auch Artefakte können *in bestimmter Hinsicht* als Systeme aufgefaßt werden, d.h. als Komplexe von Elementen, die sich in Interaktion miteinander befinden. Daß es sich dabei nicht um bloße Analogien handelt, sondern um durch Abstraktion gewonnene strukturelle Konzepte, die sich auf verschiedene Phänomene anwenden lassen, zeigt Bertalanffy am Beispiel der Schwerkraft, die für Newton's Apfel genauso gilt wie für das planetarische System oder den Wechsel von Ebbe und Flut, obwohl diese Phänomene hinsichtlich anderer Aspekte keinerlei Ähnlichkeit besitzen (1968: 36). Die Systemtheorie im Sinne der General System Theory ist also rein formal konzipiert und eben dadurch anwendbar auf die verschiedenen empirischen Wissenschaften. Das Systemkonzept ist jedoch nicht auf materielle Entitäten beschränkt, sondern anwendbar auf jedes Ganze, das aus Teilen besteht.

Besonders Miller (1978) zeigt für lebende Systeme, daß Struktur und Prozeß auf allen hierarchischen Ebenen von der Zelle bis zur supranationalen Organisation isomorph sind. Dabei geht er ebenso wie Bertalanffy davon aus, daß Menschen, Individuen die ,Elemente' sozialer Systeme ausmachen und er sich insoweit mit einem ontologischen Systemkonzept von einer soziologischen Systemtheorie unterscheidet, die auf ,Handlung' oder ,Kommunikation' abstellt.

Mit Guttmann (1985) ist also zu fragen, ob geistige und soziale Phänomene physischen Phänomenen ausreichend ähnlich sind, um berechtigterweise die gleichen Konzepte auf sie anzuwenden. Die General System Theory bejaht dies. Bertalanffy (1968: 105ff) betont, daß ihre Begriffe abstrakt und allgemein genug seien, um die Anwendung auf Ganzheiten, welcher Herkunft auch immer, zu gewährleisten.

Ein Ergebnis der Habermas/Luhmann-Debatte ist freilich, daß Analogien zwischen Biologie und Gesellschaft vermieden werden müssen, da Organismen auf der Basis von ,Leben', Sozialsysteme auf der Basis von ,Sinn' integriert seien (Habermas 1971: 146, 149).[12] Als weitere Kriterien werden genannt (ibid.: 149ff): den Sozialwissenschaften fehle im Gegensatz zur Biologie ein eindeutiges empirisches Bezugssystem; soziale Systeme könnten nicht eindeutig gegen ihre Umwelt abgegrenzt werden; insbesondere aber nimmt Habermas die Position ein, daß es universelle Bestandsvoraussetzungen sozialer Systeme gar nicht gibt, sondern diese stets von einem „historisch veränderlichen kulturellen Selbstverständnis vergesellschafteter Individuen abhängig sind" (ibid.: 151). In diesem Sinne äußert sich auch die marxistische Kritik (Holzer 1977: 63ff) an dieser Systemkonzeption.

Analogiebildungen zwischen Organismen und sozialen Phänomenen sind überdies historisch belastet durch den Sozialdarwinismus, durch Begriffe wie Spencers ,sozialen Organismus'[13] oder den des ,Volkskörpers'. Bertalanffy (1968: 35) zufolge kann ein Staat nicht als Or-

---

[12] Auch Luhmann (1984: 32) will ,Direktanalogien' von sozialen Systemen und Organismen bzw. Maschinen ausschließen, indem er methodisch den „Umweg der Generalisierung und Respezifikation" geht.

ganismus auf übergeordnetem Niveau angesehen werden. Ein solches Konzept unterstütze autoritäre Strukturen, da das Individuum in dieser Perspektive nur als unbedeutende ‚Zelle' im Gesamtorganismus erscheine.

Rapoport (1975: 47ff) steht der Wiederbelebung organismischer Konzeptionen für soziale Phänomene nicht ablehnend gegenüber, da er mit Bezug auf Gerard (1958) zeigt, daß die grundlegenden Merkmale aller Organismen, Struktur, Funktion und Entwicklung (being, acting, becoming), auch für ökologische Systeme, Nationen oder Institutionen gelten. Es handelt sich also um die Arbeitsweise allgemeiner Systemprinzipien, durch die Analogiebildungen zwischen biologischen und sozialen Systemen möglich sind. Beide erfüllen, so Rapoport, die Kriterien einer ‚weichen Systemdefinition', nämlich Wahrnehmbarkeit als Einheit und Vorhandensein der Fähigkeit, trotz interner Veränderungen die Identität zu bewahren.

Gleichwohl stellen sich Analogien ‚weicher' Systeme schwieriger dar, als bei physikalischen Systemen, bei denen leicht gezeigt werden kann, daß verschiedene ‚Inhalte' die gleiche Struktur aufweisen.[14] Es kann daher nicht mehr als eine naheliegende sprachliche Metapher sein zu sagen, eine Firma sei gesund, eine Gesellschaft krank oder die Rüstung ein Krebsgeschwür.

2.5. Konstruktivismus I

Der Konstruktivismus hat die erkenntnistheoretische Auseinandersetzung zwischen realistischer und idealistischer Position neu belebt. Den Kernpunkt dieser Auseinandersetzung bildet seit jeher das erkenntnistheoretische Problem, inwieweit eine objektive, äußere Welt durch die Menschen erkannt werden kann und wie verläßlich eine solche Erkenntnis ist. Wie gestaltet sich das Verhältnis von Materie und Bewußtsein? Die realistische Position geht von einer erkennbaren Außenwelt aus, die im Prinzip durch Erfahrung (unter anderem auch durch wissenschaftliche Bemühungen) angeeignet werden kann. Bewußtsein als Produkt des Zentralnervensystems wird letzten Endes als eine Widerspiegelung der materiellen Welt angesehen und besitzt insoweit keinen selbständigen Inhalt (Klaus/Buhr 1971: 457f).

---

[13] Näheres hierzu bei Ritsert (1971: 194 – 210).
[14] Beispiele in Rapoport (1975: 49).

Im Sinne des Konstruktivismus ist eine Erkenntnis der Welt, ,wie sie ist', nicht möglich. Das Verhältnis von Wissen und Wirklichkeit kann nicht als mehr oder minder bildhafte Übereinstimmung betrachtet werden, sondern muß als Anpassung im funktionalen Sinn verstanden werden: Theorien sind Wirklichkeitskonstruktionen und müssen zur Umwelt ,passen' (Glasersfeld 1984: 19ff). Vom funktionalen, pragmatischen Standpunkt aus werden Ideen, Theorien und Naturgesetze als Strukturen verstanden, die der Erlebniswelt dauernd ausgesetzt sind und ihr weiterhin standhalten oder auch nicht (ibid.: 23). In diesem Sinne bezieht sich Erkenntnis nicht mehr auf eine objektive, ontologische Wirklichkeit, sondern betrifft ausschließlich die Ordnung und Organisation von Erfahrungen in der Welt unseres Erlebens. „Welt ist Welt, wie wir sie sehen, sie ist Erfahrungswirklichkeit" (Schmidt 1987: 18).

Konstruktivistische Erkenntnistheorie erhebt somit keinen Anspruch auf Wahrheit, sondern versteht sich als Suche nach passenden Denk- und Verhaltensweisen, als Umorientierung von wahrem auf brauchbares Wissen (Schmidt 1987: 43). Dies bedeutet jedoch nicht, in jedem Fall die Dinghaftigkeit der Welt in Frage zu stellen,[15] sondern lediglich, „daß alle meine Aussagen über diese Wirklichkeit zu hundert Prozent mein Erleben sind" (Glasersfeld 1987: 422).[16] Der Konstruktivismus ist eine Erkenntnistheorie ohne absoluten Wahrheits- und Wirklichkeitsbegriff (ibid.: 409).

Maturana und Varela (1987: 147) beschreiben die konstruktivistische Erkenntnistheorie als „Odyssee zwischen Szylla (Repräsentationismus) und Charybdis (Solipsismus)", nachdem sie einerseits die „Abbild-Theorie" aufgrund ihrer Untersuchungen zur Funktion des Nervensystems (siehe Kap. 2.6.3.) als widerlegt ansehen und andererseits das „Extrem der absoluten kognitiven Einsamkeit" (ibid.:146), den Solipsismus, ebenfalls verwerfen.[17] Die zentrale Stellung des Beobachters im konstruktivistischen Konzept bietet hierfür eine ,Lösung': Jede Einheit sei in verschiedenen Bereichen beobachtbar.

[15] In dieser Frage gibt es keine einheitliche Position unter kontruktivistischen Autoren.
[16] Eine subjektabhängige, interpretative Auffassung von Wirklichkeit ist indes keine neue Position, wie es im Kontext der Konstruktivismus-Diskussion bisweilen den Anschein hat. Sie ist auch für die Hermeneutik und den Symbolischen Interaktionismus charakteristisch (Huschke-Rhein 1989: 85f).
[17] Konstruktivismus als Möglichkeit der Annäherung von Realismus und Idealismus behandelt Jensen (1976: 14ff).

Durch eine „klare logische Buchhaltung" (Maturana) sei festzustellen, welche der zwei Perspektiven jeweils vom Beobachter ausgewählt werde: der Bereich interner Zustände und Strukturveränderungen – für diese Operationen existiere die Umwelt nicht – oder der Bereich der Interaktion einer Einheit mit einem Milieu – in dieser Perspektive sei die interne Dynamik irrelevant. Es ist also der Beobachter, der Korrelationen eines Systems mit seiner Umwelt konstruiert und der Beschreibungen dieser Interaktionen und der Eigenschaften des Milieus anfertigen kann. Das Verhalten des Systems kann vom Beobachter so beschrieben werden, als ob es Informationen aus seiner Umwelt einholen würde. Eine solche Beschreibung wäre jedoch von der inneren Funktionsweise des Systems klar zu trennen (Maturana/ Varela 1987: 148f).

Maturana und Varela (1987: 263ff) leiten aus ihrer Theorie weitgehende ethische Forderungen für das soziale Handeln ab. Sie gehen davon aus, daß mit deren Akzeptanz[18] zugleich eine humane Einstellung zum menschlichen Leben unabweisbar wird. Da es eine Gewißheit über *die* Welt nicht geben kann, sondern wir die Welt in Koexistenz mit anderen hervorbringen – so die Argumentation – müssen wir die Sichtweise des anderen als genauso legitim und gültig erachten wie die unsere (ibid.: 264). „Wachsamkeit gegenüber der Versuchung der Gewißheit" (263) ist eine Grundhaltung, mit der wir uns in der Welt als einem ‚in-der-Sprache-Sein' orientieren und anderen begegnen. Grundlage aller Ethik ist deshalb die „Reflexion über die Berechtigung der Anwesenheit des anderen" (265). Krüll (1987: 250) sieht im Konstruktivismus das Potential für die Entwicklung von mehr Toleranz; eben dadurch, daß die eigene Perspektive nicht mehr als allein gültig angesehen wird. Absoluter Wahrheitsanspruch hingegen führe letztlich zur Unterdrückung des anderen (Schmidt 1987: 46). Möglich werde eine solche Haltung der Toleranz durch die Liebe, der biologischen Grundlage aller sozialen Phänomene, die es uns ermögliche, daß wir andere annehmen und neben uns leben lassen können (Maturana/Varela 1987: 266). Konsequenz dieser Position relativer Erkenntnis ist einmal die Anerkennung verschiedener Kulturen als gleichwertig (Maturana 1985: 308f) und zum zweiten die Forderung nach einer Gesellschaft, die das Individuum respektiert, nicht ausbeutet und gewaltsam unterdrückt (ibid.: 30f, 312f).

---

[18] An dieser Stelle muß der Darstellung der Autopoiesis-Theorie (Kap. 2.6.3.) bereits vorgegriffen werden.

Mit der Bestimmung solcher humanistischer Postulate, wenn auch mit einem hohen Allgemeinheitsgrad, erhält die Autopoiesis-Theorie einen Bezug zu aktuellen politischen und sozialen Fragen in der Welt und kann überdies eine Verbindung zu Wertorientierungen knüpfen, die auch für Soziale Arbeit Bedeutung haben, etwa Diskussionen um Menschenwürde, Chancengleichheit, Zugang zu Ressourcen, Umgang mit Aussiedlern, mit Asylbewerbern etc.

Es hat jedoch den Anschein, daß mit dieser Erkenntnistheorie keineswegs ausschließlich eine Option für eine ethische und politische Orientierung im eben skizzierten Sinne verbunden ist. Da gesellschaftliche Fragen durchweg als Erkenntnisfragen behandelt werden (vgl. Bergner/Mocek 1986: 164), ist bei allem eine ausschließliche Rückverweisung an das erkennende Individuum möglich. Wenn Hejl (1987b: 333) schreibt: „Wir erzeugen unsere Realitäten selber und sind damit letztlich selber für das dadurch bedingte Glück und Leiden verantwortlich", so ist damit eine Verantwortungszuweisung an den einzelnen vorgenommen unter Absehung möglicher Wirkungen unterschiedlicher Lebensbedingungen – eine letztlich sozialdarwinistische Position. In dieser radikalen Form verweist der Gedanke der Eigenverantwortung auch auf den Gedanken individueller Schuld, der als Zuschreibungsmerkmal für Klienten Sozialer Arbeit seit der ‚emanzipatorischen Wende' (vgl. Kap. 3.2.1.) überwunden schien.

In konstruktivistischer Perspektive erscheint Erkenntnis als ein Akt isolierter Individuen; er wird ohne seine soziokulturelle Vermitteltheit beschrieben. Eine Erkenntnistheorie muß jedoch auch Aussagen machen zum kulturellen Vorrat an Wissen, Bildern, Medien und zur überindividuellen Mitbeteiligung gesellschaftlicher Prozesse bei individuellen Einstellungen, Empfindungen und Sinngebungen wie auch zur Selektivität von Wahrnehmungen: Sinnestätigkeit vollzieht sich auf der Basis erworbener Muster und Wertvorstellungen. Jedes Individuum wächst bereits in eine von Menschen für Menschen sinnhaft vorstrukturierte Wirklichkeit hinein (Böse/Schiepek 1989: 92). Nicht nur das Individuum, sondern auch die Gesellschaft erzeugt Realität (vgl. Schütz/Luckmann 1979: insbes. 293ff). Die gesellschaftliche Mit-Konstitution allen menschlichen Lebens und Erlebens als selbstverständliche Voraussetzung sozialwissenschaftlicher Theoriebildung fehlt im Konstruktivismus. Er bedarf der Ergänzung durch eine historisch-soziologische Perspektive gesellschaftlicher Wirklichkeit. Böse/Schiepek (1989: 93) schreiben mit Bezug auf das Postulat von H. v. Foerster (1984) „Die Welt wird nicht gefunden, sondern erfunden", daß „jede individuelle ‚Erschaffung von Welt' notwendigerweise begrenzt ist durch die Sinnmuster bereits bestehender familiärer und gesellschaftlicher Wirklichkeiten".

Die Konsequenzen, die sich aus dem Konstruktivismus ergeben, werden recht unterschiedlich gesehen: Nach Auffassung von Schmidt (1987: 75) ist der Konstruktivismus wie jede Erkenntnistheorie für Alltagshandeln und -kommunikation irrelevant: „Im Alltag gehen wir mit unseren kognitiven Welten um, als wären sie real, und bemerken diese Als-Ob-Fiktionen nicht einmal. In der Praxis brauchen wir einheitliche operationale Wirklichkeits- und Bezugssysteme sowie Werthierarchien". Watzlawick (1984: 64) hingegen weist darauf hin, daß „Wirklichkeitsanpassung" bislang ein zentrales Kriterium für den Grad geistiger Gesundheit oder Gestörtheit bei psychisch Kranken darstellt. Werde der Konstruktivismus, der eine objektive, erfaßbare Realität verneint, zur Grundlage des Denkens gemacht, habe dies „kaum zu übersehende Folgen".

2.6. Enwicklungsschritte der Systemtheorie

Luhmann (1968: 10) beschreibt die Entwicklung der Systemtheorie hinsichtlich des System-Umwelt-Verhältnisses in vier Etappen:

(1) Ganzes und Teil als zentrale Kategorien, „also als rein interne Ordnung der Beziehungen von Teilen zueinander und zum Ganzen...ohne jeden Bezug auf eine Umwelt" (ibid.).
(2) Gleichgewichtstheorien, „die Systeme ebenfalls aus sich heraus bestehend ansahen, aber die Umwelt immerhin schon als Quelle von Störungen mit in Betracht zogen" (ibid.). Hierzu zählen die an einem Sollwert ausgerichteten Systeme.
(3) „Die Theorie umweltoffener Systeme, die davon ausgeht, daß Systeme sich nur durch Unterhaltung und selektive Steuerung von Austauschprozessen mit der Umwelt erhalten können" (ibid.). Systeme werden als Kombination von grenzerhaltenden und bestandserhaltenden Prozessen verstanden. Biologische Systemmodelle mit dem Charakteristikum ‚Fließgleichgewicht' lassen sich hier zuordnen.
(4) Kybernetische Systemtheorien, „die das Verhältnis von System und Umwelt als eine Differenz in Komplexität begreifen" (ibid.). Hieraus wird die allgemeine These entwickelt, daß Systeme der Komplexitätsreduktion dienen.
Aus heutiger Sicht kann diese Aufzählung ergänzt werden um:
(5) Systemtheorie als Theorie selbstreferentieller Systeme (Luhmann

1984), die auf dem Konzept der Autopoiese (Maturana 1985, Maturana/Varela 1987) aufbaut. Diese Theorie besagt, daß sich komplexe Systeme in einem operativ geschlossenen Prozeß mit Hilfe der Elemente reproduzieren, aus denen sie bestehen.

Ähnlich unterscheidet Huschke-Rhein (1988: 70ff) fünf historisch aufeinander folgende Ansätze der Systemtheorie, wobei er die ersten drei Entwicklungsrichtungen sowohl als Vorläufer einer „allgemeinen dynamischen Systemtheorie" auffaßt, wie auch als selbständig fortbestehende Richtungen:

(1) Kybernetik
Merkmale: (fast) geschlossene Systeme, d.h., die Umwelt kommt nur selektiv in das System, z.B. als Informationswert. Dieses Modell kann auf alle technischen Regelsysteme angewandt werden. Der Erkenntnisgewinn besteht in der Formulierung der Rückkoppelungs- und Kreisprozesse.

(2) Biologische Systemtheorie
Merkmale: Die Strukturen lebender Systeme stehen in wechselseitiger, dynamischer Abhängigkeit. Ein System ist nur als Gesamtheit seiner Prozesse zu beschreiben. Offene Systeme befinden sich in einem Fließgleichgewicht, sie tauschen Energie, Materie und/oder Information mit ihrer Umwelt aus.

(3) Soziologische Systemtheorie (s.u.).

(4) „Allgemeine dynamische Systemtheorie"
als Sammelbegriff für die Weiterentwicklung biokybernetischer Modelle und für Selbstorganisationstheorien. Im Mittelpunkt stehen nicht mehr Erhalt und Stabilisierung von Strukturen, sondern die Fähigkeit zur Selbstorganisation, die Autonomie und Integration lebender Systeme ermöglicht.

(5) Spiritueller Ansatz
Mit dem systemorientierten Ganzheitsdenken gewinnt auch eine spirituell-religiöse Dimension an Bedeutung, die „über das verengte Bewußtsein der technisch-industriellen Moderne" hinausgehen will (Huschke-Rhein 1988: 78) und als „kulturübergreifende Universalreligion" (ibid.) begriffen werden kann. Insbesondere die Arbeiten von Capra (1988, 1987) versuchen eine Synthese von rationalistischer und spiritualistischer Weltauffassung (Becker 1984: 11). Spiritualität kann sich Capra zufolge (mündl. Mitteilung 29.10.87) im Verbundensein der Menschen mit der Natur und dem Kosmos als „tiefe ökologische Erfahrung" zeigen.

Innerhalb der *Soziologie* lassen sich mit Willke (1987) und Tyrell (1988) vier Entwicklungsschwerpunkte der Systemtheorie ausmachen:

(1) Die Theorie des Strukturfunktionalismus von Parsons.

(2) Die Systemtheorie von Buckley (1967), die sich an kybernetischen Modellvorstellungen und der ‚General System Theory‘ orientiert.

(3) Die Arbeiten von Luhmann lassen sich bis in die siebziger Jahre auf das als Konsens geltende Modell ‚Offenes System‘ beziehen (vgl. Luhmann 1970) und sind somit als System/Umwelt-Theorie anzusehen.

(4) Die Theorie selbstreferentieller Systeme (Luhmann 1984) hingegen, basierend auf dem Autopoiese-Konzept, fokussiert auf die Prozesse der Selbstorganisation.

Abbildung 1 zeigt den Entwicklungsverlauf der Systemtheorie in den Sozialwissenschaften, in Luhmanns Formulierung (1968: 10): den Wandel von einem ontologischen zu einem funktionalen Systembegriff. Bei allen Unterschieden im einzelnen folgen die Beschreibungen der Entwicklung von Gleichgewichtstheorien über die Theorie offener Systeme hin zu Theorien der Selbstorganisation. Mit Luhmann (1984: 27) ist der Theoriefortschritt oder genauer: der Paradigmenwechsel der modernen Systemtheorie in den Sozialwissenschaften an diesen beiden Übergängen zu verorten.

2.6.1. General System Theory

Systemische Ansätze und Konzepte, die bis vor wenigen Jahren in der Sozialarbeit diskutiert wurden – ob als Theorieentwurf oder als Handlungskonzept – beziehen sich auf die General System Theory bzw. auf die Theorie offener Systeme als deren Kernstück. Auch die verschiedenen Schulen der systemischen Familientherapie, die teilweise unter veränderten Bezeichnungen wie Familienberatung oder Familienarbeit in den Methodenkanon der Sozialarbeit aufgenommen wurden, haben (oder hatten) ihre theoretische Basis in dieser Entwicklungsstufe der Systemtheorie.

Bertalanffy kennzeichnet die Allgemeine Systemtheorie als eine Theorie organisierter Komplexität. Der konventionellen Physik seien Konzepte wie Ganzheit, Organisiertheit, Gerichtetheit, Zweckbestimmtheit und Differenzierung fremd; für Organismen und soziale Gruppen seien sie jedoch unverzichtbar (Bertalanffy 1968: 34f). Das

Abbildung 1: Entwicklungsstadien der Systemtheorie

Luhmann 1968	Teil und Ganzes	Gleich-gewichts-theorien	Theorie umwelt-offener Systeme	Kybernetische System-theorien	Theorie selbst-referentieller Systeme
Kenn-zeichen:	interne Ordnung kein Bezug zur Umwelt	Umwelt als Quelle von Störung	Interdependenz System/Umwelt, interne Differenzierung	Verh. System/Umwelt als Komplexitäts-differenz	Autopoiesis
	ontologischer		Systembegriff		funktionaler
Luhmann 1984	Teil und Ganzes		System und Umwelt General System Theory		Theorie selbstrefentieller Systeme

Huschke-Rhein 1986	Kybernetische/ Informations-theoret. Systemtheorie	Biologische Systemtheorie Biokybernetik	Soziologische Systemtheorie	Allgemeine Dynamische Systemtheorie	Spirituelle Dimension
Kenn-zeichen:	Rückkopplung Kreisprozesse Umwelt kommt nur selektiv ins System	Offenheit, Aus-tausch mit Umwelt, dynamisches Gleichgewicht	Komplexitäts-reduktion	Fähigkeit zur Selbst-organisation	Ganzheits-denken „4.Dimension"

Willke 1987	Strukturell-funktional	System-funktional	Funktional-strukturell	Funktional-genetisch	Selbst-referentiell
Vertreter	Parsons	Buckley Miller	Luhmann I	Willke	Luhmann II Maturana/ Varela
Kennzeichen	Struktur-erhaltung	Struktur-veränderung	Funktions-erhaltung	Zeit Evolution	Autopoiese Strukturde-terminismus

Tyrell 1988	Strukturell-funktional	Kybernetische Systemtheorie General System Theory	System-Umwelt-Theorie		Selbst-referentiell
Vertreter	Parsons	Buckley	Luhmann I		Luhmann II
Kennzeichen	Differenzierung der Systemstruktur AGIL	Offenheit Umwelt-anpassung	Soziale Systeme als Sinn-zusammenhang		Soziale Systeme durch Kommunika-tion konsti-tuiert

Konzept geschlossener Systeme, wie es sich in den klassischen Naturwissenschaften, insbesondere der Physik durchgesetzt hatte, konnte für eine aus der Biologie entwickelte Systemtheorie nicht die Grundlage bilden.

Die Basis offener Systeme ist die dynamische Interaktion ihrer Elemente. Offene Systeme tauschen mit ihrer Umwelt Materie/Energie sowie Information aus und realisieren einen ständigen Austausch ihrer Komponenten. Die Basis kybernetischer Modelle hingegen ist der Feed-back-Kreislauf, also ein Steuerungsmodell, indem ein gewünschter Sollwert unterhalten wird und Ziele vorgegeben sind. Informationen können im kybernetischen System nicht vermehrt werden. Information kann in „Rauschen" übergehen, nicht umgekehrt. „Lernen" ist nur möglich durch die Eingabe externer Information (ibid.: 150).

Die grundlegenden Charakteristika des Lebens, Metabolismus, Wachstum, Entwicklung, Selbstregulation, Antwort auf Stimuli und spontane Aktivitäten, können als Konsequenz des Umstandes aufgefaßt werden, daß Organismen offene Systeme sind. Offene Systeme folgen also nicht der Tendenz zu vermehrter Entropie, entsprechend dem zweiten Gesetz der Thermodynamik, vielmehr unterhalten sie sich in einem Zustand hoher Organisiertheit und Wahrscheinlichkeit (ibid.: 143f) und sind in der Lage, sich aktiv zu einem höheren Organisationsgrad zu entwickeln.

Sie befinden sich in einem Zustand des Fließgleichgewichts (steadystate): Die Zufuhr von Materie entspricht dem Abbau, so daß sich auf dem jeweiligen Niveau, unabhängig von den Ausgangsbedingungen ein Dauerzustand ergibt, der nur von systeminternen Parametern festgelegt ist (ibid.: 142). Solche Systeme sind in der Lage, Arbeit zu verrichten, weil sie vom statischen Gleichgewicht noch ein Stück entfernt sind (Lehninger 1977: 336f).

An Entwicklungsbeispielen aus der Biologie zeigt Bertalanffy (1968: 132f), daß das Prinzip der Äquifinalität, also der Zielerreichung unabhängig von Ausgangsbedingungen bzw. des Umstandes, daß verschiedene Ausgangszustände zu gleichen Endzuständen führen können, als allgemeine Systemeigenschaft offener Systeme gelten kann, während sich bei Strukturen fremdgesteuerter Maschinen durch Änderung der Ausgangsbedingungen der Entwicklungsverlauf oder Zielzustand ändert.

Die General System Theory markiert den Übergang von Konzepten geregelter, kybernetischer Systeme hin zu einer Theorie selbstregulierender Systeme, die in der biologischen Systemtheorie ein heuristi-

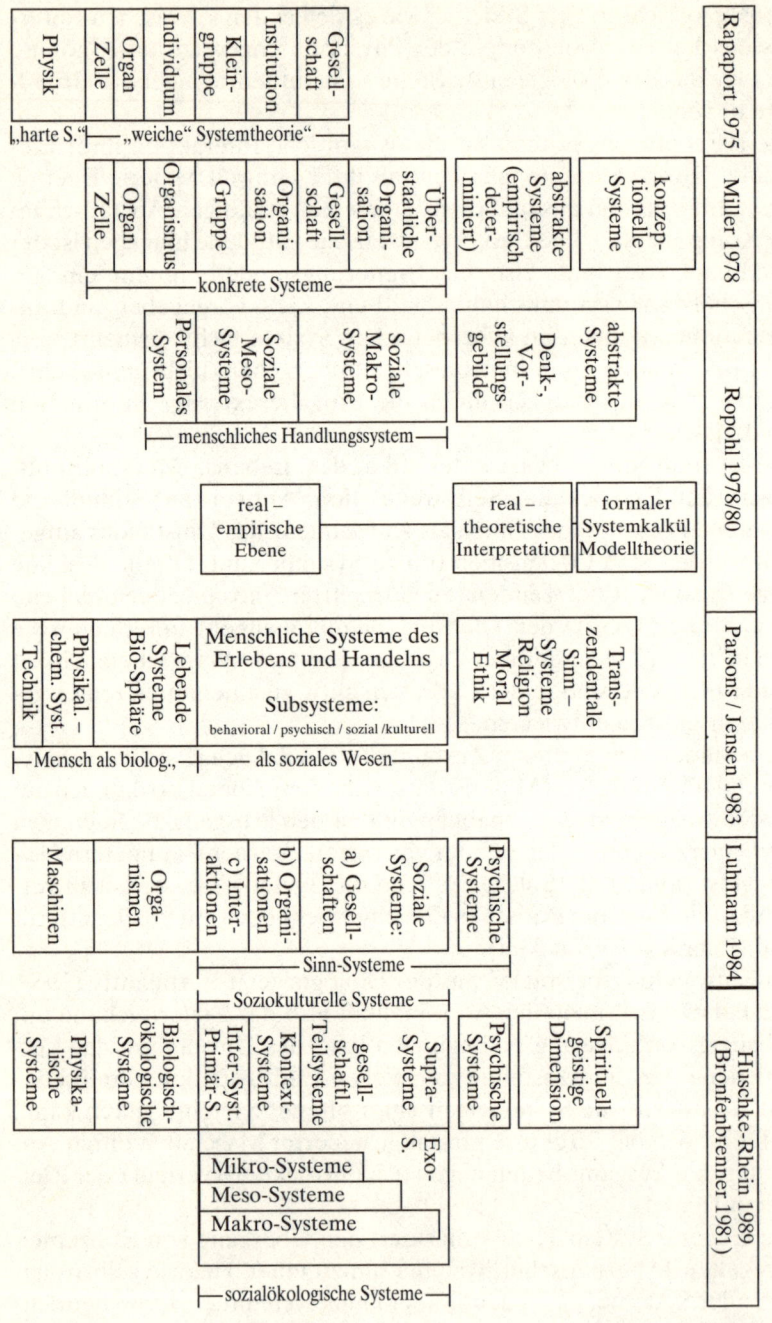

Abbildung 2: System-Ebenen

38

sches Modell für die Ebenen der sozialen Welt sieht. Mit der ‚Biokybernetik' (Vester: 1984) entwickelt sich eine Forschungsrichtung, die Erkenntnisse der Kybernetik – kreisförmige Struktur und Prozeßsteuerung durch Feedback – mit der Theorie offener Systeme verbindet und aus der Perspektive der Biosphäre und deren Arbeitsweise ‚biokybernetische Grundregeln' entwickelt, die eine Grundlage für erfolgreiches Verhalten in Ökosystemen darstellen (Vester 1984: 81ff):

(1) Regelkreisprinzip: negative Rückkoppelung dominiert über positive Rückmeldung,
(2) Unabhängigkeit der Funktionen von quantitativem Mengenwachstum,
(3) Funktionsorientierung statt Produktorientierung durch Produktvielfalt und -wechsel,
(4) Jiu-Jitsu-Prinzip: bereits vorhandene und potentielle Energien nutzen,
(5) Mehrfachnutzung von Produkten, Verfahren und Organisationseinheiten,
(6) Recycling (Wiedereinführung in neuen Kreislauf),
(7) Symbiose (Zusammenleben verschiedener Arten) unter Nutzung kleinräumiger Diversität,
(8) ‚Biologisches Grunddesign': Vereinbarkeit technischer mit biologischen Strukturen, Feed-back-Planung und -Entwicklung.

2.6.2. Lebende und soziale Systeme I

Abbildung 2 zeigt die Referenzebenen der Systemtheorie in einer Zusammenschau verschiedener Autoren. Dabei stehen alle Entwürfe und Gliederungen unter dem erkenntnistheoretischen Vorbehalt, daß ein System immer eine Systembildung durch Menschen darstellt. Wir können mit Ropohl (1978: 33) zunächst zwischen konkreten und abstrakten Systemen unterscheiden. Unter konkreten Systemen sollen reale Gegenstände der erfahrbaren Außenwelt verstanden werden; unter abstrakten Systemen Denk- und Vorstellungsgebilde wie philosophische Systeme, Klassifikationen, Zahlensysteme, Wertsysteme, Sprache. Die Erfahrungswirklichkeit kann auch als Gliederung konkreter Systeme dargestellt werden, so daß von technischen, physikalischen, lebenden und sozialen Systemen gesprochen werden kann.
Klaus/Buhr (1971: 1060) unterscheiden neben den konkreten Systemen, den, wie sie sagen, „Systemen der objektiven Welt", zwei Arten idealer Systeme: die Systeme der Bewußtseinssphäre, also Systeme, die auf ‚reale' Systeme bezogen sind, und den Bereich der theoreti-

schen ideellen Systeme (z.B. Algebra). Diese Dreiteilung entspricht der Millers (1978) in konkrete, abstrakte (d.h. empirisch determinierte) und konzeptionelle Systeme, wie auch der Unterscheidung bei Ropohl (1980: 327) in drei Ebenen der Systembeschreibung unterschiedlicher Konkretion:
(1) einer realempirischen Interpretation, als Bezeichnung für konkret erfahrbare Sachverhalte,
(2) einer realtheoretischen Interpretation, als Bezeichnung für realitätsbezogene, theoretische Konstrukte
(3) und schließlich die dritte Ebene der Modelltheorie.

Gemessen an dieser Einteilung ist die Systemtheorie Luhmanns (1984) ein realtheoretischer Ansatz, da er „den Weg über eine Analyse realer Systeme der wirklichen Welt" (ibid.: 30) beschreitet und sich Systemtheorie „damit auf eine Verantwortung für Bewährung seiner Aussagen an der Wirklichkeit"(ibid.) einläßt.
Systeme können ihrer Entstehung nach als natürlich (biologische, ökologische Systeme) oder künstlich (Artefakte, abstrakte Systeme) unterschieden werden. Eine detaillierte Aufstellung von weiteren Gliederungsmerkmalen gibt Ropohl (1978: 34).[19]
In der Auffassung von Miller (1978), auch soziale Systeme als lebende einzustufen, wird noch einmal das Problem universell gültiger Systemkennzeichen, die aus der Biologie abgeleitet werden, deutlich. Miller faßt in seiner auf die Systemprozesse orientierten Theorie alle Ebenen von der zellulären bis zur supranationalen als lebende Systeme zusammen, denen gemeinsam sei, daß es sich um offene Systeme mit Aufnahme, Verarbeitung und Ausgabe von Materie/Energie und/oder Information handele.[20] Alle Ebenen werden als konkrete Systeme gefaßt, deren Elemente wiederum konkrete Systeme sind. Als abstrakte Systeme wären Miller zufolge solche anzusehen, deren Einheiten Handlungen oder Rollen sind, etwa in der Theorie Parsons' (Miller 1978: 19ff, 595, 747), da diese sich nicht an die raum-zeitliche Erfahrungsdimension halten und ihre Grenzen empirische Entitäten durchtrennen. Die Vorstellung, daß die jeweils ‚darunter' liegende Systemebene die Subsysteme eines bestimmten Systems bildet und jene wiederum als Systembildungen der ‚darunter' liegenden Subsysteme angesehen werden, zeigt den Zusammenhang von biologischer und so-

---

[19] S. a. die Übersicht bei Ulrich/Probst (1990: 101).
[20] Millers Modell wird von Guntern (1984) für die Systemtherapie aufgegriffen.

zialer Welt, berücksichtigt aber nicht die qualitativen Unterschiede von Biologischem und Sozialem.

Um einem bloß metaphorischen Gebrauch von Analogien zu entgehen, schlägt Miller (ibid.: 1033) vor, das Vorhandensein der von ihm identifizierten 19 Subsysteme lebender Systeme als Kriterium für eine sinnvolle Verwendung des Analogiebegriffs zu nehmen. Am Beispiel des Entscheidungs-Subsystems (Decider) soll dieses Vorgehen, ein Konzept anhand formaler Identitäten zu entwickeln, kurz illustriert werden. Dabei zeigt sich, daß mit einem solchen Verfahren zwar vergleichbare Dimensionen benannt werden, qualitative Unterschiede zwischen lebenden und sozialen Systemen jedoch nicht.

Die Interaktion der Subsysteme lebender Systeme findet unter der Kontrolle des Decider-Subsystems statt. Das Decider-Subsystem ist „the boss in the system" (Miller 1978: 67). Lebende Systeme werden generell als hierarchisch aufgefaßt. Das Entscheidungs-Subsystem erhält Informationen von allen anderen Subsystemen und übermittelt Informationen, mit denen es das ganze System kontrollieren kann.

Der Hinweis Millers, daß mit dem Begriff ‚Decider' nicht notwendigerweise die Voraussetzung des freien Willens oder der Willkürlichkeit gegeben sein müssen, sondern Prozesse auch vollständig determiniert sein können, läßt die jeweiligen Besonderheiten der einzelnen Systemebenen in den Hintergrund treten. Gerade die höheren Freiheitsgrade der sozialen menschlichen Existenz, die Möglichkeit freier Entscheidung innerhalb gegebener Grenzen, unterscheidet sie qualitativ von festgelegten Abläufen biologischer Systeme. Mit jeder darüberliegenden Ebene erwachsen der Systembildung neue Freiheitsgrade, da Aktivitäten weniger stark festgelegt sind. Es handelt sich um emergente Prozesse, die in der Lage sind, mit Mangel- und Überschußbelastung umzugehen, und die auf einer niedrigeren Systemebene nicht möglich wären, da dort die notwendige Komplexität fehlt (ibid.: 1037).

Die Entscheidungsfunktionen eines Zellkerns und eines Familienmitglieds etwa sind nur bei weitestgehender Abstraktion sinnvoll zueinander in Beziehung zu setzen. Eben in dem Sinne, daß auf allen Ebenen Entscheidungsprozesse stattfinden. Maturana und Varela (1987: 216f) zeigen, daß Organismen und Gesellschaften verschiedenen Metasystemen angehören, die sich nach dem Grad der Autonomie, der den Komponenten jeweils möglich ist, unterscheiden lassen. Organismen wären demnach Systeme mit Komponenten von geringerem Ausmaß an unabhängiger Existenz, menschliche Gesellschaften Systeme mit Komponenten maximaler Autonomie; d.h. mit Komponenten, die viele Dimensionen unabhängiger Existenz besitzen. Ein wesentlicher Unterschied wird darin gesehen, daß die Identität menschlicher sozialer Systeme nicht nur von der Erhaltung ihrer Anpassung als Organismen im allgemeinen Sinn abhängt, sondern von der Schaffung sprachlicher Bereiche. Menschliche Systeme bedürfen der Strukturkoppelung im sprachlichen Bereich. Ein weiterer qualitativer Unterschied zwischen sozialer und biologischer Ebene kommt hinzu: Ein Organismus schränkt die „individuelle Kreativität" seiner Komponenten ein, da diese Einheiten für den Organismus existieren. Menschliche soziale Systeme erweitern diese Kreativität, da umgekehrt das System für die Mitglieder existiert.

Ein Entscheidungs- und Steuerungszentrum als konstitutionell für Systembildung wurde auch in der kybernetisch ausgerichteten Systemtheorie für politische und soziologische Analysen angenommen, etwa bei Etzioni (controlling overlayer) oder Easton (decision making system).[21]

Jensen (1983: 39) weist darauf hin, daß die biologischen Kennzeichen des Lebens – Entstehung aus biologischen Ursachen, biochemisch gesteuerte Wachstumsprozesse und zelluläre Reproduktion – auf Familien, Gruppen oder gesellschaftliche Teilbereiche nicht zutreffen und es sich bei überindividuellen Phänomenen lediglich um eine „vitalistische Metaphorik" handelt. Die Ursache für diese Verwirrung wird damit erklärt, daß der Mensch als organisches Wesen ebenso der Biosphäre zuzurechnen ist wie auch der Sphäre der sozialen Systeme bzw. Handlungssysteme.

Miller verteidigt sich gegen Einwände, seine Theorie sei ,quasiorganisch'[22], mit dem Hinweis, daß die Betonung ähnlicher Prozesse auf allen Ebenen jenen mißfalle, die an einer Position menschlicher Überlegenheit festhielten (ibid.: 1037). So kommen in Millers System personale Systeme nicht vor; selbst die Ebene der Gruppenbildung ist nicht explizit als menschliches Handlungssystem konzipiert (ibid.: 515).

Im Unterschied zum konkreten Systemkonzept, das in der Realität vorfindbare Phänomene und gesellschaftliche Gliederungen als System erfaßt, ist die strukturfunktionale Theorie von Parsons (1976) abstrakter, auf einer ,real-theoretischen' Ebene angelegt. Die hier interessierenden menschlichen Handlungssysteme sind nicht als erfah-

---

[21] Siehe Holzer (1977: 41ff).
[22] Vgl. z. B. die Kritik von Rapoport (1988: 21ff).

rungswissenschaftlich abgrenzbare Instanzen zu verstehen, sondern als „durch hypothetische Konstruktion definierte Teilmengen von Relationstypen innerhalb der Gesellschaft" (Ropohl 1980: 354). Es sind strukturalistische Muster, die zu tatsächlichem menschlichen Handeln in Beziehung stehen, bzw. diesem entspringen.

Die vier Subsysteme oder Funktionskreise[23] sind Dimensionen des Erlebens und Handelns, die stets als Elemente eines Gesamtzusammenhangs gesehen werden müssen, der physiologische, psychologische, soziale und kulturelle Elemente enthält, die allerdings analytisch einzeln darstellbar sind. Das behaviorale Subsystem ist das „Programm, das Verhalten von den organischen Bedingungen her steuert – also etwa unsere Wahrnehmung (...), das Moment menschlichen Zeiterlebens (...), die organische Leistungsfähigkeit (...) usw." (Jensen 1976: 32).

Das psychische System wird bei Parsons (vgl. Jensen 1983: 95f) weitgehend mit dem Begriff Persönlichkeitssystem gleichgesetzt: Unter Persönlichkeit ist die zentrale psychische Steuerungsinstanz zu verstehen, die eines der Subsysteme des menschlichen Handlungssystems darstellt. „Das psychisch-motivationale Subsystem umfaßt die Menge der Programmelemente, die sich auf die Steuerung des Verhaltens auf der Ebene der Motivbildung, des Persönlichkeitsaufbaus, der intrapersonalen Verhaltensorganisation beziehen" (Jensen 1976: 33). Behaviorales und psychisches Subsystem beziehen sich auf das Individuum als Handelndes, das soziale Subsystem (Steuerung der Interaktion) und das kulturelle Subsystem (sinnstiftende Regeln, Bedeutungszuweisungen) auf eine Vielzahl Handelnder (vgl. Parsons 1976: 276f).

Die Einordnung des menschlichen Handlungssystems in Abbildung 2 ist mithin nicht ganz zutreffend. Die Handlungssysteme wären bei den abstrakten Systemen einzuordnen, während auf der Ebene konkreter Systeme die verschiedenen Formen „kumulativer Aggregation" (Parsons 1976: 85ff) einzutragen wären:
face-to-face-Interaktion,
organisierte Interaktion (formale Organisationen),
institutionelle Ebene,
gesellschaftliche Organisationsebene.

Für empirische Zusammenhänge, die als System interpretiert werden, steht bei Parsons der Begriff Verhaltenssystem. Verhalten „sind all diejenigen Abläufe, Bewegungen, Ereignisfolgen, Prozesse usw., die einem bestimmten Bezugssystem zugerechnet werden. Dieses Be-

---

[23] Siehe Abbildung 2 (S. 38)

zugssystem ist stets ein physikalisch-konkreter Zusammenhang, der eine bestimmte materiell-energetische Struktur besitzt. Diesen materiell-energetischen Aspekten läßt sich in vielen Fällen ein informeller Aspekt zuordnen, so daß auch Prozesse der Informationsaufnahme und -verarbeitung berücksichtigt werden können" (Jensen 1983: 43). In diesem Sinne wären Menschen – soweit man sie als Systeme betrachtet – Verhaltenssysteme mit materiell-energetischer und informationeller Basis, während die Handlungssysteme nicht das Verhalten selbst, sondern dessen Strukturen und seine sinnhafte Steuerung durch komplexe Programme meinen, obgleich sich diese Ebene sinnhaft konstituierter Systeme immer auf konkrete Menschen bezieht, denn nur diese können erleben und handeln, wie Jensen (1983: 91) zutreffend vermerkt. Damit wäre der Übergang von der zweiten zur dritten Schicht der Systembildung, von der Biosphäre zur Handlungswelt, markiert. In der Konzeption von psychischen wie auch sozialen Systemen als Sinnsysteme zeigt sich die Verbindung zur Systemtheorie Luhmanns: Das psychische System ist ein selbstreferentielles System, das Bewußtsein durch Bewußtsein reproduziert. Unter Bewußtsein soll dabei nichts substantiell Vorhandenes verstanden werden, sondern der spezifische Operationsmodus psychischer Systeme.

Außerhalb dieser speziellen Theorie dient der Begriff des Psychischen als verallgemeinernde Bezeichnung, die für verschiedene Phänomene wie Bewußtsein, Denken, Erlebnisweisen, Motivation, Verhalten verwendet wird und bezogen auf die Persönlichkeit insgesamt alle nicht-organischen Vorgänge und Zustände meint. Das Psychische ist eine spezifische Qualität, die auf einer bestimmten Komplexitätsstufe der Lebewesen als emergente Eigenschaft auftritt. Wenn Huschke-Rhein (1989: 192) feststellt: „Psychische Systeme haben keine festen Grenzen", so soll damit ausgedrückt werden, daß sich die psychische Dimension auf die Ganzheit der Person bezieht und in Verbindung zum Biologischen wie zum Sozialen steht.

2.6.3. Theorie autopoietischer Systeme

Anfang der siebziger Jahre wurde das Konzept der Autopoiese von den chilenischen Neurophysiologen Maturana und Varela eingeführt. Es handelt sich um eine Theorie lebender Systeme, in deren Rahmen die menschlichen Erkenntnisleistungen (Wahrnehmung, Lernen, Gedächtnis, Denken, Sprache) mittels einer methodisch aufgebauten Terminologie sowohl systematisch-logisch als auch empirisch-neurobiologisch begründet werden.

Ihre Zielsetzung war, „die Organisation lebender Systeme zu erklären, indem jene Organisationsform beschrieben wird, die ein System als eine autonome Einheit konstituiert, welche im Prinzip alle für lebende Systeme charakteristischen Phänomene generieren kann, sofern die notwendigen historischen Voraussetzungen gegeben sind" (Maturana 1985: 141). Diese Organisationsform wird als autopoietisch bezeichnet und von Maturana (ibid.: 141f) so beschrieben:

> „Es gibt eine Klasse mechanistischer Systeme, in der jedes Element ein dynamisches System ist, das als eine Einheit durch Relationen definiert wird, welche es als ein Netzwerk von Prozessen der Produktion von Bestandteilen konstituieren. Diese Bestandteile wirken einmal durch ihre Interaktionen in rekursiver Weise an der Erzeugung und Verwirklichung eben jenes Netzwerks von Prozessen der Produktion von Bestandteilen mit, das sie selbst erzeugte, und bauen zum anderen dieses Netzwerk von Prozessen der Produktion von Bestandteilen dadurch als eine Einheit in dem Raum auf, in dem sie (die Bestandteile) existieren, daß sie die Grenzen dieser Einheit erzeugen."

Autopoiese umfaßt die Begriffe ‚selbsterzeugend', ‚selbstorganisierend', ‚selbstreferentiell' und ‚selbsterhaltend' als Charakteristika lebender Systeme. Autopoietische Systeme sind operativ geschlossene Systeme mit einer speziellen Form der Selbstreproduktion: Sie reproduzieren die Elemente, aus denen sie bestehen, mit Hilfe der Elemente, aus denen sie bestehen. Daß eine Zelle oder ein Organismus in einem kontinuierlichen Prozeß die Bestandteile, aus denen sie bestehen, mit Hilfe der Bestandteile ersetzen, aus denen sie bestehen, stellte noch keine neue Erkenntnis dar, wohl aber, wie Willke (1987: 43f) vermerkt, die Interpretation durch Maturana und Varela, die daraus auf eine „Geschlossenheit der Tiefenstruktur der Selbststeuerung (basale Zirkularität) jedes lebenden Systems in Form einer homöostatischen Organisation" schlossen. Deren Funktion bestehe darin, eben diese basale Zirkularität selbst zu erzeugen und zu erhalten. Diese zirkuläre Organisation definiert und erhält zudem ein lebendes System als Interaktionseinheit (vgl. Maturana 1985: 35).

Die Begriffe ‚Organisation' und ‚Struktur' werden in der Autopoiesetheorie insoweit synonym verwandt, als sie sich auf Relationen zwischen Bestandteilen eines Systems beziehen. ‚Organisation' ist jedoch der übergeordnete Begriff, da mit ihm kein Bezug auf die Besonderheiten der Bestandteile genommen wird (Maturana 1985: 314). Zwei Systeme mit gleicher Organisation können also verschiedene Strukturen aufweisen. Unter Struktur werden dagegen Bestandteile und Relationen verstanden, die in „konkreter Weise" eine bestimmte Einheit konstituieren (1987: 54).[24] Diese Unterscheidung ermöglicht es, die Bereiche von Invarianz und Veränderung in einem System eindeutig voneinander zu trennen (Krüll 1987: 13).

In Übereinstimmung mit bisherigen Theorien lebender Systeme geht die Autopoiesetheorie davon aus, daß mit Umwelt-Offenheit und Austausch Existenzbedingungen lebender Systeme benannt sind. Lebende Systeme sind materiell und energetisch offen. In der Tiefenstruktur ihrer Selbststeuerung jedoch, im Bereich ihrer Identität, sind lebende Systeme geschlossen und insofern unabhängig bzw. nicht beeinflußbar von der Umwelt. Vielmehr determiniert die innere Struktur des Systems, welche Umweltreize ausgewählt werden (Strukturdeterminismus) und zu welchem Wandel das System infolgedessen fähig ist.[25]

Autopoietische Organisation bedeutet „schlicht Prozesse, die auf spezifische Weise verkettet sind: auf eine Weise, in der die verketteten Prozesse die Bestandteile erzeugen, die das System als eine Einheit aufbauen und kennzeichnen. Aus diesem Grunde können wir auch sagen, daß immer dann, wenn diese Organisation tatsächlich als konkretes System in einem gegebenen Raum verwirklicht wird, der Bereich der Deformationen, in dem dieses System ohne Verlust seiner Identität bestehen bleibt, d.h. in dem es seine Organisation konstant hält, daß dieser Bereich der Bereich der Veränderungen ist, in dem es als eine Einheit existiert. Damit ist klar, daß die Tatsache, daß autopoietische Systeme homöostatische Systeme sind, die ihre eigene Organisation als Variable konstant halten, eine notwendige Konsequenz der autopoietischen Organisation darstellt" (Maturana 1985: 186).

Das Autopoiesekonzept von Maturana und Varela entwickelte sich zunächst auf dem Gebiet der Neurophysiologie und kann als konstruktivistische Kognitionstheorie charakterisiert werden. Bereits Ende der fünfziger Jahre hat eine Forschergruppe um McCulloch, der auch Maturana angehörte (vgl. Schmidt 1987: 22), in empirischen Untersuchungen zur Farbwahrnehmung und zur Größenkonstanz nachweisen können, daß zwischen Außenweltereignissen und neuronalen Zuständen keine stabilen Korrelationen hergestellt werden können, „daß andererseits aber stabile Korrelationen zwischen solchen Zuständen nachgewiesen werden können, die innerhalb der Nervensy-

---

[24] Verschiedene Lebenwesen unterscheiden sich durch verschiedene Strukturen, sind aber hinsichtlich ihrer Organisation gleich.

[25] Dieser Gedanke findet sich schon bei Bertalanffy (1968: 209).

steme liegen: Das Nervensystem operiert offenbar als funktional geschlossenes System" (ibid.). In Fortführung dieser experimentellen Untersuchungen kommt Maturana (1985: 304) zu dem Ergebnis:

(1) Die Erscheinungswelt der Zustandsveränderungen des Nervensystems ist ausschließlich die Erscheinungswelt der Zustandsveränderungen eines geschlossenen neuronalen Netzwerks. Dies bedeutet, daß es für das Nervensystem als neuronales Netzwerk kein Innen und kein Außen gibt.

(2) Die Unterscheidung zwischen internen und externen Ursachen der Zustandsveränderungen des Nervensystems kann nur von einem Beobachter getroffen werden, der den Organismus (oder das Nervensystem) als Einheit auffaßt und sein Innen bzw. Außen durch Angabe entsprechender Grenzen definiert. Die Aktivität der Nervenzellen spiegelt also keine vom Lebewesen unabhängige Außenwelt. „Sie bilden lediglich einen Rahmen von Relationen, in dem das Lebewesen sich mit Bezug auf seine eigene Organisation selbst repräsentiert. Die Wiederholbarkeit einer Erfahrung ist abhängig von ähnlichen Interaktionen mit der Umwelt aufgrund der Existenz von Invarianzen sowohl in der Organisation des Lebewesens als auch in der physikalischen Welt." (Maturana 1985: 136)

In der konstruktivistischen Kognitionstheorie sind Prozesse des Erkennens also allein durch die Organisation und Struktur des Nervensystems determiniert, sie sind der Autopoiese untergeordnet. Kognition ist daher ein prinzipiell subjektabhängiges Phänomen (ibid.: 303) „Erkennen heißt, in einem Beschreibungszusammenhang zu leben, nicht Gegenstände zu beschreiben, sich in operationalem Konsens mit anderen zu bewegen, nicht eine vom Erkennenden unabhängige Wahrheit zu erwerben" (ibid.: 28).[26]

Die Unterscheidung zwischen dem System als ontologischer Einheit und dem Beobachter als einem Zustand, den das System anderen und sich selbst gegenüber einnehmen kann, ist ein wichtiger Bestandteil des AutopoieseKonzepts. „Ein Beobachter ist ein Mensch, ein lebendes System, das Beschreibungen anfertigen und bestimmen kann, was er als von ihm selbst verschiedene Einheit abgrenzt und für Manipulationen oder Beschreibungen in Interaktion mit anderen Beobachtern verwendet." (ibid.: 240) Ein Beobachter kann demnach so operieren, „als ob er sich außerhalb der Umstände bewegte (...), in denen er sich

---

[26] Siehe hierzu auch: Roth (1986: 168ff).

befindet" (ibid.). Damit sind die spezifisch menschlichen Dimensionen des Bewußtseins beschrieben. „Alle konkreten oder begrifflichen Unterscheidungen, mit denen wir umgehen, sind von uns als Beobachter getroffen worden: alles, was gesagt wird, wird von einem Beobachter zu einem anderen Beobachter gesagt" (ibid.: 139) Die Gesamtheit der Beschreibungen, die ein Beobachter anfertigen kann, bilden seinen kognitiven Bereich.

Teleologische Vorstellungen und funktionale Bestimmungen sind als ein Konstrukt der Beschreibung eines Beobachters zu verstehen. Autopoietische Systeme operieren nicht aufgrund irgendwelcher Ziele oder Zwecke, ihr einziges Ziel ist ihr Fortbestand. „Lebende Systeme sind als physikalische autopoietische Maschinen zweckfreie Systeme." (ibid.: 191)

Interaktion und Relation zur Systemumwelt können für Maturana immer nur Auslöseereignisse für rekursive Prozesse innerhalb des Systems sein und vermögen die strukturdeterminierte Autonomie nicht aufzuheben. Alle Zustandsveränderungen, die ein autopoietisches System ohne Identitätsverlust durchlaufen kann, sind also ausschließlich durch seine Struktur determiniert und nicht durch Einwirkungen aus der Umwelt. Veränderungen des Systemzustandes werden zwar durch das Medium, mit dem das autopoietische System interagiert, angeregt bzw. beeinflußt, aber Determination oder Kontrolle von außen ist nicht möglich. In diesem Sinne äußert sich bereits Bertalanffy:

> „The stimulus (i.e. a change in external conditions) does not *cause* a process in an otherwise inert system; it only *modifies* processes in an autonomously active system." (1968: 209)
> „Man is not a passive receiver of stimuli coming from an external world, but in a very concrete sense *creates* his universe." (1968: 194)

Maturana faßt operationale Geschlossenheit und umweltbezogenes Handeln nicht als Gegensätze auf, sondern begreift Geschlossenheit als Voraussetzung für einen autonomen Umweltbezug. Die Interaktion zwischen Einheit und Milieu stellen füreinander reziproke Perturbationen[27] dar.

Wenn die Interaktionen zweier autopoietischer Einheiten einen rekursiven oder sehr stabilen Charakter angenommen haben, kann von ‚struktureller Koppelung' gesprochen werden (Maturana/Varela 1987: 85). Der Begriff meint mithin die Geschichte wechselseitiger Strukturveränderungen durch Interaktion der Bestandteile von Systemen.

---

[27] Etwa: Störungen, Verstörungen, siehe dazu Maturana/Varela (1987: 27).

Wenn beide Systeme Organismen sind, wird das Ergebnis ihrer strukturellen Koppelung als ‚konsensueller Bereich' definiert, d.h. ein Verhaltensbereich, in dem die (strukturell determinierten) Zustandsveränderungen aufeinander abgestimmt sind.

Einem Beobachter erscheinen diese Zustände als Übereinstimmung, sie können als ‚Bedeutungen' beschrieben werden (ibid.: 151). Die Bildung ‚konsensueller Bereiche' meint dann die Erzeugung einer überindividuellen Wirklichkeit durch intersubjektive Verständigung, vor allem mittels sprachlicher Möglichkeiten (ibid.: 209f, 223f). Die Verständigung über die Geltung von Interpretationen und Bedeutungen, also die soziale Konstitution von Realität, soll mit diesem Begriff erfaßt werden.

In seiner Einladung, Maturana zu lesen, faßt Schmidt (in: Maturana 1985: 1f) die wichtigsten Kennzeichen lebender Systeme aus der Sicht der Autopoiesetheorie zusammen:

„ – ‚Autopoiese' definiert hinreichend ‚lebendes System';
– Menschen sind autopoietische Maschinen, die selbstreferentiell, homöostatisch, autonom, strukturdeterminiert und geschlossen sind;
– lebende Systeme sind durch ihre Organisation determiniert, sie erzeugen ihre Grenzen im Prozeß ihrer Selbsterzeugung;
– mit Nervensystemen ausgestattete lebende Systeme erzeugen durch Selbstbeobachtung Selbstbewußtsein;
– Kategorien wie ‚Input' oder ‚Output', ‚Zweck', ‚Entwicklung' und ‚Zeit' sind Kategorien des Beobachters bzw. Beschreibers eines Systems, nicht der Organisation des Systems selbst; das heißt, das System ist zu jedem Zeitpunkt eine voll gültige Einheit, die in größere Systeme als allopoietische Einheit integriert werden kann (...);
– deformiert wird ein lebendes System sowohl von der (von ihm unabhängigen) Umwelt als auch vom System selbst; das System ist ontogenetisch abgestimmt auf solche Deformationen, die es ohne Verlust seiner Identität verkraften kann; ein System „denkt", wenn es mit einigen seiner internen Zustände so interagiert, als wären diese unabhängige Größen."

2.6.4. Lebende und soziale Systeme II

Varela (1987: 125) nennt drei Arten biologischer Systeme, bei denen die organisationelle Geschlossenheit explizit nachgewiesen ist: Zellsysteme, das Immunsystem und das Nervensystem. Die Reichweite der Autopoiesetheorie wird derzeit noch kontrovers diskutiert.

Maturana selbst möchte den Autopoiesebegriff nur auf Lebewesen erster Ordnung (Zellen) und zweiter Ordnung (biologische Organismen) angewandt sehen. Soziale Systeme sind für ihn nicht autopoietisch, weil sie als Netzwerk der menschlichen Koordinierung von Handlungen und nicht als ein Netzwerk der Produktion von Menschen konstituiert sind (Krüll 1987: 11).

Anders jedoch die Konzeption bei Luhmann (1984), die Willke (1987: 45) als „radikale Soziologisierung" kennzeichnet: Mit der Verwendung des Autopoiese-Konzepts als Grundlage einer Theorie sozialer Systeme trifft Luhmann eine weitreichende theoriestrategische Entscheidung. Da autopoietische Systeme dadurch definiert sind, daß sie die Komponenten, aus denen sie bestehen, mit Hilfe der Komponenten produzieren, aus denen sie bestehen, können Individuen in dieser Theorie nicht als Elemente angesehen werden. Soziale Systeme produzieren keine Individuen. Als Komponenten sozialer Systeme gelten Kommunikation und ihre Zurechnung als Handlung (Luhmann 1984: 191ff). Roth (1986: 178) spricht von einem „ontologischen Systemebenenwechsel" bei Luhmann, der allein soziale Akte als Komponenten des Systems begreife, während seiner Auffassung nach soziale Handlungen immer als an die Existenz handelnder Individuen gebunden betrachtet werden müssen.

Auch Hejl (1986: 63ff) schlägt vor, den Begriff der Autopoiese für lebende biologische Systeme zu reservieren. Er zeigt, daß die Kriterien, die Maturana und Varela (1985: 164) für die Verifizierung autopoietischer Systeme nennen, in Luhmanns Konzeption sozialer Systeme nicht vollständig erfüllt werden. Als soziales System definiert Hejl eine Gruppe lebender Systeme (z.B. Menschen), die eine „gemeinsame Realität und damit einen Bereich sinnvollen Handelns und Kommunizierens erzeugt haben und auf ihn bezogen interagieren" (Hejl 1986: 61, 1987a: 128). Soziale Systeme bezeichnet er als synreferentiell, da sie zwar nicht selbst autopoietisch, aber durch autopoietische Systeme konstituiert seien. Soziale Systeme sind von anderen Systemtypen am stärksten durch die notwendige Ausbildung parallelisierter Zustände in den interagierenden lebenden Systemen unterschieden (Hejl 1987b: 327). Hierin ist die physiologische Basis sozial erzeugter gemeinsamer Realität zu sehen, aus der soziale Interaktionen hervorgehen.

Gesellschaft wird als ein Netzwerk sozialer Systeme verstanden, die von Individuen als ,Schnittpunkte', ,Berührungspunkte' oder ,Knoten' konstituiert werden, wobei die Individuen in differenzierten Gesellschaften immer mehrere soziale Systeme zugleich mitkonstituieren. Ein Gesellschaftsmitglied ist zur selben Zeit Komponente verschiedener Systeme, wenn auch auf unterschiedliche Weise und in unterschiedlicher Intensität. Die systemspezifischen Regeln, die typischen Realitätsdefinitionen und Handlungsanweisungen sind in den einzelnen Sozialsystemen (Familie, Firma, Partei, Verein etc.) verschieden. Ein soziales System organisiert nicht alle Zustände seiner Komponenten und legt nur die jeweils systemrelative Realität seiner ‚Komponentenindividuen' fest. Individualität wäre in sozialer Hinsicht bestimmt durch den Aufbau dynamisch sich verändernder Realitätskonstrukte und Handlungsweisen aufgrund der Teilhabe an verschiedenen sozialen Systemen (Hejl 1987a: 129).[28] Von Wahrnehmungen, Entscheidungen, Handlungen etc. des Systems zu reden ist als abkürzende Redeweise für die Handlungen usw. der Individuen zu verstehen, die das jeweilige Sozialsystem mitkonstituieren. Diese Mitkonstitution mehrerer sozialer Systeme kann auch Phänomene des sozialen Wandels erklären. Dieser kann als Resultat der Einwirkungen anderer Systeme aufgefaßt werden, die über die ‚Komponentenindividuen' auf das betreffende System einwirken. Einander widersprechende Anforderungen oder nicht integrierbares Verhalten führen zu veränderten Realitätsdefinitionen. Rückzug, Ausschluß, bewußte Änderung sind Reaktionsweisen auf konfligierende Systemanforderungen. Die gegenseitige Durchlässigkeit verschiedener Netzwerke sozialer Systeme kann auch zu nicht-bewußten Prozessen der Koevolution der Mitglieder eines Systems führen: Aufgrund der „Parallelität dieser Verhaltensmodifikation bei einer größeren Zahl von Mitgliedern" ist der Wandel den Beteiligten nicht bewußt, kann aber von einem externen Beobachter wahrgenommen werden (Hejl 1987b: 331). Soziale Systeme erzeugen also aufgrund ihrer multilateralen Verschränkung[29] Phänomene des Wandels; sind aufgrund der selbstbezüglichen Organisationsweise ihrer Komponenten aber ebenso konservative Systeme: Die kritische Größe für die Systemfunktionen ist die Aufrechterhaltung der eigenen Organisation; in der Vergangenheit erfolgreiche Verhaltensweisen werden daher bevorzugt (ibid.: 327). Die Wahrnehmung des kognitiven Systems ist an historisch entstandene Strukturen gebunden: auftretende Ereignisse werden unter Bedingungen der Systemvergangenheit und der dabei evolutiv ausgebildeten Wahrnehmungsmöglichkeiten aufgenommen. Die Konstruktion der Realität wird in diesem Ansatz als soziale Hervorbringung einer gemeinsamen Realität verstanden, infolge der parallelisierten Zustände der synreferentiellen Systeme. Darüber, welche Handlungen als sinnvoll oder angemessen gelten, besteht im System eine Grundübereinkunft, deren Einhaltung mit sozialen Kontrollme-

---

[28] Vgl. die Parallelen der Argumentation zur Rollentheorie.
[29] Vgl. den Begriff der Interpenetration bei Luhmann (1984: 286ff).

chanismen überwacht wird, die aber einen Wandel nicht ausschließen.

Gesellschaft will Hejl (1987a: 130, 1987b: 332f) nicht als System verstanden wissen, da vor allem für die zusammenwachsenden westlichen Gesellschaften der Gegenwart eine Grenze als Bedingung der Systemdefinition weder theoretisch noch empirisch sinnvoll angegeben werden könne. Gesellschaften werden als Netzwerke sozialer Systeme verstanden mit Individuen als ‚Knoten'. Damit wird die Vorstellung vermieden, Gesellschaften seien überindividuelle Akteure. Mit der Beibehaltung des Individuum-Begriffs bleibt die konstruktivistische Sozialtheorie von Hejl anschlußfähig an die verschiedensten pädagogischen und soziologischen Konzepte, die mit dem Individuen-Begriff als Letzteinheit operieren.[30]

Luhmann (1984: 92, 286ff) dagegen hält die Auffassung, die Gesellschaft bestehe aus Menschen, für einen untauglichen Versuch, an einer „bis heute nachwirkende(n) Tradition" (ibid.: 92) im Sinne des Humanismus festzuhalten, der der Entwicklung der Systemtheorie, insbesondere ihrem Universalitätsanspruch, nicht gerecht werde. Den Vorwurf, der Mensch werde in seiner Theoriedisposition eskamotiert, weist er zurück.[31] Menschen sind Teil der Umwelt sozialer Systeme, so eine Prämisse der Luhmannschen Systemtheorie. Sie soll die Möglichkeit eröffnen, „den Menschen als Teil der gesellschaftlichen Umwelt zugleich komplexer und ungebundener zu begreifen" (Luhmann 1984: 289). Personen sind nur ausschnitthaft, ‚rollenhaft', mit Bewußtsein oder Kommunikation am Systemgeschehen beteiligt. Psychisches System (Bewußtsein wird durch Bewußtsein erzeugt) und soziales System (Kommunikation wird durch Kommunikation erzeugt) stellen füreinander Umwelten dar und entwickeln sich als Bedingungsverhältnis in gemeinsamer Koevolution. Sie konstituieren Gesellschaft.[32]

In den Eigenschaften sozialer und psychischer Systeme zeigt sich eine neue Systemqualität: der Bereich notwendiger Reiz-Reaktions-Verknüpfungen der biologischen Ebene wird verlassen. Die Entwicklung

---

[30] Wenn auch bei Heijl mit ‚Individuen' im engeren Sinn das kognitive Subsystem gemeint ist (Hejl 1987b: 335, Anm. 9).

[31] Kritik i.d.S. äußert beispielsweise Brunkhorst (1983).

[32] Die Theorie kommunikativen Handelns von Habermas (1988a/b) kann insoweit als Gegenentwurf zu Luhmanns Theorie sozialer Systeme aufgefaßt werden, da sie das sprach- und handlungsfähige Subjekt in ihr Zentrum nimmt und intersubjektiv geteilte Lebenswelten mitberücksichtigt.

von Eigenkomplexität, die Fähigkeit zum Aufbau innerer Modelle der Außenwelt „markiert eine Schwelle der Evolution, die mit den Begriffen Sinn, Identität, Reflexion, Selbstverständnis und Selbst-Thematisierung verbunden ist" (Willke 1987: 27).

Im Unterschied zu biologischen Systemen sind die Negationen sozialer Systeme jedoch nicht absolut und definitiv. Die negierten Möglichkeiten werden nicht ‚zerstört', sondern nur auf Zeit verworfen; sie bleiben als Verweisungshorizont erhalten (Weinrich 1973) und können durch Veränderung der Strukturen und Prozesse im System reaktiviert werden (Willke 1987: 110). „Das Phänomen Sinn erscheint in der Form eines Überschusses von Verweisungen auf weitere Möglichkeiten des Erlebens und Handelns." (Luhmann 1984: 93)

Sinnsysteme haben nicht nur die Fähigkeit, Umweltkomplexität zu reduzieren, sondern auch die Fähigkeit, intern Komplexität zu erzeugen. „Das was man beim Menschen etwa Kreativität, Phantasie oder einfach Denken und geistige Produktivität nennt, ist nichts anderes als die Produktion neuer Komplexität. Auf der Ebene sozialer Systeme äußert sich diese Fähigkeit etwa im Aufbau differenzierter Produktionstechniken, in der Verwendung symbolisch gefaßter Produktionsmedien jenseits der Sprache oder in der Institutionalisierung von wissenschaftlichen Prozessen." (Willke 1987: 27)

Sinn als evolutive Eigenschaft sowohl psychischer wie sozialer Systeme ist die grundlegende Kategorie von Luhmanns Soziologie (1984: 92ff). Sinn bedeutet immer Selektion aus mehreren Möglichkeiten; Systemgrenzen werden als Sinngrenzen verstanden, eine materielle Entsprechung von ‚Sinn' gibt es nicht:

> „Es gibt zwar hochkomplexe evolutive Voraussetzungen der Sinnbildung, aber es gibt keinen privilegierten Träger, kein ontisches Substrat von Sinn. (...) Erst die Form der Vernetzung, hebt Bewußtsein bzw. Kommunikation ab. (...) Nur an der Verweisung auf Anderes kann Bewußtsein sich selbst realisieren und dasselbe gilt mit andersartigen Bezügen auch für Kommunikation." (ibid.: 142)

Ein Sozialsystem ist daher nicht mehr wie in einer älteren Definition Luhmanns (1974: 28, zit. n. Kiss 1977: 333), die an Max Weber (vgl. 1956b) anschließt, ein Sinnzusammenhang von *Handlungen,* die durch wechselseitige Erwartbarkeit verknüpft sind, aufeinander verweisen und sich von einer Umwelt abgrenzen lassen.[33] Mit ‚Handlung' als

---

[33] Als Komponenten sozialer Systeme ergeben sich mithin 3 Optionen: Personen, Handlungen, Kommunikationen, (vgl. auch Luhmann 1984: 240).

Letzteinheit sozialer Systeme verbindet sich die Vorstellung, „also ob diese Handlungen auf Grund der organisch-psychischen Konstitution des Menschen produziert werden und für sich bestehen könnten" (Luhmann 1984: 193). Der basale Prozeß eines sinnkonstituierten und sinnkonstituierenden Systems ist daher ein Kommunikationsprozeß. Genau dies wird von Kritikern als unzureichend und als Verengung empfunden, weil dadurch die materiell-stoffliche Basis und die Technostruktur gesellschaftlicher Phänomene nicht ausreichend berücksichtigt wird (vgl. Halfmann 1986, Forschungsgruppe 1987: 23).

2.6.5. Selbstorganisation als Beschreibungsmodell natürlicher Systeme

Der Weg von physikalisch-chemischen über biologische zu sozialen Phänomenen trifft auch für die Entwicklung des Selbstorganisations-Konzeptes[34] zu: Vorliegende Ergebnisse der Naturwissenschaften werden als Modelltheorie analoghaft übertragen. Dabei taucht die Frage auf, ob ein solcher Ansatz mehr leistet, als eine Nachbeschreibung bereits ausreichend bearbeiteter Phänomene in einer neuen Wissenschaftssprache (vgl. Forschungsgruppe 1987: 150f). Im Hinblick auf soziale Systeme kann jedoch von einer ausgearbeiteten Selbstorganisationstheorie noch gar nicht gesprochen werden (Probst 1987: 11). Vorliegenden Modellen und Denkansätzen ist deshalb zunächst ein lediglich heuristischer Wert beizumessen. Die nachfolgenden Darlegungen erfolgen unter dieser Prämisse.

Selbstorganisation kann als allgemeines Prinzip natürlicher Systeme verstanden werden, das die verschiedenen dynamischen Prozesse biologischer, ökologischer und sozialer Art kennzeichnet. Selbstorganisierende Systeme evolvieren durch eine Folge von Strukturen und bewahren dabei ihren ganzheitlichen Charakter, ihre ‚Identität'. Diese Dynamik läßt sich bereits in den dissipativen (Ungleichgewichts-) Strukturen chemischer Reaktionssysteme nachweisen. In der Selbstorganisationsdynamik sieht Jantsch (1982: 49ff) daher das Bindeglied zwischen Belebtem und Unbelebtem. Selbstorganisation ist ein die Dynamik des Universums insgesamt kennzeichnender Prozeß mit den Charakteristika: Offenheit, hohes Ungleichgewicht und Eigenverstärkung von Fluktuationen (Autokatalyse).

Roth (1986: 153f) bezeichnet solche (physikalisch-chemischen) Prozesse oder Systeme als selbstorganisierend, „die innerhalb eines mehr oder weniger breiten Bereichs von Anfangs- und Randbedingungen ei-

---

[34] Überblick in Jantsch (1979).

nen ganz bestimmten geordneten Zustand oder eine geordnete Zustandsfolge (Grenzzyklus) einnehmen. (...) Das Erreichen des bestimmten Ordnungszustands wird dabei nicht oder nicht wesentlich von außen aufgezwungen, sondern resultiert aus den spezifischen Eigenschaften der am Prozeß beteiligten Komponenten." Oder, um ganz allgemein zu formulieren: „Selbstorganisation liegt dann vor, wenn die Ordnung eines Systems diesem nicht allein durch äußere Bedingungen aufgeprägt ist." (Zwölfer 1986: 182).

Die in Kapitel 2.6.3. behandelte Autopoiesetheorie kann als Spezialfall der Selbstorganisation dynamischer Systeme angesehen werden, da die damit gemeinten Dimensionen der Selbstherstellung und Selbsterhaltung als spezifische Organisationsformen lebender Systeme verstanden werden müssen (Böse/Schiepek 1989: 140).[35] Auf der Ebene sozialer Phänomene wären entsprechend der höheren Freiheitsgrade dieser Entwicklungsstufe spezifische Qualitäten zu nennen, in denen sich die Selbstorganisation manifestiert: Hervorbringung von Artefakten, kognitive Prozesse, Sprache, symbolische Codierung, Kultur, Ethik, Ästhetik (vgl. Probst 1987: 11).

Als gemeinsame, wenn auch abstrakte Basis aller Selbstorganisationsprozesse können in Anlehnung an Probst (1987: 76ff) vier Charakteristika benannt werden:

(1) Autonomie,
(2) Komplexität,
(3) Selbstreferenz und
(4) Redundanz.

Diese Dimensionen überschneiden sich teilweise und definieren sich zum Teil gegenseitig. Sie werden als grundlegend für das Verständnis komplexer Systeme angesehen; Ausarbeitungen für einzelne Niveaus sozialer Systeme liegen jedoch noch nicht vor.

Autonomie
Mit dem Begriff der Autonomie werden Aussagen über die Beziehungen eines Systems zu seiner Umwelt gemacht, insbesondere über das Maß der ‚Außen-‘ oder ‚Eigen-‘ Steuerung eines Systems. Lebende Systeme und soziale Systeme können einen unterschiedlichen Grad der Unabhängigkeit von ihrer Umwelt entwickeln. In menschlichen Gesellschaften ist ein Maximum an Autonomie der Systemkomponenten erreicht (Maturana/Varela 1987: 216). Nach Probst (1987: 82)

---

[35] Zur nicht immer einheitlichen Begriffsbestimmung siehe: Hejl (1987: 306ff).

liegt Autonomie vor, wenn die Beziehungen und Interaktionen, die ein System als Einheit definieren, nur dieses selbst und keine anderen Systeme involvieren. Autonomie meint folglich die Möglichkeit zur Selbstgestaltung, -lenkung und -entwicklung. Sie ist immer relativ zu verstehen: Autonomie im Hinblick auf bestimmte Kriterien und Möglichkeiten. Auch Systeme, die nicht außengelenkt sind (selbstreferentielle Systeme), werden Einflüssen von außen ausgesetzt und vielfältig beeinflußt. Autonomie bedeutet also nicht Unabhängigkeit von der Umwelt, sondern im Sinne des Autopoiesekonzepts, daß es von der inneren Struktur eines Systems, aber auch von seinen Interaktionen und seiner Entwicklungsgeschichte abhängt, wie es sich zu Signalen aus der Umwelt verhält, welche Entscheidungen es trifft. (vgl. Willke 1987a: 334ff)

Soziale Systeme müssen, um sich in einer ständig verändernden Umwelt zu behaupten, zu vielfältigen Anpassungen und Entwicklungsleistungen in der Lage sein. Gleichzeitig müssen sie wesentliche Variablen innerhalb bestimmter Grenzen konstant halten, um als Ganzheit überleben und ihre Autonomie und Identität aufrecht erhalten zu können. Dies verlangt wiederum ein bestimmtes Maß an interner Komplexität. Autopoiese als Kennzeichen lebender Systeme wäre als Spezialfall von Autonomie zu sehen. Überindividuelle Systeme können als autonom bezeichnet werden, soweit sie selbstreferentiell geschlossen operieren:

> „...autonomous Systems are organizionally closed. That is, their organization is characterized by processes such that (1) the processes are related as a network, so that they recursively depend on each other in the generation and realization of the processes themselves, and (2) they constitute the system as a unity recognizable in the space (domain) in which the processes exist" (Varela 1979: 55, zit. nach Böse/Schiepek 1989: 20).

Reiter und Steiner zeigen für überindividuelle Systeme (bspw. Institutionen), daß eine Beschreibung solcher Systeme nicht anhand ihrer Zwecke, ihres formulierten Auftrags etc., sondern entlang ihrer inneren Organisationskriterien zu anderen Befunden führt: „die Rationalität dieser Systeme besteht in der Erhaltung ihrer Identität, der alle Informationen untergeordnet werden. (...) Dieser Bezug kann von dem in offiziellen Erklärungen dargestellten Systemzweck oft sehr verschieden sein" (Reiter/Steiner 1986b: 62).

Komplexität

ist nach Ulrich/Probst (1990: 65) die Fähigkeit eines Systems, in einer gegebenen Zeit eine große Zahl von verschiedenen Zuständen anzunehmen. Selbstorganisierende Systeme erfordern ein bestimmtes Maß an nichtreduzierbarer Komplexität ihrer ‚internen Zustandsfunktionen‘, um eine Anzahl verschiedener Verhaltensmöglichkeiten zu entwickeln. Komplexe Systeme sind von der Vergangenheit (ihrer Entwicklungsgeschichte) abhängig, sie sind analytisch nicht vollständig bestimmbar, nur unvollständig beschreibbar, und somit ist auch eine eindeutige Voraussagbarkeit ihres Verhaltens nicht möglich (Probst 1987: 76ff).

Bei Luhmann (1984: 45ff) erhält der Komplexitätsbegriff eine zweifache Bedeutung:

(1) „Als komplex wollen wir eine zusammenhängende Menge von Elementen bezeichnen, wenn auf Grund immanenter Beschränkungen der Verknüpfungskapazität der Elemente nicht mehr jedes Element jederzeit mit jedem anderen verknüpft sein kann." Die Entstehung einer solchen Binnen-Komplexität oder geordneten Komplexität ist ab einer bestimmten Entwicklungsstufe des Systems Bestandsnotwendigkeit und bedeutet unvermeidlich Selektionszwang, als ‚Entscheidung‘ des Systems im Interesse der Selbsterhaltung. „Die Selektion placiert und qualifiziert die Elemente, obwohl für diese andere Relationierungen möglich wären. Dieses ‚auch anders möglich sein‘ bezeichnen wir mit dem traditionsreichen Terminus Kontingenz" (ibid.: 47).

(2) wird Komplexität als „Maß für Unbestimmtheit oder Mangel an Information" gefaßt (ibid.: 50). Komplexität ist die Information, die dem System fehlt, um seine Umwelt oder sich selbst vollständig beschreiben zu können.

In der Perspektive einzelner Elemente eines Systems ist nur dieser zweite Begriff von Bedeutung. In dieser Hinsicht kann Komplexität in Sinnsystemen als unbekannte Größe, als Risiko oder Unsicherheitsfaktor aufgefaßt werden. Systeme können „ihre eigene Komplexität (und erst recht: die ihrer Umwelt) nicht erfassen und doch problematisieren (...) Das System produziert ein und reagiert auf ein unscharfes Bild seiner selbst" (ibid.: 51).

Selbstreferenz

Selbstreferenz ist das universelle Organisationsprinzip aller selbstorganisierenden Systeme. Selbstreferenz meint allgemein alle (nicht linearen) Prozesse, die auf sich selbst zurückwirken (Simon/Stierlin 1984: 314). Solche Prozesse schließen sich an sich selbst an: Jedes Verhalten des Systems wirkt auf sich zurück und wird zum Ausgangspunkt für weiteres Verhalten. Selbstreferentielle Prozesse produzieren, reproduzieren und verändern bestimmte strukturelle Muster des Systems (Schiepek 1989: 230). Die Systeme sind hinsichtlich ihrer Zustände operational geschlossen, d.h. sie sind nicht extern steuerbar, wohl aber durch Umweltereignisse „modulierbar oder beeinflußbar" (Roth 1986: 157) sowie offen für Materie/Energie und/oder Information. Identität, Autonomie und Grenzziehung bilden sich jedoch auf Grund der ‚inneren Kohärenzen' des Systems.

Abbildung 3: Fremd- und Selbstreferentielles System
nach Hejl (1982: 184ff), Reiter/Steiner (1986a: 247)

	Kontroll-Modell fremdreferentielles System	Autonomie-Modell selbstreferentielles System
Entstehung	Erzeugung durch Menschen (design)	Selbsterzeugung
Basale Struktur	linear	zirkulär
Systemziel und -funktion	vom Erzeuger vorgegeben	Erhaltung des konkreten Systems
Systemverhalten	vom Konstrukteur festgelegt	Genetisch bestimmt, je nach Komplexitätsgrad von System und Umwelt: Lernen
Verhaltensänderung	durch Eingriff des Konstrukteurs	durch Mutation und / oder Lernen
Gegenstand der Information	Umwelt	System und Umwelt
Wirkung der Information	denotativ	konnotativ
Interaktionsmodus	Instruktion	Interpretation

Redundanz

Im eigentlichen Sinn der Informationstheorie bezeichnet Redundanz die Gesamtheit der Bestandteile von Nachrichten, die den Informationsgehalt der gesamten Nachricht nicht verändern (Simon/Stierlin 1984: 290); daher auch die geläufige Assoziation zum Begriff des Überflüssigen.
In einem allgemeinen Sinn ist unter Redundanz die Mehrfachabsicherung einer Funktion im System zu verstehen (Luhmann 1987: 268). Mehrere Elemente eines Systems können dasselbe ‚tun' – etwa Prozesse gestalten oder lenken – und verfügen mithin über ein größeres Potential als notwendig (Probst 1987: 81). Durch Redundanz der Funktionen wird systemintern potentielle Flexibilität (Varietät) geschaffen, die Voraussetzung für Komplexitätsbewältigung, für ‚Kreativität' und ‚Innovation' ist.

Bei humanen sozialen Systemen bedeutet Selbstorganisation, daß diese ihr Verhaltensrepertoire nicht nur bewußt wählen, gestalten und lenken können, sondern auch in der Lage sind, aus Erfahrung zu lernen (aktiver Systemtyp), ihr Verhaltenspotential zu vergrößern und die zu verfolgenden Ziele nach eigenen Zwecken festzulegen (Probst 1987: 50f). Als entwicklungsfähige Systeme sind sie in der Lage, neue Eigenschaften oder Beziehungen zu schaffen bzw. zu integrieren. In Gegenüberstellung zu anderen Systemtypen schreibt Probst (ibid.: 51):

> „Mechanische Systeme generieren keine neuen Eigenschaften oder Beziehungen zwischen Komponenten des Systems oder anderen Systemen. Alles, was vom definierten Zustand abweicht, unterliegt der Korrektur. Natürliche Systeme passen sich ihrer Umgebung an, vergrößern oder verkleinern die Anzahl ihrer Komponenten in Reaktion auf Veränderungen in der Umwelt oder suchen nach einer anderen Umwelt; sie produzieren jedoch nicht absichtsgeleitet neue Eigenschaften oder Beziehungen. Entwicklungsfähige soziale Systeme zeichnen sich dagegen durch ihr Potential aus, neue Eigenschaften zu generieren und zu integrieren, was zu Veränderungen in der Natur der Komponenten und der Beziehungen führt."

Analogien zu biologischen Modellen bleiben also ungenügend, weil deren Teile keine bewußte Wahl- oder Entscheidungsmöglichkeiten haben und losgelöst vom Ganzen nicht existieren können. Humane soziale Systeme sind historisch gewachsen und haben in diesem Entwicklungsprozeß ihre Identität aufgebaut. Sie sind durch Traditionen und Interaktionsmuster geprägt und folgen ihren eigenen Organisations- oder Systemprinzipien und sind insoweit ‚intern zustandsdeterminiert'. Umweltbezogenheit und Selbstorganisation sind jedoch keine Gegensätze: Um als Einheit zu entstehen und sich zu erhalten, braucht jedes System ein Netzwerk von Beziehungen, das jene Bedingungen schafft, die für das Überleben notwendig sind.

In Anlehnung an Probst (1987: 70ff) werden die Besonderheiten humaner sozialer Systeme hier noch einmal zusammenfassend genannt:[36]

(1) Soziale Systeme sind Teil eines gesellschaftlichen Systems und erfüllen einen Zweck.[37] Sie sind, im Gegensatz zu lebenden Systemen, ohne Zweck nicht zu verstehen.

---

[36] Jedoch ohne die bei Luhmann (1984) gegebene Beschränkung auf die Sinn-Dimension.

[37] Vgl. hierzu den Begriff ‚System mit zielgerichteter Organisation' (Jensen 1983: 41), der auf der überindividuellen Ebene an die Stelle von menschlichen Absichten, Motivationen etc. tritt.

(2) Humansysteme haben neben ihrer materiellen Dimension immer auch eine geistig-sinnhafte Ebene. Sie können (wie psychische Systeme) als Sinnsysteme aufgefaßt werden, die durch sinnhaft aufeinander bezogene Handlungen, durch Kognitionen, Werte und Normen zusammengehalten werden. Sie sind insoweit Systeme ‚vieler Wirklichkeiten‘, die individuell und sozial konstruiert sind. Sie verändern sich mit Erwartungen, Wahrnehmungen, Auffassungen oder Wertstrukturen.

(3) Im Gegensatz zu biologischen Evolutionsprozessen haben humane soziale Systeme Wahlmöglichkeiten. Sie können aus Erfahrung lernen und neue Verhaltensweisen und Eigenschaften entwickeln und Ziele wählen. Sie sind nicht einseitig zur Anpassung an ihre Umwelt gezwungen, sondern auch in der Lage, Bedingungen zu schaffen und Ordnungen zu gestalten. Erwartungen und Handlungen ermöglichen sich wechselseitig. Humane soziale Systeme sind darüber hinaus bei der Beschäftigung mit Objekten nicht an deren Anwesenheit gebunden. Handlungen können simuliert, zukünftige ‚Wirklichkeiten‘ geistig entworfen und geplant werden.

3. Soziale Arbeit – Begriff und Theorie

3.1. Probleme der Begriffsbildung

Die Begriffe Sozialarbeit und Sozialpädagogik haben seit jeher zahlreiche Probleme aufgeworfen,[38] die freilich nicht nur terminologische Schwierigkeiten zeigen, sondern Fragen der Theoriebildung insgesamt, insbesondere die einer Gegenstandsbestimmung betreffen. Mühlum (1981: 53) faßt mit Bezug auf Holtstiege (1976: 20 – 26) die bekannten Schwierigkeiten zusammen:
(1) die vorfindbaren unterschiedlichen Orientierungen nach funktionalen oder institutionellen Perspektiven, nach formalen oder inhaltlich bestimmten Aspekten;
(2) Unklarheiten über einen zentralen Aufgabenbereich und somit über den Untersuchungsgegenstand der Disziplinen Sozialarbeit und Sozialpädagogik;
(3) und die historisch unterschiedlichen Entwicklungslinien von Sozialarbeit und Sozialpädagogik.

Mit dem Begriff der Sozialarbeit verbindet sich in allen historischen Entwicklungsstadien eine sozialpolitische Dimension: in der zunächst freien und später auch kommunalen Armenpflege, den privaten und verbandsgebundenen Initiativen seit Mitte des 19. Jahrhunderts, der beruflich ausgeübten Fürsorge seit der Jahrhundertwende wie auch der modernen wohlfahrtsstaatlichen Sozialarbeit (Marzahn 1988: 234ff). Immer steht die Hilfegewährung auch im Zusammenhang kontrollierender und verwaltender Macht. Die Sozialpädagogik dagegen ist deutlicher mit dem Erziehungsgesichtspunkt verbunden[39] und meint zunächst eine Orientierung auf Kinder und Jugendliche. Der Begriff läßt sich bis 1844 zurückverfolgen (Winkler 1988a: 41). Bei Diesterweg meinte er ein alle Pädagogik durchdringendes soziales Prinzip. Die theoretische Grundlegung der Sozialpädagogik wurde insbesondere durch die pädagogische Reformbewegung seit der Jahrhundertwende geleistet (Holtstiege 1976). Sozialpädagogik bezeichnet

---

[38] Ausführliche Darlegungen in Holtstiege (1976), Mühlum (1981).
[39] Allerdings ist die „Pädagogisierung" sozialer Notlagen ein Prozeß, der sich im Zusammenhang mit der Einrichtung der Arbeits- und Zuchthäuser bereits im 16. Jh. zeigt (vgl. Scherpner 1962, Sachße/Tennstedt 1980).

seither einen dritten Erziehungsbereich: „alles was Erziehung, aber nicht Schule und nicht Familie ist. Sozialpädagogik bedeutet hier den Inbegriff der gesellschaftlichen und staatlichen Erziehungsfürsorge, sofern sie außerhalb der Schule liegt." (Bäumer 1929: 3) Sozialarbeit hat sich nach 1945 mit der Übernahme von Theorie-Ansätzen und Methoden des amerikanischen ‚social work' auch gegen eine zu enge Pädagogisierung, gegen einen behütend-autoritären „pädagogischen Bezug" (Nohl) gewandt. ‚Social work' meinte einerseits die wissenschaftliche Begründetheit ihrer Methoden aus Psychologie und Soziologie, andererseits die Einbindung der Sozialarbeit in eine demokratische Gesellschaft. Normative Vorgaben, ein spezifisches Demokratieverständnis und damit verbundene Vorstellungen von Entwicklungsmöglichkeiten der Menschen kennzeichnen diese Konzepte (vgl. Friedländer/Pfaffenberger 1966: 3ff). Dabei wurde freilich oft übersehen, daß die Methodenlehre des ‚social work' nicht unwesentlich auf progressive sozialpädagogische Entwürfe aus dem Deutschland der Weimarer Zeit zurückgreifen konnte (Iben 1969: 393). Die begriffliche Unterscheidung von Sozialarbeit und Sozialpädagogik ist daher ein spezifisch deutsches Problem aufgrund der geisteswissenschaftlichen pädagogischen Tradition, während etwa in Großbritannien der Begriff ‚social work' Sozialarbeit *und* Sozialpädagogik umfaßt (Belardi 1980a: 91).

Wenn auch nach beiden Seiten Differenzierungen und Zuordnungen möglich sind, beispielsweise zur Sozialadministration einerseits, zur Vorschulpädagogik andererseits, so sind doch bei einem Großteil der Arbeitsgebiete beide Berufsbezeichnungen wiederzufinden.[40] Sozialarbeit kann allerdings als der umfassendere Bereich angesehen werden, da sie auch reine Versorgungsleistungen ohne pädagogische Absichten umfaßt, während für die Sozialpädagogik die pädagogische Intention konstitutiv ist (Iben 1969: 394) und sich in den verschiedenen Arbeitsbereichen unterschiedlich stark ausprägt. Der übergreifende Charakter von Sozialarbeit zeigt sich auch darin, daß mit Sozialarbeit im traditionellen Verständnis zumindest konzeptionell immer beides, Veränderungen der Person und der Umwelt, gemeint ist.

Sozialpädagogik hat sich jedoch heute über ihre historische Orientierung auf Kinder und Jugendliche hinaus ausgedehnt auf Erziehungs- und Bildungsprozesse von Erwachsenen, kann also nicht mehr nur als Theorie der Jugendhilfe gelten. Allerdings ist auch kein Praxisfeld

---

[40] Dies zeigt sich auch in Lehrplänen der Fachhochschulen, soweit Sozialarbeit und Sozialpädagogik als getrennte Fachbereiche bestehen.

denkbar, in dem nicht Sozialarbeit auch sozialpädagogische Funktionen wahrnimmt. Geißler/Hege (1985) sprechen daher zurecht von Konzepten sozial*pädagogischen* Handelns, wenn sie die verschiedenen Möglichkeiten der Einzel- und Gruppenarbeit, der Beratung und Intervention erörtern. Interaktionen in professionellen Hilfebeziehungen der Sozialen Arbeit beinhalten generell eine pädagogische Dimension.

Die Theoriediskussion der letzten zwanzig Jahre fand – soweit sie Institutionen und Professionalisierung betrifft – unter dem Stichwort ‚Sozialarbeit' statt, während sich mit Sozialpädagogik vor allem Fragen der Interaktion Sozialpädagoge/Klient sowie normative Dimensionen und Zielformulierungen verbinden (Brumlik 1989a: 375). Fragen also, die von jeher pädagogisch bestimmt sind. Die aktuellen Tendenzen werden freilich recht unterschiedlich beurteilt: Brumlik (1987: 235f) konstatiert die „logische, theoretische und praktische Unterordnung" der Sozialpädagogik, ihre Einstufung als einen Fall, eine Leistung von Sozialarbeit. Dadurch sieht er den von ihm geforderten überfälligen Autonomieanspruch pädagogischen Denkens im Bereich Sozialer Arbeit behindert. Münchmeier (1981: 7ff) hingegen hält gerade die Pädagogisierung der Sozialarbeit für einen wichtigen Modernisierungsprozeß der letzten beiden Jahrzehnte. Erziehung statt Kontrolle, Beratung statt Eingriff, Angebot statt Zwang, Mobilisierung der Eigenkräfte statt Überwachung und Reglementierung sind Stichworte dieser pädagogischen Umorientierung seit den sechziger Jahren, die sich besonders darum bemüht, den „Interventionsaspekt sozialer Arbeit pädagogisch zu qualifizieren" (ibid.: 8). Das „zweite Gesicht" der Sozialarbeit (Münchmeier), die administrative Bearbeitung sozialer Probleme und Kontrolle abweichenden Verhaltens trete dagegen in den Hintergrund. Pädagogisch orientierte Fürsorge verweise so auf nicht vollzogene Reformen in anderen gesellschaftlichen Sektoren. Sie setze sich der Gefahr aus, soziale und sozial verursachte Probleme in individuelle Defizite von Moral, Lernen und Erziehung umzudefinieren (ibid.: 9).

Mühlum (1981: 53f) zeigt, daß trotz erheblicher Schwierigkeiten der jeweils eigenen Begriffsklärung weitreichende Übereinstimmungen insoweit bestehen, als sowohl Sozialarbeit wie auch Sozialpädagogik

– „gesellschaftlich organisierte
– überwiegend beruflich ausgeübte
– insbesondere auf die Beeinflussung zwischenmenschlicher Beziehungen gerichtete

– auf das individuelle *und* gesellschaftliche Wohl bedachte
– ‚intervenierende' Sozialdienstleistungen sind" (ibid.:54).
Für eine einheitliche Betrachtung von Sozialarbeit und Sozialpädagogik plädieren bereits Friedländer/Pfaffenberger (1966:
XXXVI):

> „Die soziale und sozialpädagogische Arbeit muß aber als einheitliches
> Funktionssystem gesellschaftlicher Hilfen gesehen und verstanden werden.
> Der Versuch, das sozialpädagogische Ganze aufzulösen durch Zerlegung
> in seine Elemente (...), würde den Wesenszug der Sozialpädagogik treffen
> und zerstören, der gerade in dieser Verbindung des Pädagogischen und des
> Sozialen, von Erziehung und Bildung, von Ermöglichung menschlicher
> Freiheit, Entfaltung und Selbstverwirklichung und ihren äußeren, auch ma-
> teriellen Voraussetzungen und Bedingungen liegt. Jede Zweiteilung (...)
> zieht künstliche Grenzen (...) und ist ein Hindernis für die Zukunft des ge-
> samten Bereiches."

Eine Analyse der Handlungsbereiche von Sozialarbeit und Sozialpädagogik zeigt, daß
(1) bei den Arbeitsformen und Handlungsstrategien,
(2) bei den Institutionen,
(3) hinsichtlich der Bestimmung spezifischer Ziele und Zwecke,
(4) hinsichtlich ihres Beitrages zur Lösung bestimmter gesellschaftlicher Grundprobleme und
(5) hinsichtlich ihrer Doppelverpflichtung auf individuelle Beeinflussung und Beeinflussung sozialer Rahmenbedingungen,
die Gemeinsamkeiten gegenüber den Unterscheidungsmerkmalen
deutlich zurücktreten (Mühlum 1981: 327, Iben 1969: 397).

Mit der Begriffsverwendung ‚Soziale Arbeit' soll dieser integrative
Aspekt von Sozialarbeit und Sozialpädagogik, die allgemein feststell-
bare Tendenz zur Vereinheitlichung und damit der gesamte Praxisbereich benannt werden.[41] Damit wird auch die zumindest sprachlich
unbequeme ‚Schrägstrich-Verlegenheit' vermieden. Die theoretischen
Bemühungen um Sozialarbeit und Sozialpädagogik können entsprechend als „Wissenschaft der Sozialen Arbeit" benannt werden (Belardi 1980a: 90f, Mühlum 1981: 56, 309, Staub-Bernasconi 1986).

---

[41] Nicht durchgesetzt hat sich der Vorschlag von Buchkremer (1982), den Begriff der subsidiären Erziehung mit dem Grundmerkmal ‚Intervention' als
Oberbegriff für Sozialarbeit und Sozialpädagogik, Heil-, Sonder- und Be-
hindertenpädagogik einzuführen.

3.2. THEORETISCHE ORIENTIERUNGEN

Als Hauptdimensionen der Theoriebildung in der Sozialen Arbeit nennen Thiersch/Rauschenbach (1984: 1000):

(1) die Lebenswelt der Klienten,
(2) die gesellschaftliche Funktion von Sozialarbeit/Sozialpädagogik,
(3) die Institutionen Sozialer Arbeit,
(4) die Merkmale professionellen Handelns und
(5) den Wissenschaftscharakter von Sozialarbeit und Sozialpädagogik.

Diesen Schwerpunkten wurde in den letzten Jahren unterschiedliche Aufmerksamkeit gewidmet: Fragen der gesellschaftlichen Funktion der Sozialarbeit – einem Komplex, der eng mit kritischen Gesellschaftsentwürfen verbunden ist – und nach der Handlungskompetenz, einem Hauptaspekt in der seit Otto/Utermann (1971) geführten Professionalisierungsdiskussion, wurden häufig bearbeitet. Ebenso entstanden zahlreiche Arbeiten zu Einzelfragen, etwa zu spezifischen Arbeitsfeldern. Die Klienten aber – so Brumlik (1989a: 374) – seien theoretisch verschwunden.

3.2.1. Integration und Emanzipation

Die Unterschiede von Sozialarbeit und Sozialpädagogik in ihrem jeweiligen Praxisbereich, ihrer historischen Herleitung oder auch in ihrer noch nachweisbaren Eigenständigkeit als Fürsorgetheorie einerseits und Jugendhilfetheorie andererseits, traten in den Theorieentwicklungen der letzten Jahrzehnte jedoch gegenüber einem anderen Gegensatz zurück: Die Kontroversen in Grundauffassungen und wissenschaftstheoretischen Orientierungen entzündeten sich – in der Wahrnehmung der Diskussionen der siebziger Jahre – am Gegensatz sozialintegrativ oder gesellschaftsverändernd (Mühlum 1981: 310). Die Zusammenhänge, ja Abhängigkeiten von gesellschaftlichen Prozessen und einem bestimmenden politischen Klima sind hieran deutlich ablesbar. Eine Konvergenz der Positionen zu einer ‚kritisch-emanzipatorischen' Ausrichtung ist allerdings alsbald nachweisbar.[42] Emanzipation wird zum Schlüsselbegriff einer ganzen Entwicklungsphase Sozialer Arbeit, die die individuelle und soziale Befähigung der Klienten, deren bessere Wahrnehmung eigener Interessen thematisiert.

---

[42] Zusammenstellung der jeweils zugehörigen Autoren in Mühlum (1981: insbes. 314ff).

Mit dem Postulat der Doppelverpflichtung der Sozialarbeit gegenüber den Klienten und ihrem gesellschaftlichen Umfeld, das bereits aus der Zeit beginnender Verberuflichung der Sozialarbeit datiert,[43] und einer gesellschaftskritischen Position setzt sich emanzipatorische Sozialarbeit von sozialintegrativen Ansätzen (z.b. Scherpner 1962) ab, die von einer stark individualisierten Problemsicht ausgingen und denen Begriffe der Gesellschaftsanalyse weitgehend fehlten.

Matthes (1973: 209) erhob die Forderung, Soziale Arbeit benötige für ihre Theoriebildung die Aufarbeitung soziologischer Forschungsergebnisse (z.b. soziale Schichtung), eine Analyse der Institutionen Sozialer Arbeit und als Kern, als ‚Zentraltheorie‘, eine „Theorie sozialer Anomie", die die Entstehung sozialer Konflike erklären könne.

Die ‚Urkategorie Hilfe‘ (Scherpner 1962) als Zentralbegriff sozialintegrativer Ansätze bleibt allerdings für das Methodenverständnis der Sozialarbeit insgesamt weiterhin grundlegend: Fast die gesamte Methodenliteratur faßt methodisch orientierte Soziale Arbeit als Hilfe auf (Lukas 1977: 32), obgleich diese Kategorie vielfach kritisiert worden ist: als emotional gefärbt und pseudo-wissenschaftlich getrübt (Hollstein/Meinhold 1977: 7), wie auch als soziales Stereotyp (Matthes 1973: 203), dessen empirischer Aussagegehalt subjektiver Interpretation überlassen bleibe. Insbesondere Luhmann (1973: 21ff) konnte zeigen, wie in einer funktional differenzierten Gesellschaft der Hilfebegriff stark relativiert werden muß und einen Bedeutungswandel erfährt: Persönliche Motivation und Überzeugung als mögliche individuelle Voraussetzung des Helfens werden nicht ausgeschlossen; die Grundlage beruflicher Sozialarbeit bilden jedoch spezifische Leistungsprogramme, die in gewissen Grenzen erwartbar und durch professionelle Helfer als Beschäftigte entsprechender Institutionen vermittelt werden. Nicht der Anblick der Not, sondern der Vergleich von Tatbestand und Programm löst Hilfegewährung aus (ibid.: 34).

Der Mangel an expliziter Gesellschaftstheorie ist zwei so unterschiedlichen Entwürfen wie dem von Scherpner (1962) und dem von Rössner (1973) gemeinsam. Matthes (1973: 203) notiert das Fehlen von zwei zentralen Elementen der Theoriebildung in Scherpners Theorie: Weder sei ein Handlungsrahmen für die Praxis der Sozialarbeit benannt, noch eine „theoretische Strukturierung von Situationen der sozialen Not" (Matthes 1973: 203), also eine Gegenstandsbestimmung vorgenommen. Da die Praxisfelder Sozialer Arbeit sowohl von

---

[43] Vgl. Müller (1988a) bezüglich J. Addams (60ff) und A. Salomon (144ff).

gesellschaftlichen Rahmendaten wie von Ziel- und Wertvorstellungen abhängig sind, unterliegt Soziale Arbeit einem stetigen Wandlungsprozeß, der in einer Theorie mitreflektiert werden muß. Gleiches gilt auch für die Adressaten Sozialer Arbeit: Veränderungen wirken auch auf die Umwelt zurück; Ziele und Mittel müssen ständig neu bestimmt werden (Winkler 1988: 346). Vorgebliche Neutralität – so der Vorwurf – entpuppt sich als ‚heimliche Normativität', als Zielvorstellung „sozialer Integration in nicht näher hinterfragte gesellschaftliche Strukturen" (Lukas 1977: 39).

Solche Kritik bezieht sich insbesondere auf eine Theorie der Sozialarbeit, die, wie bei Rössner (1973), im Sinne des Kritischen Rationalismus die strikte Trennung von Tatsachenerkenntnis und Normenvorstellungen fordert. Zwar soll nicht verkannt werden, daß das Postulat der Wertfreiheit nicht meint, daß eine Wertbasis nicht zur Kenntnis genommen werden müsse; entscheidend ist jedoch die Frage, inwieweit sozialwissenschaftliche Aussagen selbst Werturteile zum Ausdruck bringen dürfen. Rössner zufolge (1973: 40ff) soll Sozialarbeitswissenschaft über Mittel und Wege zu bestimmten Zielen informieren, aber weder die Ziele selbst noch die Anwendung bzw. Vermeidung von Mitteln nahelegen. Informieren in diesem Sinne meint: beschreiben, erklären, voraussagen (1973: 45), jedoch nicht Wertung oder Stellungnahme. Analog zur Auffassung Brezinkas (1966: 87) von der allgemeinen Pädagogik, sagt Rössner hinsichtlich der Sozialarbeitswissenschaft, sie werde durch das Mißverständnis belastet, der Wissenschaftler trage auch die Verantwortung des Sozialarbeiters. Sozialarbeit habe den „charakteristischen Zwang zu werten, Entscheidungen zu treffen und zu handeln, auch wenn die Situation rational nicht völlig durchsichtig ist" (Rössner 1973: 49). Dies müsse sich die Wissenschaft nicht zumuten; der Gegenstand solle vielmehr „rein theoretisch" erforscht werden. Die Theorie der Sozialarbeit[44] ist als ein basales „Begriffs- und Satznetz" aufgebaut, ihr Handlungsbereich kann mit Hilfe eines eigens konstruierten ‚Sprachspiels' konstituiert werden. In Abgrenzung zu geisteswissenschaftlich-hermeneutischen Zugängen soll ein analytisches Vorgehen und eine funktionale Betrachtung die Welt der Sozialarbeit ‚entzaubern' (M. Weber). Genaue Begriffsexplikation und möglichst allgemeine Hypothesen in nomologischer Form sollen ermöglichen, die „Wortmusik" in der sozialpädagogischen Literatur, die vage Gefühle auslöse, wie auch die „Vorliebe für in-

---

[44] Theorie der Sozialarbeit meint hier auch immer Theorie der Sozialpädagogik und Theorie der Jugendhilfe; vgl. Rössner (1973: 6).

haltsleere, dunkle Worte, für vieldeutige, interpretationsbedürftige „Slogans"" (Brezinka 1971: 60) zu beseitigen.

Emanzipatorisch-kritische wie auch marxistisch orientierte Ansätze kritisierten das sozialintegrative Denkmodell „krankes Individuum und gesunde Gesellschaft" (Hollstein 1973: 169). Soziale Benachteiligung sollte nicht mehr als individuelles Schicksal verstanden werden. Eine überwiegend psychologisierende Betrachtungsweise verliere die Veränderung der gesellschaftlichen Ursachen aus den Augen. Sozialarbeit diene nur der Anpassung an herrschende Normen und verdecke die in der Gesellschaft aufbrechenden Widersprüche. In der oft weit ausholenden Analyse der kapitalistischen Produktionsweise, des bürgerlichen Staats und der daraus abgeleiteten Funktionsbestimmung der Sozialarbeit als Reproduktions-, Sozialisations-, Kompensations-, Oppressions- und Disziplinierungsagentur (Hollstein 1973: 205ff) ist bei allen Verkürzungen und Überzeichnungen im einzelnen ein wichtiger Theoriefortschritt zu sehen, wie Brumlik (1987: 234) feststellt: Der marxistische Ansatz verpflichtete alle alternierenden Theorien auf einen sozialwissenschaftlichen, gesellschaftstheoretischen Zugang.

Die Ausformulierung des eigenen Theorieprogramms (Hanhart 1973: 106):
(1) Sozialarbeit und Gesellschaft,
(2) Klientensysteme im sozialen Spannungsfeld,
(3) der Sozialarbeiter in seiner Institution,
(4) der Interventionsprozeß,
blieb indes weitgehend auf den ersten Punkt beschränkt[45]; wohl auch deshalb, weil die Kritik der politischen Ökonomie als Basistheorie keine Begriffe für „Prozesse der Zurechnung, Etikettierung und Definition" (Brumlik 1987: 235) zur Verfügung stellen und daher die Interaktionsprozesse unter institutionellen Bedingungen nicht handlungstheoretisch benennen konnte.

Daß auch eine Funktionsbestimmung Sozialer Arbeit nicht einzig aus Gesellschaftskritik zu leisten ist, sehen auch Hollstein/Meinhold wenige Jahre später (1977: 9). Die Analysen hatten die Mikro-Ebene des faktischen Handelns nur gestreift: Was ‚nicht-systemstabilisierende Sozialarbeit' war und wie Veränderungen von den Betroffenen ausgehen konnten, wurde nicht beantwortet. Die Grenzen der Sozialarbeit wurden gezeigt, ihre Möglichkeiten kaum.[46] Resignative Haltungen wurden dadurch eher bestätigt. Das Ideal, die Gesellschaft so zu

---

[45] Siehe als Beispiele hierfür: Danckwerts (1978), Brandt (1983).
[46] Siehe beispielsweise auch Brückner (1974).

verändern, daß Sozialarbeit ‚überflüssig' werde, konnte zwar wegen seines utopischen Charakters breiter Zustimmung gewiß sein, die Sozialarbeiter selbst ließ es ratlos in der alltäglichen Praxis (Böhnisch 1974: 199).

3.2.2. Beratung

Die Zusammenhänge zwischen der allgemeinen politischen Entwicklung – die hier nicht nachgezeichnet werden kann – und den Theorie- und Methodenorientierungen sind augenfällig. Die Orientierung an Fragen der gesellschaftlichen Funktion sozialpädagogischen Handelns stand ganz in der Linie einer sozialistischen Gesellschaftskritik, die bis Ende der siebziger Jahre größere Relevanz in der politischen Diskussion besaß. Der im Kontext konservativer Politik zunehmend einsetzende Bezug auf sich selbst zeigte sich auch in einer deutlichen Nachfrage nach therapeutischen Verfahren, in der Wiederentdeckung des Subjekts (Hege 1981: 153), im sogenannten ‚Psycho-Boom' (Müller 1988b: 175ff).

Wenn es auch durchaus zutrifft, daß sich hier, aus einem Mangel an Grundorientierung (Winkler 1988a: 75), Tendenzen zu einer unkritischen Übernahme allgemeiner Trends zeigten, so bot die therapeutische Orientierung doch für SozialarbeiterInnen und SozialpädagogInnen, die Antworten auf vielfältige Probleme im Berufsalltag finden müssen, Möglichkeiten zur Erweiterung einer pragmatisch verstandenen Handlungskompetenz. Viele Konzepte der Humanistischen Psychologie erwiesen sich zudem als durchaus anschlußfähig an die viel kritisierte Methode der Einzelhilfe[47], die sich ja ursprünglich aus der Psychoanalyse entwickelt hatte (Germain 1974: 30ff).

Hier wie da stehen die Formen direkter Interaktion zwischen Klient und Sozialarbeiter im Mittelpunkt (Müller 1988b: 180), wenn auch jetzt mit einem anderen wissenschaftlichen Status versehen. Klientorientierte und kommunikationstheoretisch begründete Beratungskonzepte treten an die Stelle des ‚case-work', Gruppendynamik und sozialpsychologische Erkenntnisse an die Stelle des ‚group-work'[48], auch Konzepte der Familientherapie werden zunehmend aufgenommen. Neu thematisiert werden auch kritische Fragen an die eigene Per-

---

[47] Differenzierte Darstellungen bei Hege (1981), Karberg (1988), Meinhold/Guski (1984).
[48] Überblick in Geißler/Hege (1985).

son als Helfer, an eigene Bedürfnisse und Wünsche, die in die beruflichen Interaktionen eingebracht werden (z.b. Schmidbauer 1977), wie auch an die Entwicklung spezifischer reflexiver Handlungskompetenzen (Geißler/Hege 1985: 257ff). Staub-Bernasconi (1986: 25) bewertet die Rezeption beraterisch-therapeutischer Verfahren aus der Perspektive der Ausbildung von SozialarbeiterInnen und SozialpädagogInnen eher skeptisch: Wenn damit auch eine stärkere wissenschaftliche Fundierung erreicht scheint und die für die klassischen Methoden des ‚social work' charakteristische „Vermischung von Werturteilen, persönlicher Identifikation und fachlichem Handeln" (Hege 1981: 147) vermieden werden konnte, so war der Handlungsbereich Sozialer Arbeit fortan noch stärker von einzelwissenschaftlichen Zugängen bestimmt, während die klassische Methodenorientierung bei aller berechtigten Kritik noch eine einheitliche Bestimmung dafür bot, was Soziale Arbeit jeweils sei. Mit Brack (1981: 216)[49] sei allerdings noch darauf hingewiesen, daß mit dem aus dem amerikanischen ‚social work' übernommenen Begriff der Methode immer ein Zusammenhang von Werten, Prinzipien und Behandlungstechniken gemeint ist, während der Methoden-Begriff der Sozialen Arbeit im deutschsprachigen Raum mehr auf eine pädagogische Dimension, oft auch nur auf ein technologisches Verständnis beschränkt bleibt.

3.2.3. Alltagsorientierung

Mit der Hinwendung zu beraterisch-therapeutischen Verfahren ist die stärkere Thematisierung der Dimension ‚Selbsterfahrung' und in Zusammenhang damit die Erwartung einer wissenschaftlich fundierten Erweiterung der Handlungskompetenzen verbunden. Ein scheinbar gegenläufiger Trend in der Theoriediskussion entwickelte sich Anfang der achtziger Jahre mit der Alltagsorientierung, die die Lebenswelt der Klienten in all ihrer Vielschichtigkeit in den Mittelpunkt stellt und damit eine Tendenz zu einem generalisierten Handlungsverständnis zeigt.

Eine alltagsorientierte Sozialpädagogik will institutionelle und professionelle Ressourcen nutzen, um ihren Klienten zu einem „gelingenderen Alltag" (Thiersch 1986a: 42) zu verhelfen. Dies meint „Handeln im Kontext gegebener Alltagserfahrungen, meint, diesen Alltag ernst nehmen, aushalten, teilen und ebenso aus seinen eigenen produktiven Möglichkeiten heraus Lernprozesse initiieren, meint, Alltag

---

[49] Siehe auch Knapp (1980: 131).

strukturieren, aufklären und verbessern" (Thiersch/Rauschenbach
1984: 1008). Dieser Ansatz bezieht sich nicht nur auf Sozialarbeiter-
Innen und -pädagogInnen, sondern gleichermaßen auf Lehrer, Erzieher, Berater, wie auch auf die unterschiedlichsten institutionellen Set-
tings. Postuliert wird „ein prinzipiell reversibler Umgang wechselseitigen Lernens und Helfens" (ibid.). Die Bezüge zu emanzipatorischen
Konzepten Sozialer Arbeit, verbunden mit Begriffen wie ‚Parteilichkeit', ‚Solidarische Hilfe' sind ebenso deutlich wie zur Entwicklung der
neuen sozialen Bewegungen und dem damit verbundenen Wertewandel (z.b. Olk/Otto: 1989a, 1989b), in dem sich die Hoffnung auf
„sinnvolle Gestaltung eines Lebens in überschaubaren, sozialen und
kommunikativ geprägten Bezügen und lokalen Räumen" (Thier-
sch/Rauschenbach 1984: 1012) ausdrückt.
Sich dem diffusen Alltag zu stellen, bedeutet, die „Inkonstistenz von
Deutungsmustern zu akzeptieren", „Erfahrungen aus dem Alltag, z.b.
Verläßlichkeit, Trauer, Liebe (...) ernst zu nehmen" (Thiersch 1986a:
46), offen zu sein für eine komplexe Vielfalt der Probleme. Ein gewisser ‚antimethodischer' Zug scheint in einer solchen Bestimmung
angelegt, da sich hier Bedürfnisse und Aufgaben zeigen, die offensichtlich nicht methodisierbar und mit professionellen Handlungs-
routinen nur schwer zu vereinbaren sind. Die Mehrdeutigkeiten des
Alltags, die Bindung an unterschiedliche Lebenslagen und Lebenswelten in unterschiedlichen institutionellen Bezügen erfordern jedoch
gerade Kompetenz und Professionalität (ibid.: 47). Die geforderte Alltagsnähe, ja -teilhabe zeigt gleichzeitig die Schwierigkeiten bei der notwendigen Abgrenzung von Berufsrolle und Privatheit (vgl. ibid.:
50ff).
Eine Idealisierung von Alltag und Alltäglichkeit ist freilich nicht beabsichtigt. Unter heutigen Bedingungen hat Alltag, der ja die verschiedensten Lebenswelten mit unterschiedlichen Ressourcen meinen
kann, seine Selbstverständlichkeit verloren. Mit Bezug auf Kosik
(1967) zeigt Thiersch (1978a: 11ff, 1986a: 34ff) den Alltag in seiner
‚Pseudokonkretheit', seiner Zwiespältigkeit: Nicht nur das Über-
schaubare, das Selbstverständliche, Verläßliche kennzeichnen den Alltag, sondern ebenso die Handlungszwänge, die den Menschen ge-
genübertreten, die Risiken, Belastungen und Kämpfe. Idealisierungen
der Beschaulichkeit und des Selbstbezugs werden daher zurückge-
wiesen. Ein kritisches Alltagskonzept will bewußt den gesellschaftspolitischen Rahmen und die Funktionsbedingungen sozialpädagogischen Handelns in den Blick nehmen (Müller 1981: 182); sich auf den
Alltag einlassen, aber mit einem kritischen Bewußtsein über den All-

tag (ibid.: 185). Insofern ist das Alltagskonzept keine Abkehr von theoretischen Entwicklungen der Sozialen Arbeit seit der ‚emanzipatorischen' Wende insgesamt, wohl aber eine Kritik an „einer einengenden Individualisierung (...) im Zeichen des (...) Methoden- und Therapiebooms (...): Die Thematisierung des ‚subjektiven Faktors', wie es heißt, ist nur ein Moment im Verständnis von Menschen, das relativiert werden muß in bezug auf die Komplexität von Alltagserfahrung." (Thiersch 1986a: 46).

Vor dem Hintergrund der Alltagsorientierung wird erzieherisch-sozialpädagogisches Handeln von therapeutischem Handeln unterscheidbar: Das erstere ist durch seine „offene Diffusität" und Alltagsnähe, das letztere durch seine spezialisierte Begrenztheit und Alltagsferne gekennzeichnet (Thiersch 1978b: 9,1986a: 70f). Die Alltäglichkeit, auf die sich beide als Realität beziehen müssen, bestimmt nicht die Struktur der therapeutischen Handlungsformen. Diese sind durch „spezielle Formen der Verfremdung von Alltäglichkeit bestimmt" (ibid.: 78). Beide stehen jedoch an verschiedenen Polen eines Kontinuums von Hilfsmöglichkeiten. Ihre Grenzen sind fließend, und beide Formen sind, wie die Praxis zeigt, aufeinander verwiesen. Ihre ‚blinden Flecken' lassen sich vom jeweils anderen her bestimmen: Die Vielfältigkeit des Alltags kann zu unbestimmter Pragmatik führen; Therapie kann sich vom Alltagsleben entfernen.

Das Alltagskonzept muß gegenwärtig noch als eine allgemeine pädagogisch-politische Handlungsorientierung verstanden werden. Viele Fragen der theoretischen und forschungsmethodischen Zuordnung sind bislang unbeantwortet (Winkler 1988b: 389). Staub-Bernasconi (1988a: 3) nennt den Alltagsbegriff einen Black-box-Begriff mit hohem projektiven Anteil der Benutzer. Auch für Winkler (ibid.: 390 ff) ist das Alltagskonzept die „begriffgewordene Indifferenz", mit dem sich eine ganze Reihe philosophischer Grundprobleme erneut auftun. Andererseits kann sich mit der Alltagsorientierung die Erwartung verbinden, durch weitere Konkretisierung Alltagsleben genauer zu beschreiben, zu analysieren und damit einen Beitrag für eine Gegenstandsbestimmung Sozialer Arbeit zu leisten.

Als Fazit der Theorieentwicklung der letzten beiden Dekaden ist festzuhalten, daß Soziale Arbeit als praxisbezogene Handlungswissenschaft bemüht sein muß, die verschiedenen Zugangsweisen, die von unterschiedlichen Erkenntnisinteressen geprägt waren und verschiedene Elemente der Theorie bearbeitet haben, aufeinander zu beziehen.

Dies hätte so zu geschehen, daß „z.B. nicht bereits das kritische Fragen nach den unzumutbaren Lebensverhältnissen der Adressaten jegliche Form sinnvollen pädagogischen Handelns desavouiert, daß die Frage nach der Bedingtheit des Handelns nicht das Handeln schlechthin und, umgekehrt, die Intensität des Handelns in der konkreten Situation nicht die Frage nach seiner Bedingtheit verbietet und paralysiert" (Thiersch/ Rauschenbach 1984: 1011).

3.2.4. Handlungsforschung und das Verstehen von Lebenswelten

Mit der Alltagsorientierung sind Bezüge zur Handlungsforschung[50] gegeben, die wiederum in enger Beziehung zum Begriff der Lebenswelt und der ‚Lebensweltanalyse' steht (Iben 1981: 98ff).
Handlungsforschung oder Aktionsforschung, zurückgehend auf die Arbeiten von J. Moreno und K. Lewin in den USA der vierziger Jahre, will nicht nur theoretische Aussagen überprüfen oder gewinnen, sondern gleichzeitig praktisch verändernd in gesellschaftliche Zusammenhänge eingreifen (Moser 1975: 58). Handlungsforschung hat durch ihren Projektcharakter und die Eigenart ihrer Anlage Rückwirkungen auf alle Teilnehmer, auf Forscher wie ‚Beforschte' gleichermaßen. Mit diesem Zusammenhang ist auch ein entscheidendes Merkmal hermeneutischer Verfahren insgesamt benannt, da es im Gegensatz zu empirisch-analytischen Verfahren ein zirkuläres Modell von Erkennen und Handeln darstellt: A (der Forscher) wird im Forschungsprozeß seinerseits verändert und zwar durch seine Beziehung zu B (dem Forschungs„objekt") (Huschke-Rhein 1987: 110).
Handlungsforschung im heutigen Verständnis steht nicht nur in der Tradition geisteswissenschaftlicher Pädagogik, sondern zeigt – wenn auch verschiedentlich als rein instrumenteller Ansatz bewertet, der mit verschiedenen Wissenschafts-Paradigmen in Verbindung gebracht werden kann – deutliche Bezüge zur Kritischen Theorie durch das zugrunde liegende Kommunikations-Axiom, die Lebensweltorientierung und den Anspruch auf Abbau von Herrschaft, wie auch der Vermittlung von Theorie und Praxis (Moser 1975: 61ff).
Zentrales Element der Handlungsforschung ist der Diskurs (vgl. Habermas 1983), in dem über die Berechtigung der Geltung von Aussagen, die im Forschungsprozeß gewonnen werden, über Relevanzkriterien entschieden wird, jedoch nicht im Sinne absoluter Wahrheit, sondern als Konsens, der immer wieder zu befragen ist. Handlungsforschung schließt keine Forschungsmethode aus, schon gar nicht solche der empirischen Sozialforschung, sondern ordnet sie der Leitvor-

---

[50] Überblick bei Iben (1981), Huschke-Rhein (1987).

stellung des Diskurses als gemeinsame Klammer unter (vgl. Iben 1981: 101ff). Hermeneutik, Empirie und Ideologiekritik können wechselseitig aufeinander bezogen werden und als konstitutive Merkmale einer kritischen Erziehungswissenschaft im allgemeinen (Klafki 1976: 51), wie auch der Handlungsforschung im besonderen (Staub-Bernasconi 1986: 38ff) gelten.

Der Lebensweltansatz in der Pädagogik, schreibt Iben (1987: 152), „bezeichnet das Bemühen, den Menschen in seiner historischen, wirtschaftlichen, sozialen und kulturellen Situation, in seinem Lebenszusammenhang zu begreifen". In einer solchen Bestimmung sind mit dem Lebensweltbegriff sowohl die objektiven Strukturmerkmale, die konkreten Lebensbedingungen erfaßt, wie auch die Dimensionen individueller Sinnkonstitution. Die phänomenologische Tradition des Lebensweltbegriffs setzt bei der Sinneserfahrung an; die Lebenswelt kommt aus der Perspektive des wahrnehmenden Subjekts in den Blick. Sie ist der „intersubjektiv in ursprünglicher Evidenz erfahrene und sich in der Praxis bewährende Weltzusammenhang" (Husserl 1954: 126).

Bei Schütz/Luckmann wird Lebenswelt breiter gefaßt, sie betonen die Handlungsdimension: „Die Lebenswelt ist der Inbegriff einer Wirklichkeit, die erlebt, erfahren und erlitten wird. Sie ist aber auch eine Wirklichkeit, die im Tun bewältigt wird, und die Wirklichkeit, in welcher und an welcher unser Tun scheitert. Vor allem für die Lebenswelt des Alltags gilt, daß wir in sie handelnd eingreifen und sie durch unser Tun verändern. Der Alltag ist jener Bereich der Wirklichkeit, in dem uns natürliche und gesellschaftliche Gegebenheiten als die Bedingung unseres Lebens unmittelbar begegnen, als Vorgegebenheiten, mit denen wir fertig zu werden versuchen müssen. (...) Wir erfahren den Alltag wesensmäßig als den Bereich menschlicher Praxis" (1984: 11).[51]

Die Lebenswelt zeichnet sich dadurch aus, daß sie uns zunächst als „schlicht gegeben" (Schütz/Luckmann 1979: 25), als „bis auf weiteres unproblematisch" erscheint (ibid.). Die Orientierung in ihr erfolgt, bezogen auf einige Grundsachverhalte unhinterfragt, ja selbstverständlich. Lebenswelt meint keine „Privatwelt", sondern konstituiert sich intersubjektiv; sie wird real und sinnhaft mit anderen geteilt. In der

---

[51] An dieser Stelle ist eine terminologische Zwischenbemerkung notwendig: Im weiteren Verlauf der Argumentation ist unter ‚Lebenswelt' die Lebenswelt des Alltags oder alltägliche Wirklichkeit zu verstehen. Die Lebenswelten der Phantasie, des Traums, aber auch Probleme der Kinderwelt und pathologische Wirklichkeiten (vgl. Schütz/Luckmann 1979: 47) können wir an dieser Stelle ausscheiden und für unsere Zwecke Lebenswelt mit ‚Alltagswelt' (world of every day life) bzw. ‚Alltag' synonym verwenden.

„natürlichen Einstellung des Alltags" (ibid.: 27) wird davon ausgegangen, daß die Gegenstände der äußeren Welt für die Mitmenschen prinzipiell die gleichen sind und gleiche Bedeutung haben, daß die Bewußtseinsformen prinzipiell ähnlich sind, daß daher Wechselbeziehungen und Verständigung möglich sind, daß eine „gegliederte Sozial- und Kulturwelt als Bezugsrahmen für mich und meine Mitmenschen historisch vorgegeben ist, und zwar in einer ebenso fraglosen Weise wie die ‚Naturwelt'; ... daß also die Situation, in der ich mich jeweils befinde, nur zu einem geringen Teil eine rein von mir geschaffene ist" (ibid.: 27, vgl. auch 87ff). Ohne das Konzept hier im einzelnen weiterverfolgen zu können,[52] bleibt festzuhalten, daß mit dem bisher Gesagten die gesellschaftliche Konstitution der Individualität ebenso beschrieben ist, wie eine subjektive Perspektive auf Realität und Bewußtsein. Mit Lebenswelt bezeichnen wir hier „den gesamten Erfahrungsraum eines Individuums, der von den Gegenständen, Personen und Ereignissen umschrieben wird, denen das Individuum im Alltagsleben entgegentritt" (Fuchs et al. 1988).

Im Kontext der Theorie kommunikativen Handelns bei Habermas (1988a, 1988b) steht der Lebensweltbegriff in Verbindung mit Verständigungsprozessen (1988a: 107). Kommunikation vollzieht sich stets im Horizont einer Lebenswelt, die sich aus „unproblematischen Hintergrundüberzeugungen" aufbaut.[53] Dazu zählen intuitives Wissen, sozial eingelebte Praktiken, bewährte Solidaritäten und erprobte Kompetenzen (1988b: 205). Die Lebenswelt bildet somit nicht nur den Kontext von Handlungen, sondern stellt gleichzeitig Deutungsmuster für die Kommunikation bereit. Es gehen also sowohl „lebensweltliche Grundeinstimmungen" wie auch „situativ gebundene Alltagsinteraktionen" (Kiss 1987: 100) in den Lebensweltbegriff ein.[54]

Wir halten an dieser Stelle fest, daß wir mit dem Lebensweltbegriff Realität und Bewußtsein aus der Innen-Pespektive, als Teilnehmer erschließen; eine Betrachtung von außen, als Beobachter, wird in Unterscheidung dazu als Systemperspektive bezeichnet. Lebensweltorientierung in der Pädagogik ist demgemäß eine stärker individualisierende Vorgehensweise, da die Geltungskriterien der jeweiligen Lebenswelt zur Orientierung für Hilfe werden und ‚allgemeingültige' Konzepte sich daran relativieren. Dahinter steht die Auffassung, daß

---

[52] Interessant wäre etwa ein Vergleich mit ökologischen Konzepten, z.B. Bronfenbrenner (1981), hinsichtlich Übereinstimmung.

[53] ‚Lebenswelt' als Komplementärbegriff zu ‚System' wird in Kap. 6.1. behandelt.

[54] Kritisch hierzu: Kiss (1987: 99ff).

die Menschen in ihrer jeweiligen Lebenswelt mehr oder minder kompetent handeln, daß sie über Bewältigungsmuster verfügen, mit denen sie im allgemeinen ihren Alltag bewältigen. SozialarbeiterInnen werden daher eine Haltung von Achtung und Respekt einnehmen, wissend, daß Lebensformen kulturell und sozial differieren und die kulturell verbürgten Hintergrundannahmen der eigenen Lebenswelt nicht unreflektiert den Maßstab zur Beurteilung abgeben sollten. Dies ist freilich dort schwierig, wo sich Soziale Arbeit in Lebenswelten bewegt, die besonders problembelastet sind, etwa in subkulturellen Milieus und Szenen. Hier verweisen die eigenen (und gesellschaftlichen) Normen der Helfer auf mögliche Grenzen des Verstehens.

Die Grundorientierung des Verstehens von Lebenswelten heißt jedoch, Handlungsformen und Denkmuster aus ihrem eigenen Lebenszusammenhang zu erschließen. Die Nähe zum ethnologischen Verstehensbegriff, dem Fremdverstehen (vgl. Eberwein 1987: 13f), wird hier deutlich: Die Traditionen und Wertvorstellungen der SozialarbeiterInnen können nicht als objektivierte Richtschnur für eine Lebensform gelten, von der aus andere als defizitär, abweichend und unzulänglich beurteilt werden.[55]

Indes muß sich auch ein Verstehenskonzept mit kritischen Relativierungen auseinandersetzen: Professionelles Verstehen ist ein Interpretationsvorgang, der stets von vorgegebenen Suchrastern geprägt wird. Die damit verbundene selektive Wahrnehmung schränkt das Erkenntnisvermögen ein (Iben 1987: 155). Auch unterliegt der zunächst notwendig stärker individualisierende Verstehensansatz der Gefahr, durch einen „Rückzug auf das Subjekt" (Iben) Potentiale demokratischen Bewußtseins, die sich mit Sozialer Arbeit verbinden, aufzugeben und die vorfindlichen Orientierungen an Innerlichkeit und Therapeutisierung Sozialer Arbeit zu verstärken. Die Suche nach dem jeweils Besonderen, nach dem Einzigartigen übersieht leicht, daß sie Gefahr läuft, Tendenzen der Entpolitisierung zu befördern, indem sie über dem Einzelfall die strukturellen gesellschaftlichen Mängel übersieht. Thiersch (1986b: 23f) schreibt mit Bezug auf Böhnisch (1982), „daß unsere Gesellschaft zunehmend die Pädagogik sozialpolitisch in Pflicht nimmt, um gesellschaftliche Konflikte – Konflikte also der Arbeitsorganisation, der Konkurrenz, des Wohnens, der Entleerung des Privaten, der Ohnmacht in der ökonomischen, ökologischen und mi-

---

[55] Beispiele für qualitative Forschungsmethoden i. S. des Fremdverstehens in: Eberwein (1987).

76

litärischen Entwicklung – verstehend zu bearbeiten, Krisen und Konflikte in diesem Zusammenhang den Individuen und ihrer mangelnden Verarbeitungsfähigkeit anzulasten und die Gesellschaft so zu pazifizieren." Verstehenskonzepte setzten sich auch dem Verdacht aus, nur noch einen kontrollierenden Zugriff auf lebensweltliche Zusammenhänge zu ermöglichen, um noch geschickter und perfekter die verdeckten Kontrollaufträge von Pädagogik und Sozialarbeit zu verwirklichen (Müller/Otto 1986, Drygula 1988: 184ff). „Verstehen ist immer [auch] ambivalent, indem es die Möglichkeit der Hilfe, des Annehmens und der Verständigung ebenso zuläßt, wie die der Kontrolle, der Beeinflussung und der Beherrschung" (Iben 1987: 153).

Es besteht daher die Gefahr, daß ein qualitativer, verstehender Zugang „einen unmittelbaren Angriff auf die letzten noch der Öffentlichkeit entzogenen Bereiche des privaten Lebens vor allem der Unterschichtsbevölkerung" (Brumlik 1984: 40) darstellt. Im Anschluß an die Theorie des kommunikativen Handelns (Habermas 1988a, 1988b) sind solche Zusammenhänge als sozialpädagogische Kolonialisierung kritisiert worden (Müller/Otto 1986).

Die Frage nach dem Selbstverständnis der SozialarbeiterInnen, nach ihren Zielsetzungen und dem Verwertungszusammenhang der gegebenen Informationen (Müller 1988b: 182) hängt mit solchen Möglichkeiten der Kolonialisierung eng zusammen, ebenso die Bereitschaft zur Selbstbeschränkung im Wissen um das „machtbesetzte(s) institutionell-professionelle Anderssein" (Thiersch 1986a: 49). ‚Verstehen' erfordert für die Handelnden in der Sozialen Arbeit ständige Selbstbefragung und Offenlegung des Erkenntnisinteresses. Vollständiges Verstehen ist weder möglich noch zu rechtfertigen (Iben 1988: 359ff). Im Verstehensprozeß muß daher immer danach gefragt werden, was tatsächlich gewußt werden muß, um den Betroffenen wirksam zu helfen bzw. um mit ihnen zusammenzuarbeiten.[56]

[56] Zur Diskussion der Kolonialisierungsthese in Kap. 6.1. werden wir zunächst die Ebene der direkten Interaktionen von Sozialarbeit/Sozialpädagogik und Klient verlassen, da das Kolonialisierungstheorem bei Habermas auf der Ebene der Gesellschaftstheorie eingeführt wird. Es sind damit beispielsweise Tendenzen der Verrechtlichung und Bürokratisierung gemeint, so auch im Bereich der staatlichen Sozialpolitik (Habermas 1988b: 530ff), die auf die sozialintegrierten Bereiche der Lebenswelt übergreifen. Auch in der Sozialen Arbeit selbst setzt diese Diskussion eher auf der Ebene der Dienstleistung und Institution als bei der direkten Interaktion an, wenngleich sie auch dort ihren Ausdruck findet (vgl. Gängler/Rauschenbach 1986: 180).

3.3. Aspekte einer Theorie Sozialer Arbeit

3.3.1. Theorie-Integration

Probleme der Theorieentwicklung in der Sozialen Arbeit hängen zunächst mit der vorfindbaren vielgestaltigen, ja heterogenen Praxis Sozialer Arbeit zusammen, die im Kontext allgemeiner Bildungs- und Versorgungsaufgaben, wie auch in ihren historisch gewachsenen Bedingungen betrachtet werden muß (Thiersch/Rauschenbach 1984: 987). Hinzu kommen Bedingungen der Wissenschaftskonkurrenz (Staub-Bernasconi 1988b: 12ff), die sich auf die Bemühungen Sozialer Arbeit um größere wissenschaftliche Eigenständigkeit behindernd auswirken. Zum dritten sind die Möglichkeiten der Theorieentwicklung eng mit Fragen des Status der Berufsgruppe und der Professionalisierung verbunden. Die Fähigkeit, eigene Begriffe, Konzepte und Erklärungen zu entwickeln, eine eigene ‚Zentraltheorie‘[57] zu entwerfen, ist als Legitimation für die Autonomie der Berufsgruppe selbst zentral. Schwierigkeiten der Theoriebildung in der Sozialen Arbeit lassen sich daher auch in Zusammenhang mit der fehlenden bzw. mangelnden Professionalisierung des Berufs sehen (Otto 1971: 88f, Bartlett 1976: 17ff).

Schon Anfang der siebziger Jahre wurde beklagt, daß in der Sozialen Arbeit neben kasuistisch gesammeltem Erfahrungswissen im wesentlichen deskriptive Orientierungen und Diagnose-Modelle zur Verfügung stehen, also „mehr Übersichts- als Lösungswissen" (Otto 1971: 92) existiert. Handlungsweisen der Sozialarbeit würden nicht auf Wissen „über die Gründe des Problems und der Problemlösung" (ibid: 89) zurückgeführt, sondern auf „dogmatisch normativ strukturiertes" Wissen. Was sich als Theorie zeige – so wurde mit Blick auf das amerikanische ‚social work‘ gesagt – sei eine „eigentümliche Vermischung zwischen ideologisch bestimmter Axiomatik und partieller Tatsachenbeobachtung" (ibid.). In der Folgezeit zeigte sich die Tendenz, die drei klassischen Methoden des ‚social work‘ stellvertretend für die Theorieentwicklung insgesamt zu nehmen. Für die Praxis ermöglichte diese Methodenorientierung vor allem eines: Die Ritualisierung von Handlungsvollzügen in unsicheren Situationen (Otto 1971: 90). Diese Methodenpräferenz und ihr Verhältnis zu Zielbestimmungen, Arbeitsinhalten und Techniken ist ein Standardthema der Sozialen Arbeit geblieben; stets unter dem Aspekt, einer Dominanz oder Verein-

---

[57] Die Soziale Arbeit betreffend siehe: Lukas (1977)

seitigung der Methodenorientierung entgegenzuwirken (vgl. Geißler/Hege 1985: 21ff).

Eine wissenschaftliche Verselbständigung Sozialer Arbeit wird[58], wo nicht direkt abgelehnt, doch eher skeptisch beurteilt (Knapp 1980:128ff), sowohl hinsichtlich einer möglichen Gegenstandsbestimmung angesichts der Bandbreite von politisch unterschiedlich orientierten Ansätzen, wie auch hinsichtlich des Fehlens einer im engeren Sinne wissenschaftlichen Methodik, die von den ,Methoden' der Sozialarbeit, bei denen es sich im Grunde ja um Arbeitsformen, Vorgehensweisen handelt, zu unterscheiden ist (Geißler/Hege 1985: 25f). Verwissenschaftlichung Sozialer Arbeit ist nur vorstellbar als Integrationsleistung, als ,interdisziplinäre Wissenschaft', deren Spezifikum in Unterscheidung zu anderen helfenden Berufen eben die Einbeziehung aller Faktoren ist bzw. sein sollte, wenn auch in jeweils unterschiedlicher Gewichtung, die im Verhältnis Person – Umwelt identifizierbar sind.

Die zentrale Stellung von Elementen der Erziehungswissenschaft (Sozialpädagogik, Sozialerziehung) für eine Theorie Sozialer Arbeit dürfte dabei als ebenso unbestritten vorausgesetzt werden wie auch die Bedeutung von Elementen der Sozialpolitikwissenschaft (Mühlum 1981: 319ff).

Bei Rössner (1973) ist die noch zu entwickelnde Sozialarbeitswissenschaft, wie die Erziehungswissenschaft generell, eine technologisch orientierte Sekundärwissenschaft, die auf den allgemeinen Gesetzmäßigkeiten, die von mehreren Primärwissenschaften erforscht werden, aufbauen muß (ibid.: 237). Sozialarbeitswissenschaft gilt als Subwissenschaft der Erziehungswissenschaft und diese wiederum als Subwissenschaft der Soziologie. Erziehungswissenschaft ist eine ,partielle Soziologie' (Popper), nämlich Soziologie der Interaktionen im Erziehungsprozeß (ibid.: 29). Sozialarbeit wird als „spezielle Steuerung von Sozialisationsprozessen" verstanden. Holtstiege (1976: 142) wendet allerdings ein, daß dieser Theorieentwurf Rössners (1973: 57ff) Sachverhalte beschreibt, die grundsätzlich in den Bereich einer allgemeinen Erziehungstheorie gehören und die Spezifika Sozialer Arbeit nicht zureichend erfaßt.

Neben dieser empirisch-positivistisch orientierten Theorie der Sozialarbeit hat sich im Kontext kritischer Erziehungswissenschaft der sechziger Jahre eine Sozialpädagogik entwickelt, die eine radikale Kri-

---

[58] Mit Ausnahme von Mühlum (1981: 316ff).

tik an Gesellschaft und Erziehung mit einer kritischen Wiederaneignung der Ansätze einer geisteswissenschaftlichen, hermeneutisch-pragmatischen Pädagogik verbinden konnte (Thiersch 1988: 575f).

Theorien der Sozialpädagogik/Sozialarbeit in diesem Sinne betonen ebenfalls ihre eindeutige Herkunft und Zuordnung zur Erziehungswissenschaft[59], einer Erziehungswissenschaft, die ihrerseits „sozialwissenschaftlich orientiert und gesellschafts- sowie handlungstheoretisch konzipiert ist" (Thiersch/Rauschenbach 1984: 1009f), da als Alternative nur ein „offener Enzyklopädismus" denkbar wäre, der zwar pragmatisch hilfreich sein könnte, aber ohne primäres Bezugssystem, in sich nicht konsistent wäre. Sozialarbeit/Sozialpädagogik mit der Erziehungswissenschaft als Leitwissenschaft soll methodisch offen sein für hypothesenprüfend-empirische, interpretative und Handlungen strukturierende Verfahren. Dabei erfordern die verschiedenen Dimensionen der Theoriebildung jeweils eine spezifische Zugangsweise: „Die Frage nach den Lebensproblemen der Adressaten etwa hat eine andere, praktisch-existentielle Rationalität gegenüber der ideologie-kritisch-analytischen Zugangsweise im Hinblick auf die gesellschaftliche Funktion von SP/SA oder gegenüber der professionell-ethischen Frage nach den Strukturen, Möglichkeiten und Grenzen pädagogischen Handelns." (ibid: 1010)

Die Vorschläge von Staub-Bernasconi (1983, 1986) zur Theorieentwicklung Sozialer Arbeit gehen einen anderen Weg: Mit dem Begriff einer Handlungs- oder Projekttheorie bestimmt sie (1983a: 209) den Standort einer Theorie Sozialer Arbeit zwischen Grundlagenwissenschaften und angewandten Wissenschaften, da mit diesem Begriff problembezogenes und lösungsbezogenes Wissen zugleich gemeint ist (Staub-Bernasconi 1986: 49). Die akademische Aufteilung in Grundlagenwissen, philosophisch-ethisches Wertwissen und Anwendungs- oder Praxiswissen erweist sich für die Theorieentwicklung der Sozialen Arbeit als behindernd, da sie der Komplexität des Gegenstandes nicht gerecht wird (ibid.: 6).

Als Spezifikum Sozialer Arbeit kann gelten, daß es sich um einen Beruf handelt, dessen Arbeitsfelder sich über alle gesellschaftlichen Niveaus erstrecken. Psychologie, Soziologie, Recht usw. liefern daher immer nur Teilerklärungen für eine komplexe Realität, wie auch die verschiedenen, oft gegensätzlichen oder sich gegeneinander abgrenzenden Ansätze etwa der Psychologie oder der Gesellschaftswissenschaft immer nur einen Teilaspekt beschreiben, auch wenn sie mit ei-

---

[59] So auch neuere Arbeiten: Winkler (1988a), Sünker (1989)

nem anderen Anspruch antreten (Staub-Bernasconi 1988a: 2). Zu fragen ist nun, ob es eine ‚theoretische Klammer' gibt, die die Beiträge verschiedener Wissenschaften und deren verschiedene Ansätze ordnet, ohne rein additiv zu bleiben, und wenn ja, nach welchen Gesichtspunkten. Mit dieser Fragestellung geht implizit schon die These einher, daß in bezug auf ein Handlungsproblem Sozialer Arbeit die Integration von Ansätzen denkbar ist, die ihrem eigenen Anspruch nach eher auf Abgrenzung oder Alleinerklärung für ein bestimmtes Gebiet abstellen. Darüber hinaus ist die Orientierung an systemtheoretischen Vorstellungen nahegelegt, da in der (Theorie der) Sozialen Arbeit verschiedene Realitäts- und Handlungsebenen miteinander verbunden werden müssen.

Von einem gleichsam übergeordneten, verallgemeinernden Standpunkt einer „allgemeinen evolutionären Prozess- bzw. Systemphilosophie" (Staub-Bernasconi 1988a: 4), als einer „Natur, Mensch, Gesellschaft und Kultur übergreifenden Metatheorie" (ibid.) sollen Theorien unter dem Aspekt ihrer „Koexistenz, Interaktion und Komplementarität" (Staub-Bernasconi 1983a: 7, 211ff) neu geordnet werden. Systemtheoretisches Denken wird hier als „philosophisch und wissenschaftlich begründbares Denkinstrument" (ibid.:9) vorgeschlagen, das Zusammenhänge zwischen partikularen Fragestellungen herzustellen vermag. Ein solcher metatheoretischer Bezugsrahmen, der weit über die Anliegen Sozialer Arbeit hinausgeht, ermögliche die Befreiung von „Denkzwängen", und ein „globales, den weiten Bereich sozialer Probleme umspannendes Denken und zugleich lokales, problembezogenes Handeln. Die Kurzformel für das entsprechende Berufsbild heißt ‚spezialisierte Generalistin, spezialisierter Generalist'." (Staub-Bernasconi 1988a: 9) Als Beispiel für eine solche Orientierung wird die Settlement-Bewegung genannt, insbesondere die Aktivitäten von Hull-House in Chicago und die ihrer (Mit-)Begründerin Jane Addams (1860 – 1935) (Staub-Bernasconi 1989: 129f, Müller 1988a: 60ff). Die Annahme einer „prozessual-systemischen Beschaffenheit der Wirklichkeit" (Staub-Bernasconi 1986: 49), also der Menschen, Gesellschaft und Kultur, wie sie in verschiedenen systemtheoretischen Entwürfen (z.B. Jantsch 1982) dargelegt wird, meint die Verknüpfung der verschiedenen System-Ebenen der Realität als „selbstorganisierende[r], umfaßter wie umfassender Elemente bzw. (Teil-)Systeme" (ibid.), die durch Interaktions- und Organisationsprozesse miteinander verbunden sind.

Haag et al. (1973: 168ff) nehmen diesen Ansatz von Staub-Bernasconi (1986) bereits in Teilen vorweg: Theorie kann sich nicht nach den ‚Methoden' der Sozialarbeit oder entlang ihrer Praxisfelder organisieren, „da ein solcher Ansatzpunkt die horizontalen Interdependenzen der getrennten Methoden und Arbeitsfelder untereinander, insbesondere aber auch die vertikalen Zusammenhänge dieser Methoden und Arbeitsfelder mit umfassenden gesellschaftlichen Subsystemen bis hin zur Gesamtgesellschaft übersehen würde" (Haag et al. 1973: 173). Die Autoren benennen drei Funktionsebenen der Sozialarbeit, deren Schwerpunkte auf gesellschaftlichen Teilsystemen unterschiedlicher Komplexität liegen:

(1) Sozialarbeit als Sozial- und Gesellschaftspolitik,
(2) Sozialarbeit als Sozialplanung und Sozialadministration,
(3) Sozialarbeit als Sozialtherapie.[60]

Die Wissenschaftlichkeit bei einer anwendungsbezogenen Disziplin wie der Sozialen Arbeit kann sich Niemeyer (1980: 286) zufolge an zwei Zusammenhängen erweisen: Einmal an der Reflexion der eigenen Berufsvollzüge und -bedingungen; zum zweiten daran, wie sie sich das aus den Nachbarwissenschaften kommende Wissen aneignet und wie sie es bewertet.[61] Die Aussagen über empirische Sachverhalte und Zusammenhänge auf den unterschiedlichen Handlungsebenen müssen mit einer „zweiten Vernunftdimension" (Haag et al. 1973: 172), der der diskutierten Wertungen und Zielsetzungen, verbunden werden (siehe auch Staub-Bernasconi 1983b: 285). Eine Handlungstheorie Sozialer Arbeit hätte für ihren Gegenstandsbereich diese Verknüpfungsleistungen zu erbringen: Also Vorstellungen über soziale Probleme, Interventionsniveaus, Arbeitsweisen und transdisziplinäres Erklärungswissen miteinander zu verbinden.

3.3.2 Die prozessual-systemische Denkfigur

Die Konstruktionselemente einer Handlungstheorie werden bei Staub-Bernasconi (1986: 53) zunächst nach zwei Wissensformen unterschieden: nach problembezogenem und nach problemlösungsbezogenem Wissen. Winkler (1988: 95f), mit gleicher Einteilung – wenn auch auf Sozialpädagogik beschränkt –, weist auf den Umstand hin,

---

[60] Unter ‚Sozialtherapie' können hier alle Formen direkter Interaktion SA/SP-Klient verstanden werden.
[61] Dabei ergibt sich das Problem einer möglichen Beliebigkeit bei der Rezeption verschiedener Ansätze unterschiedlicher wissenschaftstheoretischer Positionen. Vgl. hierzu Braun (1972) bezüglich Erklärungswissen aus der Soziologie.

daß ‚Problem' und ‚Handeln' erst unter dem gemeinsamen ‚Dach' der Theorie zu spezifisch sozialpädagogischen Themen werden. Aber auch in der Einheit der Theorie bleiben beide Bereiche in gewisser Hinsicht getrennt: „erst der verantwortlich handelnde Erzieher verknüpft beide Teile" (Winkler 1988: 96). Zwar werden Probleme immer schon im Horizont möglicher Lösungen formuliert; zwingende Wenn-dann-Relationen gibt es jedoch nicht, wie mit Verweis auf Tuggener (1983: 176) festgestellt wird. „Ein Vergleich verschiedener und zu verschiedenen Zeiten postulierter und praktizierter Strategien [würde] sich von inhaltlich stark voneinander abweichenden Paradigmata der Deutung her erklären lassen." (Winkler 1988a: 96) Die Kategorien der Problemdeutung legen, obwohl sie mit möglichen Lösungen zirkulär verknüpft sind, nicht kausal eine bestimmte Handlungsstrategie nahe.

Im Modell von Staub-Bernasconi sind allerdings verschiedene, in der Praxis vorfindbare Arbeitsweisen Sozialer Arbeit benannt, die jeweils bestimmten Problemkonstellationen zugeordnet werden können: Mangel an ‚materieller Ausstattung' etwa muß eben in erster Linie mit ‚Ressourcenbereitstellung' behoben werden und nicht mit Beziehungsarbeit. Gleichwohl ist Skepsis angebracht, wenn diese agologischen Arbeitshypothesen im Sinne von Wenn-dann-Beziehungen formuliert werden: „Wenn das Problem P vorliegt und aufgrund von Problem-Erklärung E und dem Wert W die Arbeitsweise A gewählt wird, die aus dem/den Verfahren V besteht, dann ergibt sich eine hohe Wahrscheinlichkeit, das Ziel Z zu erreichen – und allenfalls weitere Nebeneffekte herbeizuführen." (Staub-Bernasconi 1986: 54) Zweifel an der Eindeutigkeit von Problemlagen und den jeweils unterschiedlich ausgeprägten Kompetenzen der beruflichen Helfer müssen hier ebenso gesehen werden, wie der ‚subjektive Faktor' auf Seiten der Klienten, die Wirkung individueller Bedeutungsmuster. Vor allem aber sind die einzelnen Dimensionen des Gegenstandswissens (ibid.: 53) unterschiedlich gut oder schlecht durch Soziale Arbeit bearbeitbar: an Kriterien-Problemen zu arbeiten wird ihr zum Teil sogar abgesprochen (Luhmann 1973: 35).

Unter problembezogenem Wissen wird dreierlei verstanden:

(1) das Erklärungswissen, also die einzelwissenschaftlichen Beiträge zur Sozialen Arbeit. Damit sind all jene Wissensbestände gemeint, die aus verschiedenen Einzelwissenschaften zur Erklärung eines Problems herangezogen werden können, also Theorien für den anorganischen, organischen (biologisch-ökologischen), psychologischen, sozialen und kulturellen Wirklichkeitsbereich (Staub-Bernasconi 1986: 53). Mit die-

ser Zuordnung ist schon eine Antwort auf die Frage angedeutet, was eine Theorie Sozialer Arbeit ausmachen könnte: Keine Addition aus Psychologie, Pädagogik, Soziologie, Recht usw. verbunden mit der Trias der klassischen Methodenlehre. Da Soziale Arbeit von einer „ganzheitlichen Lebens- und Menschenschau" (Hunziker 1964: 14) lebt, wird ihre eigentümliche Sperrigkeit bei der Zuordnung zu akademischen Disziplinen verständlich. Die Themenspanne von individueller Befindlichkeit bis zur Funktion Sozialer Arbeit als gesellschaftliches Teilsystem zeigt die Mitbeteiligung verschiedenster Disziplinen am Gegenstand. Die oft beklagte Dominanz, ja „theoretische Kolonialisierung" (Staub-Bernasconi 1986: 55) der Sozialen Arbeit durch Einzelwissenschaften zeigt im Grunde eine Umkehrung der gewünschten Theorie-Verhältnisse.

Eine Gegenstandsbestimmung Sozialer Arbeit, die von ihrem Aufbau her anschlußfähig für die verschiedenen Basiswissenschaften ist, müßte diese nach ihrem Erklärungswert für jeweils gegebene Problemkonstellationen befragen. Pointiert könnte formuliert werden: Basiswissenschaften werden zu ‚Hilfswissenschaften', indem der theoretische Kontext verändert wird. Einzelwissenschaften werden immer dann relevant, wenn sie „Beschreibungs-, Erklärungs-, Bewertungs- wie Veränderungs-Wissen im Hinblick auf den Gegenstand Sozialer Arbeit produziert haben oder entwickeln möchten" (ibid.: 55). Diese Denkrichtung wird bereits von Zetterberg (in: Otto 1971: 92) formuliert, der fordert, von den täglichen Problemen des Praktikers ausgehend im akademischen Wissensschatz nach Ergebnissen zu suchen, die dem Praktiker helfen können.

(2) Das Wertwissen oder Kriterienwissen: normative Orientierungen, Postulate und Zielsetzungen, die sich aus Anthropologie, Religion, Ethik, politischen Orientierungen etc. herleiten, etwa Solidarität, Partizipation, Gleichberechtigung, Sinnhaftigkeit, Leistungsfähigkeit (Staub-Bernasconi 1986: 51, 53). Es sind jene philosophisch-ethischen Dimensionen, die die Beurteilung problematischer Sachverhalte und Strategien ermöglichen, wie auch den Entwurf wünschenswerter Zustände, die in Zielformulierungen der Sozialen Arbeit eingehen (ibid.: 8). Dieses Konzept geht nicht nur davon aus, daß es keine weltanschauungsfreie Sozialarbeit gibt, sondern daß die normativen Dimensionen selbst Bestandteil der Theorie sein müssen. Hunziker (1964: 9) formulierte darüber hinausgehend, daß die Sozialarbeits-Wissenschaft eine „wegweisende, vorausschauende Anthropologie und Sozialphilosophie" brauche.

(3) Das eigentliche Gegenstands- oder Problemwissen als Kernpunkt der Theorieentwicklung: „Es erfaßt ein Problem in raum-zeitlicher Hinsicht und beantwortet entsprechend die Fragen nach seiner Beschaffenheit, seiner Ereignisgeschichte sowie seiner geographischen und kulturellen Variationsbreite (phänomenologisches Wissen, Bilder)." (Staub-Bernasconi 1986: 8) Dieser Theoriebereich wird mit Hilfe der ‚prozessual-systemischen Denkfigur' erfaßt (Staub-Bernasconi 1983a, Geiser 1990).

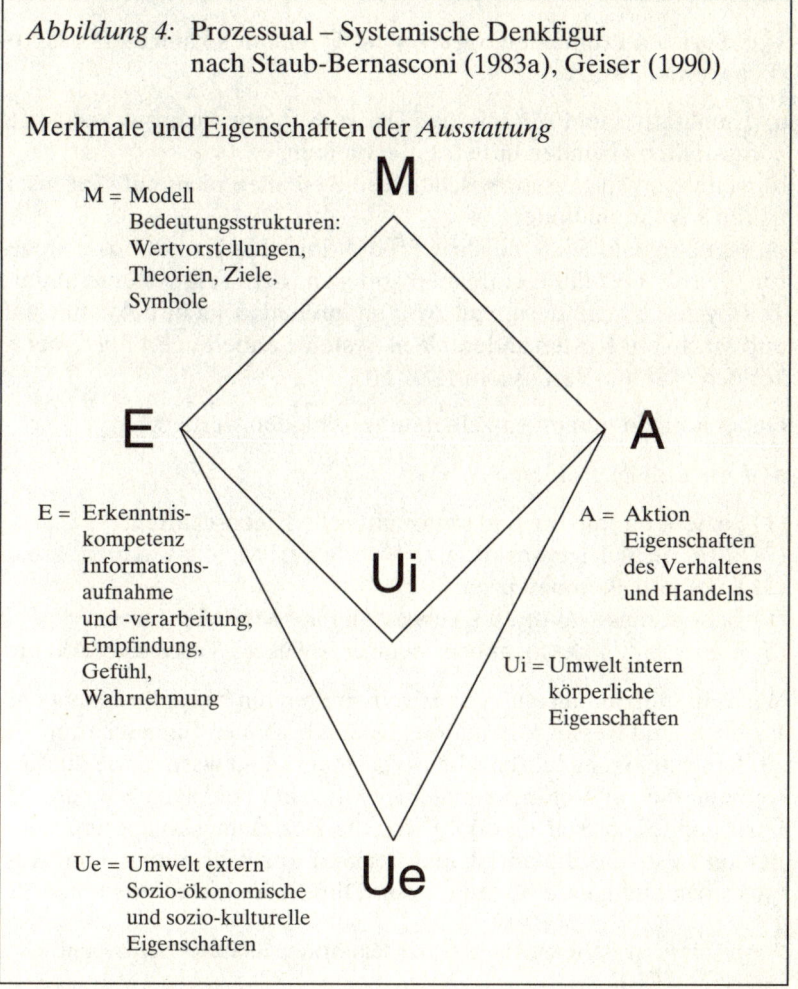

Abbildung 4: Prozessual – Systemische Denkfigur
nach Staub-Bernasconi (1983a), Geiser (1990)

Merkmale und Eigenschaften der *Ausstattung*

M

M = Modell
Bedeutungsstrukturen:
Wertvorstellungen,
Theorien, Ziele,
Symbole

E   **A**

E = Erkenntnis-
kompetenz
Informations-
aufnahme
und -verarbeitung,
Empfindung,
Gefühl,
Wahrnehmung

Ui

A = Aktion
Eigenschaften
des Verhaltens
und Handelns

Ui = Umwelt intern
körperliche
Eigenschaften

Ue = Umwelt extern
Sozio-ökonomische
und sozio-kulturelle
Eigenschaften

Ue

Für ihre Entwicklung waren die folgenden Leitfragen maßgebend:

(1) Welches ist die optimale qualitative und quantitative Grundausstattung (Eigenschaften, Merkmale) bestimmter Einheiten/Systeme?

(2) Welches sind die optimalen horizontalen Beziehungen der Austauschmuster zwischen den Einheiten/Systemen?

(3) Welches sind die optimalen vertikalen Kontrollbeziehungen/Verknüpfungsmuster zwischen Einheiten/ Systemen?

(4) Welches sind die für bestimmte Problemstellungen entstandenen, fest umrissenen Wertvorstellungen, die ja immer auch Problemlösungsvorstellungen enthalten? (Geiser 1990: 17).

Von Sozialen Problemen oder System-Problemen kann dann gesprochen werden, wenn

a) „qualitative und quantitative Ausstattungsbedürfnisse aus sozial hergestellten Gründen unbefriedigt bleiben,

b) wenn der Austausch zwischen Teil-Systemen nicht auf Gegenseitigkeit beruht, und/oder

c) wenn soziale Systeme ihre Produktions-, Sozialisations-, Steuerungs- und Verteilungsaufgaben so lösen, daß Teil-Systeme andere Teil-Systeme behindern, und zwar dadurch, daß sie ihre Ausstattung und Macht auf Kosten anderer Teil-Systeme unbehindert maximieren können" (Staub-Bernasconi 1986: 50).

Dabei können nun im einzelnen unterschieden werden:[62]

a) Ausstattungsprobleme

(1) Sozioökonomische und soziokulturelle Eigenschaften;
(2) körperliche Eigenschaften, teils veränderbar, teils unveränderbar;
(3) Erkenntniskompetenzen;
(4) Bedeutungsstrukturen (Ausstattung mit Modellen) und
(5) Eigenschaften des mehr oder weniger bewußten Verhaltens (Aktion).

Wird ein Individuum auf diese Eigenschaften hin befragt, entsteht eine Problem- und Ressourcenanalyse. Dadurch können Eigenschaften, die zu Benachteiligung führen, ebenso besser erkannt werden wie die Ressourcen, die zur Veränderung einer Situation beitragen können. Als Fazit der Eigenschaften ergibt sich die Beziehungskompetenz einer Person, also das Potential, das jemand zur Gestaltung von Austauschbeziehungen einsetzen kann. Diese Eigenschaften stellen die

---

[62] Ausführliche Beispiele für alle Problemformen in Staub-Bernasconi (1983b: 295ff).

Quelle für gesellschaftliches Ansehen und Macht dar, wie auch umgekehrt eine mögliche Erklärung für die Unfähigkeit, sich aus Abhängigkeitspositionen zu befreien (Geiser 1990: 19ff).

Das Wissen um Problemkonstellationen bedeutet freilich noch nicht, daß Probleme durch Soziale Arbeit lösbar wären, sondern zunächst nur, daß sie als Bedingung in die Analyse eingehen. Wirklich gelöst werden soziale Probleme ohnehin fast nie (Stallberg/Springer 1983: 4), was sich an Problemen wie Alkoholismus, Armut, Kriminalität, Nichtseßhaftigkeit empirirsch belegen läßt. Lediglich der von den Problemen betroffene Personenkreis verändert sich durch Aktivitäten Sozialer Arbeit. Umdefinitionen, Neubewertungen, Überlagerungen eines Problems durch ein anderes in der öffentlichen Aufmerksamkeit sind neben der Bereitstellung materieller Mittel die Formen des gesellschaftlichen Umgangs mit diesen strukturellen Problemen. Eine Lösung über ihre Verwaltung und Bearbeitung hinaus erscheint Stallberg/Springer (ibid.: 6) bei den meisten Problemlagen nur denkbar, sofern weitgehende soziale Wandlungsprozesse erfolgen würden.

Die zahlreichen Definitionsversuche sozialer Probleme fassen die Autoren (ibid.: 13) so zusammen:[63] „Was Probleme auszeichnen soll, ist einmal eine gesellschaftlich wahrgenommene Normabweichung, mal der Widerspruch von Sein und Sollen, mal die Beeinträchtigung individueller Bedürfnisse, mal nachgewiesene Schädlichkeit, ferner die Beschwerdeaktivität gesellschaftlicher Gruppen. Grundsätzlicher lassen sich Begriffsansätze danach ordnen, ob eher der objektive (die soziale Situation) oder der subjektive (die Lagebewertung) Faktor beeindruckt." Die Beeinträchtigung der Lebenslage eines Teils der Gesellschaft wäre die allgemeinste Definition, die über die Bearbeitbarkeit durch Soziale Arbeit hinausweist, aber als gesellschaftliche Wirkungsdimension der prozessual-systemischen Denkfigur zugeordnet werden kann.

Die Denkfigur zeigt soziale Probleme einmal von der ‚individuellen‘ Seite her: in ihren Auswirkungen auf die jeweilige Personen, in deren Selbsteinschätzungen oder in Beurteilungen durch SozialarbeiterInnen. Gleichwohl ist die ‚objektive‘ Seite sozialer Probleme sichtbar durch die Lokalisierung problematischer Sachverhalte in gesellschaftlichen Tauschbeziehungen und Machtverhältnissen. Strukturprobleme wie Alter, Arbeitslosigkeit, Arbeitsmigration, Umweltgefährdung, ja Freizeitgestaltung, sind im Prinzip gruppenübergreifend,

---

[63] Siehe auch Überblick bei Staub-Bernasconi (1983a: 11ff).

wenn auch nicht gleichförmig in der Gesellschaft verteilt. Sie sind ebenso Gegenstand Sozialer Arbeit wie die sogenannten Abweichungsprobleme, die als Merkmale von Gruppen identifizierbar sind (Stallberg/Springer 1983: 16f): Alkohol-, Drogensucht, Behinderungen, Kriminalität, Nichtseßhaftigkeit, Prostitution etc.

Die bekannten wertenden Zuordnungen, Definitionen und Urteile, die sich mit dieser Devianzkategorie verbinden, erfahren Kritik unter anderem deshalb, weil sie diese Probleme als individuelle Merkmale betrachten und die Beiträge anderer sozialer Akteure zu Definitionen und Festschreibungen nicht deutlich werden (Staub-Bernasconi 1983a: 13ff). ‚Sozialindikatoren‘, die auch nach gesellschaftlichen Wertvorstellungen, nach Ressourcenverteilung, Konflikten und Integrationsmöglichkeiten, nach Kommunikations- und Partizipationschancen und nach gesellschaftlichen Steuerungsmechanismen für soziale Probleme fragen, erweitern die Perspektive auf alle miteinander verbundenen Akteure bezüglich sozialer Probleme (ibid.: 31ff).

b) Austausch-Beziehungen

Austausch-Beziehungen – sind – idealtypisch solche Beziehungen zwischen Individuen oder auch Kollektiven, die nicht durch Kontroll- oder Entscheidungsinstanzen definiert sind. Leitende Vorstellungen in bezug auf Beziehungen sind die Gleichwertigkeit (Äquivalenz) der ausgetauschten Güter und die Wechselseitigkeit der Beziehung (Reziprozität), also ein Ausgleich zwischen Geben und Nehmen (Symmetrieaspekt)(Geiser 1990: 18). Wird beispielsweise „eine Paarbeziehung hinsichtlich Geben und Nehmen befragt, so entsteht ein Bild über Austauschmuster, die zu individuellen und/oder sozialen Problemen führen. Es folgt daraus eine Problemklärung und eine Analyse der internen und externen Ressourcen, die für die Veränderung der Beziehungsmuster bzw. zur Gewährleistung des Gleichgewichts der Beziehung genutzt werden könnten" (ibid.).

Die fünf Dimensionen der Figur ‚Umwelt (intern)‘, ‚Umwelt (extern)‘, ‚Modell‘, ‚Erkenntnis‘ und ‚Aktion‘ lassen sich entsprechend auch für Austausch-Beziehungen formulieren:

Kommunikation (M), Ko-Reflexion (E), Ko-Operation (A), Austauschformen über den Körper (Ui): Berührungen, Sexualität und Ko-Existenz (Ue) als Austausch von Gütern (z.B. Arbeit gegen Geld, Ware gegen Geld). Austausch-Probleme wären in auf Dauer asymmetrischen Beziehungen zu sehen, die sich als Konflikt, als Krise äußern.

Das Verhältnis SozialarbeiterIn-KlientIn stellt eine besondere Form der Austauschbeziehung dar, denn das Ideal der ‚helfenden Beziehung' ist in der Realität so nicht vorzufinden. Machtaspekte sind in jedem Fall gegeben: Die Verfügung über Ressourcen in Zusammenhang mit bestimmten Strukturen und Funktionen der Dienststelle sowie soziale Definitionen von Status und Rolle, die von denen der Klienten abweichen können, müssen mitberücksichtigt werden. Im Interesse einer möglichst gleichberechtigten Beziehung wären diese strukturellen Unterschiede in solchen Austauschbeziehungen zu verdeutlichen. Es sind auf jeden Fall Spielräume gegeben, die eine größere Wechselseitigkeit im Sinne von Germain/Gitterman (1983: 17) zulassen, wenn ein Über/Unterordnungsverhältnis als Voreinstellung der Sozialarbeiter-Innen nicht gewollt ist. Gleichberechtigter Austausch, Gegenseitigkeit auf Dauer ist jedoch nicht möglich. Diese Asymmetrie der Beziehung führt zum nächsten Komplex, den

c) Macht-Beziehungen

Machtbeziehungen sind ‚vertikale' Beziehungen zwischen Individuen, zwischen Individuen und sozialen Systemen oder zwischen sozialen Systemen. Zunächst geht es um Fragen nach dem Potential zur Machtausübung, nach der Ausstattung mit Machtquellen, nach Fremdbestimmung und Abhängigkeiten, wie sie von der Sozialpsychologie eingehend beschrieben worden sind (z.B. Crott 1979, Secord/Backman 1983). In sozialer Hinsicht interessieren

„– die Verteilung von Ressourcen auf einzelne und Gruppen → Macht als Schichtung,
– die Anordnung von Menschen und Gruppen zur Produktion wie Erhaltung materieller und kultureller Güter → Macht als Arbeitsteilung und Herrschaft,
– die Anerkennung der getroffenen Lösung(en) des Verteilungswie des Anordnungsproblems → Macht als Legitimation,
– die Einhaltung der Verteilungs- und Anordnungsregeln, d.h. deren Kontrolle und Durchsetzung → Macht als Erzwingungsmacht, Einfluss, Gewaltausübung" (Geiser 1990: 19).

Macht wird problematisiert, wo sie als „Behinderungsmacht" (Staub-Bernasconi 1983a: 164) Entwicklungen, Zugänge zu Ressourcen behindert oder verunmöglicht. „Begrenzungsmacht" hingegen ist als Potential zu verstehen, um Benachteiligten die Teilhabe an Gütern bzw. sozialen Austausch zu ermöglichen, Behinderungen zu reduzieren oder ganz zu beseitigen oder gar nicht erst entstehen zu lassen (Geiser 1990: 19). Soziale Arbeit – ohne deren Einbindung in machtförmige Strukturen zu übersehen – hätte die Aufgabe, sich im Interesse ihrer Klienten für die Umwandlung von Behinderungsmacht in Begrenzungsmacht einzusetzen (Staub-Bernasconi 1983b:303), d.h. defizitär ausgestattete Systeme mit den eigenen Machtmöglichkeiten zu stärken.

d) Kriterien- oder Wertprobleme

Eine Problem- und Ressourcenanalyse erfordert neben der Feststellung von Fakten auch ihre Bewertung. Alle Dimensionen der Denkfigur, sowohl auf der Ebene der Ausstattung des einzelnen Systems, wie auch die Austauschprozesse und die Machtdimension können auf entsprechende Wertkriterien hin befragt werden. Diese beziehen sich auf „menschen- bzw. gesellschafts- und naturgerechte(r) Werte oder Sollzustände, so zum Beispiel Gerechtigkeit in Bezug auf Ausstattung mit und Verteilung von Gütern, Echtheit, moralische Richtigkeit und Wahrheit in bezug auf Erkenntnis-Kompetenzen, Wert-, Zweckbezogenheit und Effizienz in bezug auf Handlungskompetenzen; Solidarität, herrschaftsfreie Verständigung, Partizipation in bezug auf Austausch- und Macht-Beziehungen" (Staub-Bernasconi 1986: 51). Probleme ergeben sich dann, wenn vorhandene Kriterien nicht angewendet werden (z.B. gleiche Rechte für Mann und Frau), wenn sie willkürlich Anwendung finden oder Kriterien für ein Problem noch fehlen (z.B. bei der Gentechnologie).[64]

Die prozessual-systemische Denkfigur ist zunächst gedacht als ein Arbeitsinstrument für berufliche Soziale Arbeit zur Ordnung bzw. Neu-Strukturierung von Informationen. Es ergibt sich ein konzeptionelles Bild einer Problem- und Ressourcenanalyse der untersuchten Systeme, die es erlaubt, Ziele zu formulieren und entsprechende Interventionen besser zu erkennen und zu begründen. Ausstattung, Austausch und Machtprobleme können in dem Kontinuum ‚problematisch – angemessen – optimal' betrachtet werden, und zwar immer vor dem Hintergrund auf das System bezogener Wert- und Zweckkriterien (ibid.). Tatsächliches wie Wünschbares kann ausgedrückt und dem jeweiligen System zugeordnet werden. Auch Helfersysteme können sich in ihren – auch machtförmigen – Austauschbeziehungen zu Klienten analysieren.[65] Mit der Denkfigur können also komplexe Zusammenhänge im Verhältnis einer Person zu seiner Umwelt sowie das Verhältnis von realen Lebensbedingungen zu Einstellungen, Meinungen, Denkmustern und beobachtbarem Verhalten dargestellt werden.

Die Denkfigur dürfte bei aller Vorläufigkeit all die Dimensionen auf allen sozialen Ebenen benennen, die bei den Adressaten Sozialer Ar-

---

[64] Wert- und Kriterien-Dimensionen finden sich an zwei Stellen der Konzeption: einmal als eigenständiger Wissensbestandteil, als ‚Wertwissen' und zum anderen als Unterkategorie des Gegenstandswissens, als ‚Kriterienproblem'.

[65] Beispiele für praktische Anwendungen in Geiser (1990: 25ff).

beit eine Rolle spielen. Dabei wird deutlich, daß an jeder ‚Ecke' der Figur die Basisdisziplinen auf ihre Erklärungskraft hin befragt werden können. Ihr Gebrauch schließt keine Theorien oder Handlungskonzepte aus; sie fragt im Gegenteil, welches Wissen jeweils herangezogen werden kann. Insoweit ist sie ein „Theorie-Organisations-" oder gar ein „Theorie-Integrations-Instrument". Eine Bevorzugung bestimmter Erklärungsmodelle oder Handlungskonzepte ist also durch die Denkfigur selbst nicht angelegt, sondern wird erst durch die Festlegungen der SozialarbeiterInnen bzw. konzeptionelle Orientierungen der jeweiligen Institution erfolgen. Der charakteristische Wissensbestand der Sozialen Arbeit ist also im Strukturwissen zu suchen, für das die Denkfigur ein Modell gibt. Fehlendes Basiswissen, das für das berufliche Handeln notwendig ist, kann sie selbstverständlich nicht ersetzen.

Die prozessual-systemische Denkfigur weist Bezüge zum ‚Life-Model' der Sozialen Arbeit von Germain/Gitterman (1983) auf: Die Autoren gehen von den Transaktionen zwischen Mensch und Umwelt aus, also von Austauschbeziehungen, und nennen drei Bereiche, die Störungen im „Gleichgewicht der Anpassung" (ibid.: 7) erzeugen können: Lebensverändernde Ereignisse, Situationen mit besonderem Umweltdruck und interpersonale Prozesse.[66] Die Dimensionen ‚Ausstattung' und ‚Macht' sind zumindest implizit in diesem Ansatz mitthematisiert, wie ja generell die Analyse Dimensionen trennt, die in der Realität nicht voneinander zu isolieren sind.

Das systemisch-interaktionelle Modell von Tschümperlin (1988)[67], ein Erklärungsmodell für Armut, hat einen ähnlichen Ansatz. Es zeigt das komplexe Beziehungsnetz, das sich individuell und überindividuell als „Wirkungszusammenhang der Armut" (ibid.: 7) ergibt. Biographie/Persönlichkeit, soziale Netze, gesellschaftliche Werthaltungen, Arbeit/Einkommen und Kosten/Konsum sind die Dimensionen des ‚Pentagons der Armut'. Sie beschreiben in etwa den gleichen Gesamtzusammenhang von Wirkungs-, ja z.T. Bedingungsfaktoren in der Real- und der Sinndimension wie die prozessual-systemische Denkfigur. Das Pentagon veranschaulicht, wie sich aus negativen Wechselwirkungen einer Vielzahl von Faktoren auf individueller, sozialer, wirtschaftlicher und politischer Ebene ein soziales Problem ergibt.[68]

[66] Siehe Kap. 4.4.
[67] Siehe Abbildung 5.
[68] Hingewiesen sei noch auf die sog. Heimler-Skala, die ebenfalls versucht, diese Zusammenhänge zu erfassen (Heimler 1976: 45ff).

Abbildung 5: Systemisch-interaktionistisches Modell

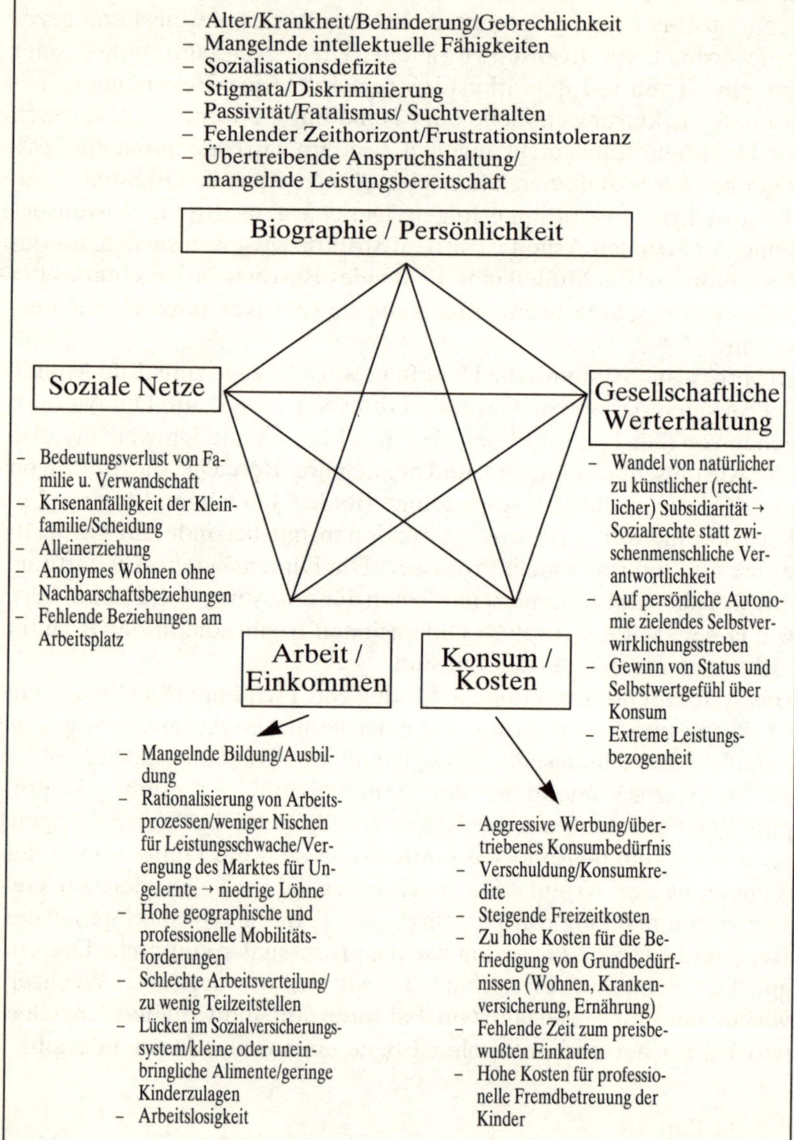

- Alter/Krankheit/Behinderung/Gebrechlichkeit
- Mangelnde intellektuelle Fähigkeiten
- Sozialisationsdefizite
- Stigmata/Diskriminierung
- Passivität/Fatalismus/ Suchtverhalten
- Fehlender Zeithorizont/Frustrationsintoleranz
- Übertreibende Anspruchshaltung/ mangelnde Leistungsbereitschaft

Biographie / Persönlichkeit

Soziale Netze

- Bedeutungsverlust von Familie u. Verwandschaft
- Krisenanfälligkeit der Kleinfamilie/Scheidung
- Alleinerziehung
- Anonymes Wohnen ohne Nachbarschaftsbeziehungen
- Fehlende Beziehungen am Arbeitsplatz

Gesellschaftliche Werterhaltung

- Wandel von natürlicher zu künstlicher (rechtlicher) Subsidiarität → Sozialrechte statt zwischenmenschliche Verantwortlichkeit
- Auf persönliche Autonomie zielendes Selbstverwirklichungsstreben
- Gewinn von Status und Selbstwertgefühl über Konsum
- Extreme Leistungsbezogenheit

Arbeit / Einkommen

- Mangelnde Bildung/Ausbildung
- Rationalisierung von Arbeitsprozessen/weniger Nischen für Leistungsschwache/Verengung des Marktes für Ungelernte → niedrige Löhne
- Hohe geographische und professionelle Mobilitätsforderungen
- Schlechte Arbeitsverteilung/ zu wenig Teilzeitstellen
- Lücken im Sozialversicherungssystem/kleine oder uneinbringliche Alimente/geringe Kinderzulagen
- Arbeitslosigkeit

Konsum / Kosten

- Aggressive Werbung/übertriebenes Konsumbedürfnis
- Verschuldung/Konsumkredite
- Steigende Freizeitkosten
- Zu hohe Kosten für die Befriedigung von Grundbedürfnissen (Wohnen, Krankenversicherung, Ernährung)
- Fehlende Zeit zum preisbewußten Einkaufen
- Hohe Kosten für professionelle Fremdbetreuung der Kinder

Tschümperlin (1988)

Erklärungsversuche, die sich nur auf eine Dimension beziehen – so Tschümperlin (1988: 10) – mögen wissenschaftlich durchaus sinnvoll sein, allein daraus kann aber noch keine Strategie zur Armutsbekämpfung resultieren. Diese müßte an mehreren Punkten gleichzeitig ansetzen.

Die prozessual-systemische Denkfigur dient zur Befragung verschiedener sozialer Einheiten (Individuen, Familien, Organisationen, Gemeinwesen). Jedoch sind nicht alle Ebenen mit allen Dimensionen sinnvoll befragbar: Denken und Fühlen als Ausstattungsdimensionen haben bei Familien und Organisationen allenfalls eine mittelbare Bedeutung. Dies zeigten die bereits in Kapitel 2.6. erwähnten Unterschiede zwischen psychischen und sozialen Systemen.

Dabei müssen die sozialen Einheiten als durch Individuen konstituiert gedacht werden, was in der Systemtheorie, wie erwähnt, keine Selbstverständlichkeit ist. Soziale Systeme verändern sich wie alle Systeme, indem sich ihre Komponenten verändern; sie interagieren über die Interaktionen ihrer Komponenten (Hejl 1987a: 142, 129), also konkreter Menschen. Nur auf dieser Basis werden systemische Konzepte für Beratung und Therapie und für Arbeitsweisen Sozialer Arbeit denkbar.

3.3.3. Handlungsebenen Sozialer Arbeit

Mit der Unterscheidung sozialer Systeme in Interaktions-, Organisations- und Gesellschaftssysteme (Luhmann 1984: 16) ist zugleich der gesamte Bereich der Handlungsebenen Sozialer Arbeit erfaßt: von der direkten Interaktion Sozialarbeiter – Klient bis zur Ebene Sozialer Arbeit als gesellschaftliches Teilsystem. Daraus ergibt sich folgende Einteilung:

(1) Mikro-Ebene: Personale Systeme:
Individuen, menschliche Aktivitäten;
(2) Meso-Ebene: Systeme, deren Subsysteme aus personalen Systemen bestehen:
a) Interaktionssysteme: Familien, Gruppen
Helfer-Systeme: Interaktionen SA/SP-Klient;
b) Organisationssysteme: Institutionen, Verbände, Parteien, Unternehmen
Helfer-Systeme: Soziale Infrastruktur, Organisationen Sozialer Arbeit, Sozialplanung;
(3) Makro-Ebene: Sozial- und Gesellschaftspolitik,
Soziale Sicherungs-Systeme, Funktionsbestimmung Sozialer Arbeit.

Abbildung 6: Handlungsebenen sozialer Arbeit

Individuen	SA/SP – Klient Familien, Gruppen	Institutionen sozialer Hilfe Selbsthilfe	Gesellschaftliche Funktion Sozialer Arbeit Soz. Sicherungssysteme

Handlungsebenen Sozialer Arbeit

Sozialtherapie	Sozialadministration -planung	Sozialpolitik

Haag et. al. (1973)

Personale Systeme Mikro- Systeme	Soziale Meso-Systeme	Soziale Makro-Systeme

Ropohl (1980)

	Interaktions-	Organisations-	Gesellschafts-Systeme

Luhmann (1984)

Lebenswelt des Adressaten	Professionelles Handeln	Institutionen	Gesellschaftliche Funktion

Theorie – Dimensionen (Thiersch/Rauschenbach 1984)

Weiterhin wäre zu differenzieren nach den eigentlichen Systembildungen durch Personen (Personensysteme) und den damit verbundenen Sachsystemen, materiellen und organisatorischen Strukturen, die auch ohne die Zuordnung bestimmter Personen als Systembildungen angesehen werden können (Huschke-Rhein 1989: 119). Dem Gegenstand Soziale Arbeit entsprechend stehen ‚Helfersysteme‘ im Mittelpunkt, bei denen Personen (SozialarbeiterInnen und KlientInnen) und Programme in spezifischer Weise miteinander verbunden sind (vgl. Luhmann 1973: 31ff).

Die verschiedenen Ebenen können dabei nicht nur als Funktionsebenen Sozialer Arbeit betrachtet werden, sondern in einem allgemeinen Sinne auch als Systemkontexte, die die gesellschaftliche Gliederung

bezogen auf die Erfahrungswirklichkeit vom Individuum aus in verschiedenen Komplexitäts-Abstufungen zeigen: als sozialökologisches System (Bronfenbrenner 1981: 38ff) oder als menschliches Handlungssystem (beispielsweise Ropohl 1980: 345ff)[69].
Soziale Arbeit ist auf all diesen Ebenen systemtheoretisch beschreibbar. Dabei zeigt sich, daß die verschiedenen Ebenen schwerpunktmäßig von jeweils verschiedenen Ansätzen der Systemtheorie angegangen werden, die sich in ihren Konstruktionselementen unterscheiden, etwa hinsichtlich der Bedeutung des Subjekts für die Theorie, hinsichtlich ihrer realempirischen Rekonstruierbarkeit (Ropohl 1980: 327) oder hinsichtlich der jeweiligen Eignung als Beschreibungsmodell oder Handlungsentwurf. Die als Handlungskonzepte angelegten systemtheoretischen Ansätze (Bartlett 1976, Pincus/Minahan 1973, 1980, Goldstein 1980) sind einer ‚konkreten' Systemtheorie zuzuordnen[70]. Soziale Systeme müssen jedoch ebenfalls als Sinn-Systeme berücksichtigt werden, etwa bei der Betrachtung von Funktionsbestimmungen Sozialer Arbeit. Dazwischen sind all jene Entwürfe angesiedelt, die im Zusammenhang der strukturfunktionalistischen Theorie stehen. Hier geht es einmal um steuerungstheoretische Analysen institutionsgebundener sozialer Dienstleistungsarbeit (vgl. Olk: 1986); zum anderen um funktionale Konzepte der Kleingruppenforschung (Willke 1978, Neidhardt 1979). Die Bedeutung der Systemtheorie für Soziale Arbeit wird also nur entsprechend der zu untersuchenden Funktionsebene und der jeweiligen systemtheoretischen Richtung angegeben werden können.
Insoweit mag auch hier zu einem gewissen Grad zutreffen, was Thiersch/Rauschenbach (1984: 1010) zum Wissenschaftskonzept Sozialer Arbeit schreiben: Die Aufgaben Sozialer Arbeit seien zu komplex, als daß sie einfach aus einer allgemeinen Theorie deduziert werden könnten. Eine Vermittlung zwischen den von ihnen genannten Theoriebereichen (vgl. Kapitel 3.2.) sei nicht bruchlos möglich, da diese, bedingt durch die Eigenart ihres jeweiligen Gegenstandes, einer je verschiedenen Bearbeitungslogik unterliegen. Dieser Sachverhalt würde auch erklären, wieso die verschiedenen systemtheoretischen Konzepte, die für sich genommen überwiegend als aufeinander folgende Stufen der Theorieentwicklung wahrgenommen werden, im

---

[69] Die methodologischen Probleme, die mit einer solchen ‚mehrebenenanalytischen' Betrachtung verbunden sind, können an dieser Stelle nicht näher erörtert werden. Siehe dazu: Prondczynsky (1982).

[70] Vgl. Abbildung 2.

Kontext Sozialer Arbeit koexistieren können: Sie besitzen einen spezifischen Erklärungswert und korrespondieren insoweit mit den unterschiedlichen Zugangsweisen der einzelnen Theoriedimensionen. Alle Ansätze zusammengenommen können alle Dimensionen der Theoriebildung erfassen, wenn auch nicht in vollständig homogener Form.

Ein entscheidender Vorteil systemtheoretischer Theoriebildung ist jedoch gerade darin zu sehen, daß die Vermittlung zwischen unterschiedlichen sozialen Kontexten und Dimensionen der Theoriebildung möglich wird – wenn auch nicht bruchlos und vollständig. Dies wäre gerade der Anspruch systemischer Handlungskonzepte, nicht jedoch die Erfüllung der Forderung, alle bereits bekannten Aspekte des jeweiligen Gegenstandes vollständig und kohärent zu erfassen. Abbildung 6 zeigt, daß mit den Dimensionen – Lebenswelt der Adressaten, professionelles Handeln, Institutionen und gesellschaftliche Funktion der Sozialarbeit/ Sozialpädagogik – zugleich schwerpunktmäßig jeweils eine Handlungsebene Sozialer Arbeit benannt ist.

Hinsichtlich des Wissenschaftskonzeptes als fünfter Theoriedimension liegt der systemische Beitrag im Konzept der Theorieintegration: Eine am Systemgedanken orientierte Handlungswissenschaft Sozialer Arbeit bezieht sich nicht auf eine ,Leitwissenschaft', sondern organisiert Erklärungswissen aus verschiedenen Disziplinen, die für den Gegenstand „Menschen verhalten sich in ihrer Umwelt" von Bedeutung sind (Lowy 1983: 13). Durch die normative Orientierung der Sozialen Arbeit (vgl. ibid.: 46ff) sind zugleich philosophische und erkenntnistheoretische Dimensionen Bestandteil der Theoriebildung, die sich in den verschiedenen systemtheoretischen Ansätzen wiederum voneinander unterscheiden (vgl. Schlippe 1988). Mit der prozessual-systemischen Denkfigur bleibt der Zugang zu verschiedenen, auch nichtsystemischen Theorien erhalten. Im gegenwärtigen Stand der Entwicklung kann das systemtheoretische Wissenschaftskonzept als pluralistisch bezeichnet werden (Staub-Bernasconi 1986: 49). Bezogen auf die Theoriebildung Sozialer Arbeit liegt sein Potential darin, die Integration beziehungsweise Anschlußfähigkeit verschiedenster Theorieelemente zu ermöglichen.

4. Systemische Handlungskonzepte Sozialer Arbeit

Bereits 1958 schlägt Hearn vor, ‚System' als Zentralelement einer Theorie Sozialer Arbeit nutzbar zu machen. Entsprechend der Entwicklung im naturwissenschaftlichen Bereich beziehen sich diese und die nachfolgenden Ausarbeitungen (Hearn 1969) auf kybernetische Konzepte einerseits und ein organismisches System-Modell andererseits. Eine Betrachtung der Rezeptionsgeschichte bis in die Gegenwart zeigt, daß sich bestimmte Grundzüge dieser Konzepte in theoretischen Ansätzen der Sozialen Arbeit erhalten haben oder über systemorientierte Ansätze der Familientherapie wieder in die Soziale Arbeit eingeführt wurden. Weder die kybernetische Systemtheorie noch die aus der Biologie entwickelte General System Theory bleiben dabei als in sich konsistente Modelle erhalten. Ihre Rezeption beschränkt sich auf einzelne Grundbegriffe und Zusammenhänge, namentlich auf solche, die eine unmittelbare Evidenz für die zu beschreibenden Sachverhalte aufweisen.[71] Begrenzungen hängen freilich auch mit der in Kapitel 2.6.2. diskutierten Transferproblematik zwischen biologischer und sozialer Ebene zusammen.

Hearn (1958) spricht nicht nur die Dimension der (pädagogischen, therapeutischen) Interaktion an, die ja die systemische Domäne im Kontext Sozialer Arbeit geworden ist, sondern schlägt vor, auf der Basis der General System Theory eine allgemeine Praxistheorie der Sozialarbeit zu entwickeln. Sie soll das Netzwerk der Beziehungen zwischen Individuen, Gruppen und Gemeinwesen erfassen, soll Aussagen zum Gesamtsystem der Sozialen Arbeit und ihren Subsystemen machen und die Funktion der handelnden SozialarbeiterInnen als Elemente von Systemen beschreiben können (Hearn 1958: 31).

Dies läßt sich bereits mit Grundbegriffen der Systemtheorie erreichen: Ein System besteht aus Elementen, die bestimmte Eigenschaften aufweisen und die in bestimmten Beziehungen zueinander stehen. Zugleich kann jedes System je nach Realitätsausschnitt als Element eines größeren Systems angesehen werden und damit das System-Umwelt-Verhältnis und die Grenzziehung bestimmt werden. Hearn (1958: 42) unterscheidet zwischen unmittelbarer Umwelt, die ‚dem System'

---

[71] Interessant ist in diesem Zusammenhang die These von Ramsenthaler (1986), daß das Regelkreis-Prinzip ausreiche, um die von der systemischen Familientherapie bearbeiteten Phänomene zu beschreiben.

bewußt zugänglich ist und einer ‚distalen‘, entfernteren Umwelt als einer zweiten Wirkungsdimension, die das Verhalten des Systems beeinflußt, ohne von ihm wahrgenommen zu werden, also dem Begriff des Exo-Systems (Bronfenbrenner 1981) entspricht. Umwelt meint nicht die bloße An- und Abwesenheit bestimmter Faktoren, sondern ihre unterschiedliche Intensität, Bedeutung oder Wirkung für das jeweilige System beispielsweise im Hinblick auf die Erfüllung bestimmter Aufgaben, Gefährdungen oder Unterstützungsmöglichkeiten (Lathrope 1969: 53).

Bei Hearn, wie auch bei nachfolgenden Arbeiten im Kontext des amerikanischen ‚social work‘, die einem konkreten Ansatz der Systemtheorie folgen, soll mit der Systemtheorie ein Theorie-Rahmen für Soziale Arbeit geschaffen werden, eine „comprehensive theory of the helping process" (Hearn 1958: 71), die andere Theorierichtungen nicht ausschließen will. Die Betonung des Trennenden, der Unvereinbarkeit, wie sie sich im Zusammenhang mit der Diskussion um Paradigmenwechsel schnell einstellt, ist der systemorientierten Handlungstheorie Sozialer Arbeit fremd. Gerade das amerikanische ‚social work‘ mußte ja auf ein stark psychoanalytisch inspiriertes ‚case-work‘ und auch ‚group-work‘ eingehen (vgl. Hollis 1974: 48ff).

4.1. GENERAL SYSTEM THEORY UND KYBERNETIK IN KONZEPTEN SOZIALER ARBEIT

Über diesen allgemeinen Begriffsrahmen hinaus erweist sich die Anwendung weiterer Systemeigenschaften lebender Systeme, etwa des Prinzips der Äquifinalität oder des Fließgleichgewichts (steady-state), als problematisch in ihrer Anwendung auf Bereiche Sozialer Arbeit:

Äquifinalität ist definiert als Erreichung eines (End-)zustandes unter verschiedenen Ausgangsbedingungen und nach möglichen Störungen des Entwicklungsverlaufs (Bertalanffy 1968: 143), etwa wechselndem Zufluß von Energie oder Information. Dieses Phänomen mag sich an zahlreichen biologischen Vorgängen veranschaulichen lassen[72], als Kennzeichnung spezifisch menschlicher und sozialer Prozesse besitzt es keine Erklärungskraft. Was die jeweils charakteristischen Zu-

---

[72] Bertalanffy zitiert einen Versuch an Ratten, der die Äquifinalität des Wachstums veranschaulicht (1968: 142), Hearn (1958: 45) nimmt auf die Entwicklung von Zwillingen Bezug; s. a.: Forder (1976: 25 f).

stände sind, bleibt unerklärt. Sind physische, psychische, soziale Zustände gemeint? Bei Hearn (1958: 43) wird Äquifinalität überdies als Möglichkeit, nicht als durchgehendes Charakteristikum aufgefaßt: die gleichen Endzustände können auftreten oder auch nicht. Watzlawick et al.(1969) ziehen jedoch weitreichende Schlußfolgerungen aus diesem vermeintlich universellen Sachverhalt. Bei der Betrachtung von menschlichen Interaktionen wollen sie „der Entstehung und den Ergebnissen der Beziehung viel weniger Bedeutung bei(zu)messen als ihrer Organisation" (1969: 122), da selbstregulierende Systeme „nicht so sehr" (ibid.) durch die Anfangszustände als durch die Natur ihrer Prozesse determiniert seien. Wenn verschiedene ursprüngliche Gegebenheiten denselben ‚Endzustand' haben können, so folgern sie im Umkehrschluß, können auch verschiedene Ergebnisse auf dieselben Ausgangsbedingungen folgen. Damit ist im Kern jedoch nur gesagt, daß Menschen – hier als offene Systeme verstanden – keine vollständig determinierte Entwicklung nehmen, also nicht wie geschlossene Systeme von Anfangsbedingungen abhängig sind. Umgekehrt können sich individuelle Unterschiede zwischen Menschen, seien sie sozialer, kognitiver oder emotionaler Art, im Verlauf ihrer Entwicklung verändern. Insofern ist mit diesem Prinzip nur eine allgemeine Erfahrung ausgedrückt, die die Kontingenz von Entwicklungsprozessen zeigt. Noch allgemeiner verwendet Lathrope (1969: 59) diesen Begriff. Bezogen auf den Hilfeprozeß Sozialer Arbeit schreibt er, daß mit dem Prinzip der Äquifinalität der Grundsatz der Selbstbestimmung des Menschen nahegelegt sei, weil es darauf verweise, „that there is a wide range and variety of possible combinations of habits of mind and feeling and of lines of behavior which can be put together to achieve desired output and to constitute a person's, or group's, or organization's ‚life style'."
Letztlich wird mit dem Äquifinalitäts-Prinzip nur gesagt – wie Watzlawick et al. in einer Fußnote (1969: 123) selbst einräumen –, daß „allzu elementare Annahmen einfacher, direkter Kausalbeziehungen" zwischen bestimmten Ereignissen und späteren Zuständen nicht berechtigt sind. Auch die These der Prägung durch Erfahrungen der frühen Lebensjahre wollen Watzlawick et al. durch die Verwendung des Äquifinalitätsprinzips nicht bestreiten.
Als Beispiele für die Geltung des Äquifinalitätsprinzips in größeren sozialen Gebilden führt Guntern (1980: 24) an, „daß Kurorte einander verblüffend ähnlich sind, und dies ungeachtet ihrer Geschichte, weil die Organisationsformen im Massentourismus isomorph sind" oder gar daß totalitäre Staaten in ihrem „Endzustand" trotz unter-

schiedlicher historischer Bedingungen gleiche Strukturen aufweisen (ibid., auch Watzlawick 1969: 123). Die Parallelität solcher Entwicklungen einem allgemeingültigen Prinzip zuzuschreiben, macht aufgrund des hohen Allgemeinheitsgrads der Aussage wenig Sinn, wenn nicht gesagt wird, was jeweils mit Organisationsform gemeint ist, ob politische, ökonomische, kulturelle usf. Strukturen in die Betrachtung eingehen. Mit dem Rückgriff auf die biologische Ebene wird implizit die These vertreten, daß auch soziale Prozesse, Gesellschaftsentwicklungen an ein System charakteristischer Entwicklungsstadien gebunden wären,[73] was der Begriff der Äquifinalität im biologischen Sinne ja impliziert. Die Verwendung des Begriffs dient auch in diesem Falle, um eine Formulierung von Jensen (1983: 39) aufzugreifen, als vitalistische Metaphorik.

Die Verwendung des Begriffs Fließgleichgewicht als allgemeiner Systemeigenschaft außerhalb des biologischen bzw. biochemischen Bereichs erweist sich als nicht minder problematisch. Die begriffliche Schärfe geht dabei verloren. Analogien im eigentlichen Sinn, also Entsprechungen in Struktur oder Prozeß, bleiben vage. Bei beiden Begriffen zeigt sich, daß es sich um bloß metaphorische Übertragungen handelt: der bildhafte Vergleich vermittelt von einem konkreteren Sachverhalt auf einer Ebene zu einem abstrakteren auf einer anderen. Das so erzeugte Bild erweist sich als nachvollziehbar für bereits bekannte Sachverhalte.

Bertalanffy zufolge ist mit Fließgleichgewicht der dynamische Aspekt von Gleichgewichtszuständen in lebenden Systemen, „in distance from true equilibrium" (1968: 142) charakterisiert. Der Begriff wirkt zunächst brauchbar, scheint er doch dem Verhältnis von Beständigkeit und Wandel beim Menschen oder etwa in Gruppen angemessen Ausdruck zu verleihen. Wenn wir jedoch in Betracht ziehen, daß das Fließgleichgewicht (steady-state) als ‚zeitunabhängiger' Zustand definiert ist, der unabhängig von seinen Ausgangsbedingungen besteht und ausschließlich von seinen System-Parametern festgelegt ist (Bertalanffy 1968: 142), so zeigt sich, daß eine Anwendung auf soziale Dimensionen wenig Sinn ergibt. Mit dem Begriff steady-state wird ja gerade die ‚Momentaufnahme' eines prozeßhaften Geschehens beschrieben; es handelt sich um eine Betrachtung, die qualitative Veränderungen des Systems in der Zeit nicht erfaßt und diskontinuierliche Wandlungs-

---

[73] Eine solche These, die als Bestandteil marxistisch-leninistischer Geschichtsphilosophie bekannt und umstritten ist, hat durch die politische Entwicklung der letzten Jahre ihr entscheidendes Gegenargument erhalten.

prozesse nicht zu beschreiben vermag. Erst in einer lockeren Verwendung als Synonym für den Zustand der Gesamtintegration bzw. Desintegration einer Persönlichkeit (Menninger 1974) gewinnt er an Konturen. So verstanden, sei Fließgleichgewicht der integrierende Prozeß aller auf ihre spezifische Weise konstanzerhaltenden Teilsysteme einer Persönlichkeit, der die „physisch-psychisch-soziale Balance" immer wieder neu herstellen muß (Balzer/Rolli 1981: 179). Bereits Hearn sieht die Schwierigkeiten, die sich bei der Übertragung dieses Prinzips ergeben:

> „The theory does not tell us, however, what these mechanisms or processes may be or how they operate in relation to one another in individuals, groups, and communities. Similarly, while general systems theory holds, that individuals, groups, and communities may each be regarded as open organismic systems, it does not indicate very clearly how individuals – in groups – in communities – form a complex which may also function as an open organismic system." (1958: 54)

Aufgrund seiner Bindung an physiologische Phänomene und der damit einhergehenden Probleme hat der Begriff des steady-state für den Bereich systemischer Therapie oder systemorientierter Konzepte Sozialer Arbeit in der Folgezeit keine entsprechende Reformulierung erfahren.[74]

Hingegen hat der Begriff der Homöostase zur Charakterisierung von Familienkonstellationen in der systemischen Therapie breite Verwendung gefunden. Dies ist umso überraschender, als der Homöostase-Begriff einem Steuerungsmodell, der Kybernetik, zugehörig ist, das sich von den Funktionsweisen lebender Systeme in mehrfacher Hinsicht qualitativ unterscheidet, wie Bertalanffy (1968: 139ff) ausführlich dargelegt hat.

Zunächst sei aber darauf hingewiesen, daß ein Fließgleichgewicht nur durch ständige Kontrolle und Korrektur der beteiligten Zustandsgrößen erreicht wird (Buddeke 1974: 289f). Dabei macht beispielsweise eine Zelle vom Prinzip der Rückkopplung Gebrauch, einer Definition N. Wieners zufolge der „Kraft, künftiges Verhalten aufgrund früherer Verhaltensweisen zu modifizieren" (nach Hearn 1958: 47). Selbstregulierung durch Rückkopplung (feed-back) ist ein Grundprinzip aller lebenden Systeme. Voraussetzung hierfür ist ein geschlossener Kausalkreis (Regelkreis), in dem alle beteiligten Elemente auf sich zurückwirken. Die Tendenz, bestimmte Größen in einem Sy-

---

[74] Mit Ausnahme bei Balzer/Rolli (1981).

stem konstant oder innerhalb bestimmter Grenzen zu halten, wird als Homöostase bezeichnet (vgl. Simon/Stierlin 1984). Homöostatische Prozesse sind von einem Sollwert, einer zielorientierten Vorgabe abhängig. Beispiele hierfür sind etwa der Blutdruck oder die Körpertemperatur (Schmidt/Thews 1976: 128). Hier wird somit die Verbindung von steady-state und Homöostase erkennbar.[75]

Die Verwendung kybernetischer Begriffe zur Beschreibung familiärer oder gesellschaftlicher Prozesse führt jedoch zu zahlreichen Unklarheiten. Es dürfte beispielsweise schwierig sein, in einem Familiensystem den Regler oder die Führungsgröße auszumachen. Gesellschaftliche Normen, Anforderungen aus der Umwelt könnten hier wiederum nur in einem sehr allgemeinen, metaphorischen Sinn eingesetzt werden. Nicht nur die Regelkreisvorstellung im allgemeinen, sondern auch das Homöostaseprinzip im besonderen ist nicht schlüssig anwendbar. Es wurde in Bezug auf Familien zuerst von Don D. Jackson (1957) angewendet, um vor allem pathologische Familienmechanismen zu charakterisieren (Simon/ Stierlin 1984: 147). In der Folgezeit wurde es zunehmend in dem allgemeinen Sinn von Gleichgewicht oder Stabilität verwandt. Bertalanffy (1968: 210) schreibt hierzu:

> „The principle of homeostasis has sometimes been inflated to a point where it becomes silly." Als nicht anwendbar bezeichnet er das Homöostase-Prinzip für all die menschlichen Aktivitäten, „which are nonutilitarian i.e., not serving the primary needs of self-preservation and survival and their secondary derivatives, as is the case with many cultural manifestations. The evolution of Greek sculpture, Renaissance painting, or German music had nothing to do with adjustment or survival because they are of symbolic rather than biological value." (ibid.)

Mit der Konstanthaltung bestimmter Größen und Verhältnisse innerhalb einer Familie ist nur ein Teil ihres ‚Operationsmodus' beschrieben, die Bestandserhaltung, nicht jedoch der Wandel. Die Fähigkeit, durch negative oder kompensierende Rückkopplung gewisse Umweltveränderungen auszugleichen, ohne die Eigenstruktur zu verändern, kann auch mit dem Begriff der Morphostase ausgedrückt werden (Simon/Stierlin 1984: 241), während die spezifische Anpassungsfähigkeit sozialer Systeme zum Teil gerade darin besteht, daß ein ‚Gleichgewichtszustand' erhalten wird, indem sich die innere Struktur verändert (Morphogenese), also Prozesse positiver oder kumulativer

---

[75] Bertalanffy (1968: 150) spricht davon, daß sich Organismen im Laufe ihrer Entwicklung zunehmend ‚mechanisieren', d. h. auf bestimmten Stufen kybernetische Prozesse ausbilden.

Rückkopplung einen Wandel anstoßen. Die Überlebensfähigkeit lebender Systeme hängt von der Verfügbarkeit beider Mechanismen ab. Insofern reicht der Homöostase-Begriff nicht aus, um die Anpassungsfähigkeit von Personen oder Gruppen zu beschreiben. Auf diesen Umstand weisen auch Watzlawick et al. (1969: 134) hin. Sie schlagen daher ebenfalls den allgemeineren Begriff der ‚Stabilität' vor, der sich in den letzten Jahren auch durchgesetzt hat.

An dieser Stelle kann als Ergebnis der bisherigen Betrachtungen schon festgehalten werden, daß ursprünglich der Physiologie zugehörende Begriffe und kybernetische Wirkungsweisen Sozialbeziehungen wie auch die biologisch-psychisch-soziale Einheit des Individuums allenfalls in Teilaspekten abbilden können. Mit der Verwendung von Begriffen aus dem naturwissenschaftlichen Kontext geht eine Überdehnung des ursprünglich Gemeinten einher.[76] Die eher allgemeinen Parallelisierungen sind insoweit nachvollziehbar, als sie offenkundig von der Annahme ausgehen, eine wissenschaftliche Fundierung Sozialer Arbeit oder Therapie müsse sich an ‚harten' Fakten der Naturwissenschaften orientieren, insbesondere da, wo vermeintlich universelle Prinzipien wirksam sind.

So hat auch die heuristische Bezugnahme auf das zweite Gesetz der Thermodynamik (Gordon 1969: 11) nicht weitergeführt. Dieses Gesetz besagt, daß in geschlossenen Systemen, die Ungeordnetheit, Unordnung (Entropie) als irreversibler Prozeß ständig wächst. Menschliche Entwicklung – als ein Prozeß offener Systeme – wird im Gegensatz dazu als Systemprozeß aufgefaßt, der sich zu einer Abnahme von Entropie, hin zu größerer Geordnetheit entwickelt (Negentropie). Transaktionen mit der Umwelt dienen folglich der Abgabe von Entropie an die Umwelt, die einen geringeren Grad von Geordnetheit aufweist als menschliche Systeme.

Damit ist jedoch nur zutreffend beschrieben, daß Leben ein „ständiger Kampf gegen die allgemeine Tendenz der Entropiezunahme" (Lehninger 1977: 337) ist. Ein spezifischer Gewinn für den Gegenstand Sozialer Arbeit läßt sich zumindest bei Gordon (1969) und Hearn (1958, 1969) nicht ausmachen.[77]

---

[76] Vgl. hierzu den Kommentar von Beiglböck in Simon/Stierlin (1984: 80) hinsichtlich Entropie.

[77] Bei Selvini-Palazzoli et al. (1981) findet sich der Entropiebegriff im Zusammenhang gezielter Informationseingabe in ein Familiensystem, um das Organisationsvermögen der Familie zu erhöhen (Gewinnung von Information gleich Abnahme der Entropie) oder als Synonym für Energieschwund in institutionellen Kontexten (1988: 95).

Gleichwohl wird die Suche nach neuen ‚Bildern' aus den Naturwissenschaften weiterhin als fruchtbar angesehen. So schlägt etwa Elkaïm (1980: 151) für die Familientherapie vor, den Begriff der ‚dissipativen Strukturen' aus der Ungleichgewichts-Thermodynamik zu verwenden, um ein angemessenes Bild des Verhältnisses von Stabilität und Wandel zu erzielen, nämlich „Ordnung durch Fluktuation".

4.2. MENSCH UND UMWELT IM GLEICHGEWICHT

Im amerikanischen ‚social work' wird der Homöostasebegriff, wie Tuggener (1971: 117ff), auf den im folgenden Bezug genommen wird, zeigt, neben den Begriffen der ‚balance' und des ‚equilibrium' als gleichsam theoretisch anspruchsvolleres Synonym für Gleichgewicht verwendet. Tuggeners These lautet, daß Soziale Arbeit schon immer intuitiv dem Gleichgewichtsgedanken verpflichtet war, bevor er seit den 30er Jahren sozialwissenschaftliche und sozialphilosophische Aktualität erlangte. Er zeigt sich als Reflexionsmodell in der Psychoanalyse Freuds[78] wie auch in einer Vielzahl von Richtungen der Soziologie und Sozialpsychologie, die als Wissensbasis für das ‚social work' maßgebend waren (Tuggener 1971: 122). Die Gleichgewichtsvorstellung bezieht sich dabei auf drei miteinander verbundene Bereiche (ibid.: 118ff):

(1) Das innerpersönliche Gleichgewicht: Bedürfnisse werden als Störungen des Gleichgewichts, als innerer Spannungszustand aufgefaßt; Bedürfnisbefriedigung ist das Mittel zur Wiederherstellung des Gleichgewichts.

(2) Soziales Gleichgewicht meint das Verhältnis von eigenen Ansprüchen und den Erwartungen der Anderen. Jede Veränderung im sozialen Beziehungssystem (z.B. Tod oder Geburt eines Familienmitglieds, Ausscheiden eines Gruppenmitgliedes etc.) kann als Störung des Gleichgewichts betrachtet werden, das wieder neu hergestellt werden muß.

(3) Auch das Verhältnis zwischen Gruppen oder Sozialsystemen kann als Gleichgewicht gefaßt werden, im letzteren Fall als Gleichgewicht eines komplexen Beziehungsgefüges zahlreicher Subsysteme. Die Veränderungen in der demographischen Struktur einer Gesellschaft

---

[78] Siehe hierzu: Ciompi (1981: 70f).

(z.B. Einwanderung, Überalterung) werden in diesem Zusammenhang angeführt.

Das System-Umwelt-Verhältnis wird mit dem HomöostaseBegriff in einer spezifischen Einseitigkeit erfaßt: Systeme stellen sich auf Umweltveränderungen ein, sie reagieren. Die Selbstbewegung von Systemen ist damit noch nicht beschrieben.

Das Bild der Waage, das hinter der Gleichgewichtsvorstellung steht, wird von Bertalanffy (1968: 190ff) als zu statisch verworfen. Er verwendet den bereits erörterten Begriff des Fließgleichgewichts, um die Dynamik der Prozesse einer Person oder eines Sozialsystems zu charakterisieren: Leben wird als das Unterhalten von Ungleichgewichten aufgefaßt. Das Reiz-Reaktions-Konzept, ein „Maschinen-Modell menschlichen Verhaltens" (Bertalanffy), kann Phänomene wie Spontaneität und Kreativität nicht erklären. Wie könnten – so wird gefragt (Bertalanffy: ibid.) – neue Ideen entwickelt werden, wenn Spannungsreduktion, Ausgleich, Stabilität wesentliche menschliche Grundorientierungen wären? Die Antwort liegt auch hier in der Weite des Begriffs: Gleichgewicht steht dann nicht im Widerspruch zum Prinzip der Veränderung durch Wachstum, wenn es als ‚labiles' Gleichgewicht aufgefaßt wird, das sich immer wieder neu herstellen und Neues in bereits Vorhandenes integrieren muß; ein „generelles Regulationsprinzip" (Tuggener 1971: 119), das sowohl das komplexe psychosoziale Gleichgewicht des Individuums wie auch seine Zugehörigkeit zu verschiedenen Sozialsystemen umfaßt. „Man kann sich dieses mehrseitige Balancesystem als Koppelung zweier oder mehrerer Waagen vorstellen. (...) Wohlbefinden ist eine Funktion von Gleichgewichtszuständen, Störung von Ungleichgewichtszuständen. Die Wiederherstellung gestörter Gleichgewichte ist ein psychosozialer Justierungsvorgang" (Tuggener 1971:119).[79]

Der Sozialen Arbeit – sowohl als Aufgabe der Institutionen wie auch der einzelnen SozialarbeiterInnen – kommt in diesem System verbundener Regelkreise die Aufgabe zu, dort als Regulationshilfe zu wirken, wo die Verkoppelung der inneren Systeme der Menschen und die äußeren Systeme der sozialen Umwelt aus dem Gleichgewicht geraten sind.

Die funktionalistische Betrachtung des Person-/Umwelt-Verhältnisses wird hier deutlich: Wo in einer komplexen Umwelt die eigene Fähig-

---

[79] Vgl. den Begriff der ‚Kalibrierung' in Konzepten der systemischen Familientherapie.

keit zur dynamischen Regulation nicht ausreicht bzw. gestört ist, tritt Soziale Arbeit als Anpassungshilfe, als Vermittlung, als Ausgleich auf. Hinter dem Gleichgewichtsbegriff als Kern eines Konzepts des sozialen Funktionierens (social functioning) ist das Verhältnis von individuellen Bedürfnislagen und gesellschaftlicher Norm auffindbar. Zur häufig einseitigen Perspektive der Anpassung von Individuen oder Gruppen an gegebene Strukturen im Sozialen bemerkt Tuggener (1971: 127), daß eine solche Orientierung nur dann ihre Berechtigung hätte, wenn das übergeordnete System quasi ,vollkommen' sei, andernfalls liege die Vermutung nahe, „daß im ,social work' die gesellschaftliche Realität mit der moralischen Idealität verwechselt wird".

Im Sinne der funktionalistischen Interpretation ist Soziale Arbeit in ihrer Gesamtheit als Adaptionsleistung des Gesellschaftssystems zu verstehen, als Antwort auf vorhandene Desintegrationstendenzen in den gesellschaftlichen Strukturen (Tuggener 1971: 121). Sie unterliegt daher der gleichen Funktionslogik, der dauernden Herstellung ihres ,labilen Gleichgewichts', die als Spannung zwischen gesellschaftlichem Auftrag und damit Übereinstimmung mit gesellschaftlichen Erwartungen einerseits, und als Kritik an diesen Strukturen andererseits, deren Teil Soziale Arbeit selbst ist, im Interesse ihrer Klientel beschrieben werden kann.[80] Mit diesem Zusammenhang ist auch global der Anspruch der Doppelverpflichtung Sozialer Arbeit gegenüber den Individuen und der Umwelt erfaßt, der in der Theorie weitgehend akzeptiert ist. Die dualistische Arbeitsweise will sich neben der Hilfe für einzelne, Familien und Gruppen für die „Verbesserung der *allgemeinen* sozialen Bedingungen durch Anhebung des gesundheitlichen und wirtschaftlichen Standards und durch Befürwortung besserer Wohn- und Arbeitsbedingungen und einer konstruktiven Gesetzgebung" (Friedländer/ Pfaffenberger 1966: 9) einsetzen. Die Reflexion der Praxis zeigt indes, daß die weitaus meisten Möglichkeiten der Intervention beim individuellen Helfen angesiedelt sind.

Umweltorientierung meint in der vom ,social work' beeinflußten Sozialen Arbeit nicht von vornherein eine kritische Sicht der sozialen Bedingungen. Abgesehen von Ansätzen aus der Gemeinwesenarbeit, wie etwa die von Specht (1971) oder Alinsky (1973), die überdies nicht nur Theorie geblieben sind, fällt die funktionalistische Perspektive auf, die

---

[80] Vgl. für dieses klassische Problem an neueren Veröffentlichungen beispielsweise Müller, S. et al. (1982 b), Gildemeister (1983), Olk (1986), Winkler (1988 a).

auch noch bei Germain/Gitterman (1983) vorhanden ist. Letztlich handelt es sich um Probleme, die gelöst werden können oder eben auch nicht. Als Gesellschaftskritik werden die erheblichen sozialen Mangelsituationen gerade auch in den USA in aller Regel nicht aufgegriffen, oder es wird pauschal die Verwirklichung demokratischer Ideale als überhöhter Anspruch an Soziale Arbeit herangetragen (vgl. Friedländer/Pfaffenberger 1966: 3).

Trotz der Forderung, „Wissen und Werte streng auseinander zu halten" (Bartlett 1976: 122), scheint gerade in dieser Hinsicht ein Mangel des ‚social work' zu liegen: Was ist und was sein soll, wird nicht klar unterschieden. So in der Working Definition of Social Work Practice (zit. in Bartlett 1976: 231ff) oder bei Friedländer/Pfaffenberger (1966): Dem Wohle des Individuums gelte das Hauptinteresse der Gesellschaft, die Individuen einer Gesellschaft hätten Verantwortung füreinander, und die Gesellschaft habe die Aufgabe, Hindernisse, die der Selbstverwirklichung im Wege stehen, zu überwinden oder zu vermeiden. Solche Pauschalformulierungen mögen als Wunschvorstellung konsensfähig sein, an der gesellschaftlichen Realität mit ihren sozialen Unterschieden, differenzierten Lebenswelten und unterschiedlichen Interessen, die ja die Notwendigkeit Sozialer Arbeit mitbedingen, gehen sie vorbei. Formulierungen wie der „Glaube an gleiche Chancen für alle, begrenzt allein durch die angeborenen Fähigkeiten des Individuums" (Friedländer/Pfaffenberger 1966: 6) oder die Aussage, der einzelne habe in wirtschaftlicher, persönlicher oder sozialer Not das Recht, „selbst zu bestimmen, welches seine Bedürfnisse sind und wie sie befriedigt werden sollen" (ibid.: 4), bleiben idealistische Postulate: Hilfe durch Soziale Arbeit ist immer abhängig von Programmen und Institutionen (Luhmann 1973), von Entscheidungen, die außerhalb des Kontextes Sozialer Arbeit fallen und nicht allein von der Selbstbestimmung des einzelnen.

Das Bild der Waage scheint in zweierlei Hinsicht aus dem Gleichgewicht geraten zu sein: Bezogen auf die Handlungsmöglichkeiten Sozialer Arbeit wird deren überwiegende Ausrichtung an der Hilfe für Personen oder Gruppen in der Praxis nicht gesehen. Was mit Ausrichtung auf die soziale Umwelt gemeint ist, bedarf näherer Definition. Ist es die auf den Einzelfall, auf das Individuum bezogene soziale Umwelt, also diejenigen Sozialbeziehungen, die in der konkreten Hilfe für einzelne oder Gruppen Bedeutung haben, oder ist im Sinne eines gesellschaftlichen Anspruchs die Beeinflussung gesellschaftlicher Prozesse gemeint, wie sie in Projekten der Gemeinwesenarbeit bisweilen deutlicher hervorgetreten ist und für die Pionierzeit beruflich ausgeübter Sozialarbeit charakteristisch war?[81] Zum zweiten zeigt sich, daß das konservative Modell ‚gesunde Gesellschaft – krankes Individuum' hier ersetzt wird durch das Modell ‚gesunde Gesellschaft – schlecht angepaßtes Individuum', da die sozialen Tatbestände unausgesprochen als vorauszusetzende Konstanten im Hilfeprozeß behandelt werden. Das Problem besteht dann nicht auch aus sozialen Fakten und ihren Auswirkungen, sondern nur noch in den mißglückten Transaktionen des Individuums mit seiner Umwelt.

Der „simultaneous dual focus" (Gordon 1969: 6) auf „man and environment", die Doppelverpflichtung Sozialer Arbeit, kann als System-Umwelt-Verhältnis gefaßt werden: Berührungspunkt oder ‚Schnittstelle'[82] zwischen Person und Umwelt stellen ihre Transaktionen dar. Diese Austauschprozesse stehen im Mittelpunkt systemorientierter Theorie, nicht jedoch das individuelle Verhalten oder individuelle Eigenschaften. Aufgabe der Sozialen Arbeit ist es nun, einen Ausgleich, ein Aufeinander-Abstimmen zwischen den Bewältigungsmustern der Menschen und der Beschaffenheit ihrer Umwelt zu erzielen, um entwicklungsfördernde und umweltverbessernde Transaktionen in Gang zu bringen (Gordon 1969: 11).

Diese Funktionsbestimmung wird bei Bartlett (1976) aufgegriffen und findet sich auch bei Germain/Gitterman (1983) im ‚Life Model' der Sozialen Arbeit[83], wo es heißt: „Die Aufgabe der Sozialen Arbeit besteht darin, das Anpassungspotential der Menschen und die Umweltbeschaffenheit so aufeinander zu beziehen, daß Transaktionen erfolgen können, die sowohl Wachstum und Entwicklung maximieren als auch Umweltstrukturen verbessern" (1983: 1).[84] Bei Germain/Gitterman wird die gleiche These – menschliche Bedürfnisse und Probleme entstehen aus den Transaktionen zwischen Mensch und Umwelt –, die bei Bartlett als systemtheoretische Perspektive eingeführt wird, als ökologisches Konzept bezeichnet.[85] Die basale Denkfigur, die sich hier andeutet, wird im Sinne des Gleichgewichtstheorems bereits 1935 so formuliert: „Aus der Sicht des Caseworkers ist Armut nicht auf moralisches Versagen oder gar auf charakterliche Mängel zurückzuführen, sie ist vielmehr eine Folge der Diskrepanz zwischen der Fähigkeit des

---

[81] Als besonders gelungenes Beispiel wird die Arbeit von Hull House in Chicago genannt (Müller 1988a, Staub-Bernasconi 1989).

[82] Bei Gordon (1969: 7) im Original: „interface".

[83] Bei Lowy (1983: 85) übersetzt als „ökologisches Lebensvollzugsmodell"

[84] Vgl. auch die ähnliche Definition bei Pincus/Minahan (1980: 104).

[85] Siehe auch Kap. 4.4.

Individuums und den Anforderungen der Umwelt. Das Behandlungskonzept des Caseworkers besteht daher nicht in einer Rehabilitation des Schwachen, sondern in der Wiederherstellung des Gleichgewichts durch Stärkung der unterstützenden Kräfte der Umwelt auf der einen und Freisetzung vorhandener Energien im Individuum auf der anderen Seite." (Cannon 1939:112)[86]

Im Konzept des ‚social functioning' (Bartlett 1986: 104ff) ist die Umwelt als Anforderungsstruktur präsent; die Menschen sind dieser ständig in Situationen des Alltags ausgesetzt, die sie bewältigen müssen. Dabei ist an die Fülle von Aufgaben im täglichen Leben ebenso zu denken, wie an spezifische lebensverändernde Ereignisse, Probleme und Anforderungen aus der Umwelt, wie Germain/Gitterman (1983) sie beschreiben. Social functioning interessiert sich in erster Linie für die Bewältigungsmuster und -strategien, die Personen entwickeln, um ihre Lebensaufgaben und -situationen zu meistern. Soziale Arbeit soll nicht, wie im klassischen ‚casework' für, sondern *mit* den Klienten arbeiten; die Handlungsfähigkeit, das eigene Potential der Klienten steht im Mittelpunkt. Der Umgang mit Streßquellen aus der Umwelt wie auch ihre psychische Verarbeitung kennzeichnen die Alltäglichkeit des Lebens: Jeder muß auf seine Art, mit seinen Möglichkeiten, ‚Coping-Strategien' entwickeln. Überforderung und Hilflosigkeit treten auf, wenn die Anforderungen der Umwelt im Verhältnis zur Bewältigungsfähigkeit der Betroffenen zu groß sind.[87]

Zur Beschreibung dieser systemregulativen Prozesse dient wiederum das Feed-back-Modell, das freilich nicht nur einem systemtheoretischen bzw. kybernetischen Kontext zugeordnet werden kann, sondern allgemein als Merkmal der Kommunikation und sozialer Lernprozesse gilt[88]. Positive Rückkopplung kann bei Menschen in ihrer Auseinandersetzung mit der Umwelt dazu führen, ihre ‚Coping-Fähigkeiten' zu steigern, neue Hilfsmöglichkeiten zu erschließen und die eigenen Potentiale zu entfalten (Bartlett 1976: 107).

Hinsichtlich der Anwendbarkeit der General System Theory auf Soziale Arbeit ergeben sich nunmehr folgende Schlußfolgerungen:[89]

(1) Insoweit sich die General System Theory auf menschliche Systeme bezieht, beschreibt sie ihren Gegenstand mehr, als daß sie ihn erklärt.

---

[86] Zit. nach Bartlett (1976: 91)
[87] Miller (1978: 121ff) beschreibt diesen Zusammenhang i. S. der General System Theory als „input-overload".
[88] Siehe beispielsweise Schwäbisch/Siems (1974: 70ff), Fritz (1977: 123ff).
[89] Bezüglich 1. und 2. vgl. auch: Forder (1976: 40).

Dies konnte am Beispiel der Zentralbegriffe Fließgleichgewicht, Äquifinalität und Homöostase gezeigt werden.

(2) Die Vorstellung eines wissenschaftlichen Status, der sich an der Möglichkeit der Mathematisierung der Systemtheorie wie in den Technikwissenschaften, an Hypothesenbildung und Vorhersagbarkeit von Ergebnissen mißt, wird bezogen auf menschliche Systeme von der General System Theory nicht erreicht. Es handelt sich um ein – durchaus sinnvolles – Beschreibungsprinzip.[90]

(3) Kein Konzept wie die General System Theory oder Kybernetik wird vollständig oder weitgehend rezipiert. Übertragungsversuche bedienen sich aus beiden Theorien zugleich und werden miteinander kombiniert. Nur solche Begriffe können sich etablieren, die genügend plastisch sind, um sich verschiedenen Sachverhalten anzupassen. Als produktiv hat sich vor allem die allgemeine Vorstellung des offenen Systems erwiesen, da damit Beziehungs- und Austauschprozesse besser in den Blick gekommen sind. Sie stellen eine wichtige Ergänzung für das Denken in individuellen Eigenschaften, individuellem Verhalten und Bedeutungen dar.

(4) Die systemische Perspektive ist bezogen auf ihre Anwendung im Kontext Sozialer Arbeit weitgehend eine Sache des „common sense" (Forder); sie ist von unmittelbarer Evidenz und auf eine weitreichende theoretische Untermauerung daher nicht angewiesen. Die Systemvorstellung als solche, ist das Denk- und Analysemodell, das für eine (Praxis-)theorie Sozialer Arbeit geeignet und praxisrelevant ist. Der eigentliche Gewinn besteht in einer Erweiterung der Sichtweise, Personen und soziale Probleme in ihrer Verbundenheit, ja Verschränktheit, miteinander sehen zu können.

4.3. METHODENINTEGRATION

I.

Auf der Basis systemtheoretischer Vorstellungen ist die Verknüpfung verschiedener Interventionsebenen und Akteursysteme zu einem handlungstheoretischen Konzept Sozialer Arbeit möglich. Durch die Systemvorstellung selbst ergibt sich die Möglichkeit, alle relevanten sozialen Phänomene in einem einheitlichen Zusammenhang von Stu-

---

[90] Damit soll nicht ein enges, naturwissenschaftlich dominiertes Verständnis von Wissenschaftlichkeit für die Sozialwissenschaften befürwortet werden.

110

fen verschiedener Komplexität zu sehen. Alle Systemebenen sind durch Subsysteme intern differenziert und können zugleich in ihrem jeweiligen Außenbezug auch als Bestandteile der übergreifenden Systemebene oder als ,Referenzprobleme' variierender Umweltbezüge angesehen werden (Waschkuhn 1987: 24).

Die Systemtheorie stellt eine Sichtweise zur Verfügung, mit der alle beteiligten Akteure und Institutionen einschließlich der SozialarbeiterInnen und deren Systembildungen mit den gleichen Kriterien erfaßt werden können.[91] In der systemischen Therapie als einem der Interaktion zwischen Sozialarbeiter und Klient vergleichbaren Niveau lassen sich für Exploration und Intervention drei Dimensionen unterscheiden, die zugleich bedacht werden müssen:

(1) Das Feld des Klientensystems, eine Familie etwa oder ein Paar,
(2) das Feld der direkten Beziehung zwischen Therapeuten und Klient und
(3) das weitere Umfeld der Therapie mit anderen Institutionen, Therapeuten und ,Helfern'(Stierlin 1988: 57).

In ähnlicher Form finden sich diese Dimensionen bei Pincus/Minahan (1980), die ihren Ansatz eher bescheiden als Methodenintegration bezeichnen. Ausgehend vom Ziel Sozialer Arbeit, Menschen mit Systemen zusammenzubringen, die ihnen Ressourcen, Dienstleistungen und Möglichkeiten verschaffen, nennen sie (1980: 105) vier grundlegende Systeme, an denen SozialarbeiterInnen ihr Vorgehen orientieren:

(1) ,change-agent'-System,
(2) Klientensystem,
(3) Zielsystem und
(4) Aktionssystem.

SozialarbeiterInnen und die Dienststellen oder Organisationen, bei denen sie beschäftigt sind und die in vielerlei Hinsicht Handlungsmöglichkeiten und Einstellungen vorstrukturieren, können zusammengenommen als eigenes System mit eigenen Strukturen und Regeln, als ,change-agent-system'[92] betrachtet werden.

---

[91] Ein System wird hier als durch Personen konstituiert angesehen.
[92] Der Begriff geht zurück auf Lipitt et al. (1958), bei Lowy (1983) als ,Veränderungs-Mittler' übersetzt.

Das eigentliche Klientensystem ist diejenige „Person, Familie, Gruppe, Organisation oder Gemeinschaft, welche die Dienste des Sozialarbeiters in Anspruch nimmt, eine Absprache mit ihm trifft (...) und als Nutznießer der Bemühungen des Sozialarbeiters gilt" (ibid.: 110). Die transaktionale Sichtweise geht davon aus, daß auftretende Probleme nicht als Eigenschaften der beteiligten Menschen anzusehen sind, sondern als Eigenschaften der jeweiligen sozialen Situation. Für Helfersysteme ist daher die Hauptfrage, wie das Zusammenwirken der verschiedenen Elemente eine Situation konstelliert, in der die persönlichen Eigenschaften der beteiligten Personen nur einen Faktor darstellt, der ein Problemsystem mitkonstituiert. Die Sichtweise ist insoweit überindividuell; sie zeigt den Wechsel von einem vorherrschend individualistischen zu einem interaktionistischen Modell (Evans 1976: 178).

Probleme erfahren durch die systemische Betrachtung eine zusätzliche Bedeutungszuweisung: Sie können als funktional für ein Klientensystem verstanden werden. Der Sozialarbeiter wird die Hypothese prüfen, ob das als Problem eingeführte Symptom eines ‚identifizierten Patienten' dem Erhalt eines familiären oder auch institutionellen Organisationsmusters dient. Die beraterische Aufmerksamkeit gilt nicht nur der Frage, wer unter einem Problem leidet, sondern auch, wem es nützt und welche Aufgabe es in einem erweiterten Kontext erfüllt.[93]

Das Klientensystem selbst muß daher nicht in jedem Fall ‚Gegenstand' der Veränderung sein. Es ist von einem Zielgruppensystem zu unterscheiden, mit dem diejenigen Menschen oder Organisationen gemeint sind, auf die das ‚change-agent'-System einwirken muß, um die angestrebte Veränderung tatsächlich zu erreichen (ibid.: 111). Eine Identität von Klienten- und Zielsystem ist vor allem dann gegeben, wenn es um die individuelle Bearbeitung eines persönlichen Problems, etwa um einen Entscheidungsprozeß geht. Viele Umstände des Lebens jedoch, insbesondere im Bereich sozialer Ausstattungs- und Austauschprobleme, entziehen sich der direkten Beeinflußbarkeit durch die Betroffenen; diese sind umgekehrt deren Wirkungen ausgesetzt. Soziale Arbeit muß nun in Parteinahme für die Betroffenen die Gruppen bestimmen, die Ziel eines Veränderungsschrittes sein sollen. Die systemtheoretische Vorstellung will für den Bereich Sozialer Arbeit nicht die Gleichgewichtigkeit aller jeweils beteiligten Systeme suggerieren. Unterschiedliche Ressourcenverfügung und Austattung mit

---

[93] Zum Symptombegriff in der systemischen Therapie siehe: Greitemeyer (1989: 76ff).

verschiedenen Formen der Macht sind ja gerade Merkmale, deren negative Auswirkungen oder Nichtverfügung Soziale Arbeit erforderlich machen.

Das Spannungsverhältnis zwischen den politischen und damit auch finanziellen Vorgaben an das Funktionssystem Soziale Arbeit einerseits und den gesellschaftlichen Erfordernissen und Wünschen andererseits muß im Horizont eines solchen systemtheoretischen Konzepts erhalten bleiben. „Ob soziale Arbeit für die betroffenen Individuen gelingt, hängt weniger von jener und von diesen, als von den gesellschaftlichen Reproduktionsbedingungen ab." (Winkler 1988a: 203) Dieses Wissen um Wirkungen, um Kausalzusammenhänge mit übergeordneten Sozialsystemen muß im Handlungssystem Sozialer Arbeit mitreflektiert werden, um das Mißverständnis zu vermeiden, die Verbesserung der Transaktionen zwischen Mensch und Umwelt sei eine technologische Aufgabenstellung, deren Gelingen bei entsprechendem Arrangement im Feld Sozialer Arbeit außer Frage stehe.

Um bestimmte Ziele zu erreichen, können SozialarbeiterInnen mit anderen Menschen, mit sogenannten Aktionssystemen zusammenarbeiten. Ob jemand zum Klienten-, Ziel- oder Aktionssystem gehört, kann je nach Definition der aktuellen Aufgabe und nach Problemsituation wechseln (Pincus/Minahan 1973: 62).

II.

Aus der Perspektive der komplexen Austauschbeziehungen, innerhalb derer jeder Mensch steht und die als Kontexterweiterung in das Handlungsfeld Sozialer Arbeit Eingang finden, sind Interventionen von verschiedenen beteiligten Systemen her möglich oder denkbar. Eine Veränderung auf einen bestimmten Zustand hin läßt sich mit verschiedenen Mitteln und von verschiedenen Ansatzpunkten her angehen. Insoweit ist das bereits erörterte Äquifinalitätsprinzip hier auffindbar. Goldstein sieht den Gewinn, der sich mit der Rezeption der Systemtheorie einstellt, vor allem darin, daß sich auch die Soziale Arbeit zunehmend der Erkenntnis öffne, „daß alle Probleme, seien sie politischer, wirtschaftlicher, ökologischer oder sozialer Art sich nicht länger eindimensional betrachten und verstehen lassen" (1980: 93). Systemtheorie führt durch diese Betrachtungsweise Komplexität in das Handlungsfeld ein; Vernetztheit tritt an die Stelle einfacher Wenn-Dann-Beziehungen.[94]

---

[94] Dies widerspricht indes nicht der Luhmannschen These der Komplexitätsreduktion als Grundoperation sozialer Systeme: vgl. 2.6.5.

Auf die starke Tendenz – zumindest im britischen und angloameri-
kanischen Kontext – das Verhältnis von SozialarbeiterInnen und ihren
Institutionen als unproblematisch darzustellen, hat Evans (1976: 184,
197) hingewiesen. In der deutschen Literatur haben dagegen die notwendigen Differenzierungen zwischen institutioneller Funktion und
Auftrag einerseits, persönlichen Einstellungen und Auffassungen andererseits, als Handlungsprobleme Sozialer Arbeit einen breiten
Raum eingenommen und die innere Widersprüchlichkeit von Handlungsvollzügen aufgezeigt.[95] Institutionelle Strukturen und normative
Ausrichtungen wie auch die Verhaltensweisen und Überzeugungen
von Mitarbeitern können sich als Teil eines Klientenproblems erweisen oder Probleme mitkonstituieren (Germain/Gitterman 1983: 17ff).
Bei aller notwendigen internen Differenzierung im ‚change-agent‘-Sy-
stem erscheinen aus der Perspektive der Klienten oder aus der von
Dritten, (so auch im Modell von Pincus/Minahan), SozialarbeiterInnen zunächst als integrale Bestandteile dieses Systems. Ihre Handlungen werden der Institiution zugerechnet, die Institution wird durch
sie repräsentiert. Anders jedoch das Verhältnis zum Klienten selbst
und zum Ziel- und Aktionssystem: Hier bleiben SozialarbeiterInnen
in einer Sonderrolle, die sie von allen anderen Mitgliedern des jeweiligen Systems unterscheiden (Pincus/Minahan 1973: 63f). Der bekannte Konflikt zwischen Anschlußfähigkeit als Voraussetzung möglichen Wandels im Klientensystem und der professionell gebotenen
Distanzierungsfähigkeit wird hier deutlich.[96] ‚Change-agent‘-System
und Klientsystem bilden ein sogenanntes ‚Inter-System‘ (Bennis et al.
1975: 248ff), eine Koppelung zweier offener Systeme. Dieser Begriff
soll die Aspekte der Systemautonomie und der direkten Inter-
aktionsmöglichkeiten der einzelnen Systeme betonen, die beim Verhältnis von Subsystemen zu einem übergeordneten Gesamtsystem
nicht im Zentrum der Aufmerksamkeit stehen (ibid.).
Bei dem Ansatz von Pincus/Minahan handelt es sich um ein Beschreibungsmodell, dessen Gegenstand bekannte und bereits bear-
beitete Handlungsprobleme Sozialer Arbeit sind; hier allerdings als
Binnenprobleme eines übergeordneten Handlungsrahmens. Ihre
grundlegende These ist, daß über alle Systemebenen Interdependenzen bestehen (vgl. Evans 1976: 190). Das Konzept kann als Steuerungsmodell in der Tradition des „planned change" (Lipitt et al. 1958)
eingestuft werden. Der Aspekt der Außensteuerung überwiegt. Es ist

---

[95] Vgl. unter vielen beispielsweise Gildemeister (1983), Olk (1986).
[96] Vgl. für viele Stierlin (1988: 58).

vom ‚change-agent' her gedacht, der außerhalb des Klientensystems steht (Chin 1975: 256). Geplante Bemühungen um Veränderungen folgen in der Regel einer aufeinander bezogenen Folge von Arbeitsschritten, bei der jeweils der vorangegangene Voraussetzung des nachfolgenden ist.[97] Mit der Verortung von Kontaktaufnahme, Kontraktschließung, Intervention und Auswertung als Stationen des Hilfeprozesses oder der Bestimmung der Merkmale einer professionellen Beziehung als zweckgerichtet, klientzentriert und ‚objektiv'[101] bleiben Pincus/Minahan (1980: 114, 118ff) im vertrauten Bereich der Handlungslehre Sozialer Arbeit.

Soziale Systeme sind bei den hier diskutierten Autoren in einem konkreten Sinn als Strukturbildungen von Menschen gedacht. „When we say that communities or organizations or families or groups are client or target or change agent systems, we are referring to the people who make up these systems. If the goal of the change agent is to change the structure of a system the web of patterned relationships between people he does this by influencing people in the system to change the ways they interact with one another." (Pincus/ Minahan 1973: 63) Mit einem solchen Systemverständnis können Intersubjektivität und Handeln als elementare Kennzeichen von Personen beibehalten werden. Dadurch ist diese Systemvorstellung auch zwanglos mit anderen theoretischen Ansätzen Sozialer Arbeit zu verbinden. Sie hält trotz ihrer Anreicherung durch den Funktionalismus am Subjektbegriff fest, der weiterhin als unverzichtbar für eine Theorie des Sozialen angesehen wird (vgl. Brunkhorst 1983).

III.

Specht/Vickery (1980: 63) betonen, daß ein systemtheoretischer Ansatz, der die Aufmerksamkeit auf die Transaktionen von Systemen lenkt, den „innere[n] Zustand und die internen Beziehungen des einzelnen Systems nicht unterschätzen" dürfe. Interne Eigenschaften und Zustände, bei Personen etwa Bedürfnisse, Werthaltungen und Zielvorstellungen, können in einem systemtheoretischen Modell, das sich auf Menschen und deren Systembildungen bezieht, nicht unberücksichtigt bleiben. Systemtheoretisches Denken will gerade die Reduktion auf eine Ebene der Betrachtung vermeiden. Die ‚psychologische'

---

[97] Siehe Pincus/Minahan (1973: 90f, 1980: 118f), Goldstein (1980: 92), van Beugen (1972: 172f), Lowy (1983: 76f).

[98] Vgl. Hollis (1974: 50), Geißler/Hege (1985: 257ff).

und die ‚soziologische' Dimension zeigen gewissermaßen Innen- und Außenverhältnis eines Systems. Mit dem Bild eines Fotoapparates mit Tele- und Weitwinkel-Objektiv läßt sich dieser Zusammenhang veranschaulichen: Je nach Einstellung erschließen sich dem Beobachter Details eines enger begrenzten Feldes oder größere Zusammenhänge, ein Überblick unter Vernachlässigung bestimmter Eigenschaften im einzelnen (Goldstein 1980: 87). Von SozialarbeiterInnen ist die Einnahme wechselnder Standpunkte gefordert, um Personen in ihrer jeweiligen individuellen Besonderheit wie auch als Bestandteil einer größeren sozialen Struktur zu sehen. Erst in der Überwindung des ‚Entweder-oder' wird eine Betrachtung möglich, die alle Aspekte eines Geschehens umfaßt. Systemtheorie in diesem Sinne ersetzt nicht andere Theorien, sondern steht zu ihnen in einem Verhältnis einer allgemeinen zu einer besonderen Theorie, wie es Ciompi (1981) für das Verhältnis von Systemtheorie und Psychoanalyse beschrieben hat.

Auch neuere Entwicklungen innerhalb der systemorientierten Therapie sprechen für Komplementarität mit interpretativen Verfahren (Levold 1984, Buchholz 1990, auch Cierpka 1991): Die Theorie autopoietischer Systeme betont die Subjektabhängigkeit von Erkenntnis und Beobachtung. Auch für sie ist somit die Rekonstruktion sozialer wie individueller Realität ein kontextbezogener, interpretativer Vorgang. Den älteren, abgrenzenden systemtheoretischen Positionen, etwa bei Watzlawick et al. (1969) oder Selvini-Palazzoli (1983), die sich auf die „beobachtbaren Manifestationen menschlicher Beziehungen" (Watzlawick et al. 1969: 22), auf die Wahrnehmung von Wirkungen und Effekten beschränken wollen, entgeht, daß die Beobachtung kommunikativer Prozesse immer ein interpretativer Vorgang ist, der eine Bedeutungszuweisung notwendig enthält.[99]

Was sich in Beziehungen zeigt, sind nicht nur die Muster der Transaktion, sondern damit verbunden stets auch die individuelle Dynamik der beteiligten Menschen. Ein auf ‚Beziehung' orientiertes theoretisches Konzept muß daher den ‚inneren Zustand' miteinbeziehen. Trotz erheblicher Unterschiede in Theorie, methodischem Inventar und im therapeutischen Vorgehen kann die von systemischer Seite nahegelegte Unvereinbarkeit zu anderen Ansätzen nicht bestätigt werden. Clemenz (1986) konnte zeigen, daß sowohl Systemtheorie wie Psychoanalyse sich als grundlegender Operation „des Verstehens ma-

---

[99] Vgl. die Auseinandersetzung mit Selvini-Palazzoli bei Clemenz (1983, 1986: insbes. 189ff).

nifester und latenter Bedeutungsstrukturen" bedienen (1986: 237). Die Erweiterung der Interaktionsperspektive bei individualpsychologischen Konzepten und die Erweiterung der Erlebnisperspektive bei systemischen Konzepten zeigt den Weg einer zunehmenden Vereinbarkeit und gegenseitigen Bereicherung.[100]

Zum weiteren verbindet sich mit dem systemtheoretischen Ansatz die Erwartung prognostischer und planender Möglichkeiten. Wenn die Veränderung eines Systemelements Auswirkungen auf alle anderen Systemelemente hat, sind, so Goldstein (1980: 89), „mit einiger Sicherheit" Voraussagen darüber möglich, welche Wirkungen sich durch Interventionen in einem Teilsystem für das Gesamtsystem ergeben; etwa in bezug auf das familiäre Gleichgewicht oder die veränderte Bedeutung der jeweiligen Rollen im System. Modelle wie der problemlösende Ansatz von Goldstein oder auch die damit verwandte agogische Intervention (van Beugen 1972), die sich aus einer geplanten Abfolge klientzentrierter Interventionen im Sinne des ‚planned change' strukturieren, lassen sich daher mit systemischen Vorstellungen gut verbinden. Der Mangel solcher Modelle liegt jedoch in ihrer Linearität, wie Lowy (1983: 77) anmerkt: „die Intervention ‚wartet' bis die Diagnose feststeht, die Diagnose ‚wartet' bis alle Daten zusammengetragen sind".

Auf jeden Fall aber sind Planbarkeit, Erwartbarkeit von Wirkungen und Resultaten und Folgenabschätzung Kriterien, die sich mit der Vorstellung einer „sozialen Technologie" (van Beugen) in der Sozialen Arbeit vereinbaren lassen. Dabei soll freilich ‚Systemtechnologie' nicht im Widerspruch zu ‚klientzentrierter Parteilichkeit' stehen (Harney 1975: 110). Anliegen der Agogik ist es gerade, eine kritische Analyse der Gesellschaft und eine emanzipatorische Zielbestimmung mit instrumentellem Handeln zu verbinden (van Beugen 1972: 45ff, van Stegeren 1979). Mit der Suche nach den Verbindungslinien zwischen der systemtheoretischen Funktionsbestimmung Sozialer Arbeit durch Luhmann (1973) und dem Konzept der Agogik erfaßt Harney (1975) eine Problemstellung, die unvermindert aktuell für ein systemtheoretisches Handlungsverständnis Sozialer Arbeit ist: das Spannungsverhältnis von systemischer Funktionalität einerseits, und Parteinahme und „Verpflichtung zur Solidarität" (Staub-Bernasconi 1989: 128) andererseits.

---

[100] Entgegengesetzt votiert Schrödter (1985).

4.4. DAS ÖKOLOGISCHE MODELL

I.

Eine Weiterentwicklung systemorientierter Handlungskonzepte der funktionalistischen Denktradition stellt das ‚Life-Model' Sozialer Arbeit von Germain/Gitterman (1983) dar. Die bei den Transaktionen zwischen Mensch und Umwelt sich einstellenden Störungen im Anpassungsgleichgewicht äußern sich als Streß und werden nach drei Gruppen von Problemlagen unterschieden (1983: 7), die sich allerdings weder als Kategorie noch in der Realität eindeutig voneinander trennen lassen:

(1) Lebensverändernde Ereignisse, also entwicklungsbedingte Veränderungen, z.b. Pubertät, Elternschaft, Krankheit, Tod eines geliebten Menschen, Krisen, Veränderungen von Rolle und Status. Damit sind all jene Prozesse beschrieben, die Bronfenbrenner (1981: 43) als ökologischen Übergang bezeichnet; Übergänge, die Folge und Anstoß von Entwicklungsprozessen zugleich sind.
(2) Situationen mit besonderem Umweltdruck, z.b. fehlender Schutz gegen Lebensrisiken, Wohnverhältnisse, Naturereignisse, Organisationen, die nicht entsprechend ihrer Zweckbestimmung arbeiten.
(3) Kommunikations- und Beziehungsprobleme, sogenannte fehlangepaßte[101] interpersonale Prozesse, insbesondere in Ehe, Familie, Partnerschaft, aber auch in Arbeitsbeziehungen und Freundschaften.

Aufgabe Sozialer Arbeit ist nun, im Sinne von Gordon (1969) und Bartlett (1976) menschliches Anpassungspotential und Umweltbedingungen entsprechend aufeinander zu beziehen. Die SozialarbeiterInnen verstehen sich je nach Problemlage als Vermittler, Motivator, Lehrer, Förderer (Germain/Gitterman 1981: 104, 156); Charakterisierungen also, die aus der einschlägigen Literatur vertraut sind. Kennzeichnend für das ‚Life-Model' sind nicht besondere Fähigkeiten oder Techniken der SozialarbeiterInnen (ibid.: 23), sondern die transaktionale Sichtweise, die hier als ökologische Perspektive eingeführt wird. Für den Entwurf von Germain und Gitterman gilt daher, was auch für die bereits diskutierten systemorientierten Ansätze zutrifft: Die spezifische Leistung liegt in der Einführung einer bestimmten Sichtweise, in der Neubestimmung des allgemeinen Handlungsrah-

---

[101] Im amerikanischen Original: „maladaptive".

mens und der Neuanordnung bekannter Wissensbestände und Vorgehensweisen unter diesen Rahmen.

Dabei zeigt sich, daß der Anspruch der ökologischen Perspektive auf Umweltverbesserung oder -veränderung bis zur Ebene der Praxistheorie nicht durchgehalten werden kann: So werden in der Fülle der Praxisbeispiele bei Germain/Gitterman vor allem solche Methoden und Techniken genannt, die als Arbeitsprinzipien des ‚casework' und zum Teil auch der Gruppenarbeit bekannt sind. Dies darf als Beleg dafür genommen werden, daß die Auseinandersetzung Sozialer Arbeit mit Machtphänomenen und institutionellen Dimensionen trotz anderslautender Postulate in der Praxis kaum gelingt, da die machtförmigen Strukturen, in die Soziale Arbeit ja selbst weitgehend eingebettet ist, wie auch ihre Funktionszuweisung als ‚Normalisierungsarbeit' (Olk 1986: 13), Handlungsmöglichkeiten beschränkt.

Insoweit bleibt auch der Anspruch der Umweltveränderung ein nicht einlösbares Programm oder beschränkt sich auf die Ebene der Interaktion, wie auch Lowy (1983: 60) und Hollenstein/Philipp (1986: 27) kritisch anmerken: Die Ebene institutioneller Steuerung und Sozialpolitik, alles, was über den unmittelbaren Kontext professionellen Handelns hinausgeht, wird nicht berücksichtigt. Der Ansatz bleibt in der „ökologisch ausgerichteten Anamnese" (Hollenstein/Philipp ibid.) stecken. Auch die enge Verknüpfung zwischen Handlungsmöglichkeiten und Bedingungen des Trägers, der Institution, wird nur am Rande erwähnt (Germain/Gitterman 1983: 18f).

Allgemein betrachtet ist für die Autoren Anpassung ein „aktiver, dynamischer und oftmals kreativer Prozeß" (ibid.: 6), der in die zirkulären Austauschprozesse der Menschen und ihrer biologischen, sozialen und kulturellen Umwelt eingebettet ist. Im ‚dual focus' Sozialer Arbeit ist das Denken jedoch nur auf das Individuum, auf sein Weiterkommen gerichtet, wie Falck (1983: 79) – wenn auch stark verallgemeinernd – anmerkt: „Der Sprung in einen kontextuellen Begriff menschlichen Lebens fällt Amerikanern äußerst schwer."

Für Wendt (1990: 173) greift das Modell der Anpassung von Person und Umwelt zu kurz. Die Individualisierung von Lebensentwürfen im Zusammenhang gesellschaftlicher Differenzierungsprozesse, der Zusammenhang von Individualisierung und Isolierung, die Entflechtung von Wohnen, Arbeit und Freizeit wie auch die zunehmende Intoleranz „für Gestrauchelte und Abweichler" (ibid.) zeigen den Realitätshorizont, denen sich ein optimistisches und bisweilen naiv-affirmatives Konzept gegenübersieht. Eine ökologische Orientierung der Sozialen Arbeit wird die Veränderung sozialstruktureller Bedingungen von

Lebensfeldern stärker in den Blick nehmen und sich dadurch stärker politisieren müssen, als es im ‚Life-Model' intendiert ist.

Ökologie als bloße Metapher abzutun, wäre indes vorschnell. „Die Ökologie der menschlichen Entwicklung befaßt sich mit der fortschreitenden gegenseitigen Anpassung zwischen dem aktiven, sich entwickelnden Menschen und den wechselnden Eigenschaften seiner unmittelbaren Lebensbereiche. Dieser Prozeß wird fortlaufend von den Beziehungen dieser Lebensbereiche untereinander und von den größeren Kontexten beeinflußt, in die sie eingebettet sind." Gehen wir von dieser Definition Bronfenbrenners aus (1981: 37), so ist damit zugleich die Grundorientierung von Germain/Gitterman (1983) beschrieben. Selbstverständlich steht die ökologische Perspektive Sozialer Arbeit im Kontext allgemeiner gesellschaftlicher Entwicklungen, denen der Ökologie-Begriff im Sinne einer „Popular-Ökologie" (Bühl 1986: 367) als unbestimmtes Schlüsselwort für verschiedenste Zusammenhänge und Prozesse mit Naturbezug dient. Der Begriff ökologischer Sozialarbeit kann insoweit nicht frei sein von einem modischen Beigeschmack und sieht sich dem Verdacht ausgesetzt, sich mit dieser Kennzeichnung lediglich als anschlußfähig für aktuelle Diskurse erweisen zu wollen.

Entscheidend scheint jedoch, worauf Staub-Bernasconi mehrfach hingewiesen hat (1986: 43, 1989), daß die theoretische Stärke der Sozialen Arbeit vom Beginn ihrer Verberuflichung an gerade darin liegt, ‚ökologisch', d.h. die Klienten zusammen mit ihrer human- und sozialökologischen Umwelt zu denken und entsprechend zu handeln. Von einer ‚ökologischen Wende' der Sozialen Arbeit (vgl. Wendt 1990: 12ff) zu sprechen, trifft insofern nicht den Kern der Sache.

Mit dem Begriff der Ökologie verbinden sich im deutschsprachigen Raum in erster Linie Vorstellungen von Naturbezug oder Umweltschutz. Die Begriffsverwendung in den USA – zumal im Kontext Sozialer Arbeit – meint ‚Umgebung' im sozialräumlichen Sinn und kann weitgehend als Synonym für ‚environment' angesehen werden (Falck 1986: 80).

Fragen, etwa nach der Qualität von Nahrungsmitteln, nach sauberem Wasser und sauberer Luft, alternativen Verkehrsmitteln, als ‚klassische' Themen der ökologischen Alltagsdiskussion, hat sich Soziale Arbeit bislang nicht zu eigen gemacht, obwohl damit wesentliche Dimensionen des bio-psycho-sozialen Wesens Mensch berührt sind. Auch Wendt (1990: 10) will seinen Begriff ‚ökosozial' dagegen abgrenzen. Wenn mit ökosozial allerdings „das Feld und der Raum menschlicher Lebensgestaltung" (ibid.) gemeint ist, bleibt diese Abgrenzung nicht nachvollziehbar. Wenn ökologische Sozialarbeit mehr sein will als das Mitdenken von Umweltbedingungen in fallorientierter Einzel- oder Familienarbeit, dürfen die Faktoren der natürlichen Umwelt nicht fehlen.

Wie bereits angedeutet, werden systemtheoretisch und ökologisch als synonyme Begriffe für verwandte Handlungsmodelle Sozialer Arbeit verwendet, die in der gleichen Theorietradition stehen. Für Germain (1979: 7) ist Ökologie kurzerhand eine Form der General System Theory, da ökologische Forschung anders als systemisch gar nicht vorstellbar ist (vgl. auch Wendt 90: 78f). Mit der Einführung der ökologischen Perspektive, mit dem Wechsel von einem eher physikalischen zu einem biologischen Bezugssystem, sollen drei Unzulänglichkeiten der vorgängigen techno-kybernetischen Systemtheorie reduziert werden (Germain 1979: 6f, 1986: 60f):

(1) Probleme können zwar gezeigt und analysiert werden; Lösungsmöglichkeiten bietet die General System Theory jedoch nicht.
(2) Die technische Sprache dieser Systemtheorie ist für menschliche Systeme nur mit Schwierigkeiten anwendbar.
(3) Das hohe Abstraktionsniveau der General System Theory erschwert die Anwendung auf reale Sachverhalte auf dem Gebiet Sozialer Arbeit.

Die Bedeutung des ökologischen Systemmodells liegt vor allem aber darin, daß es die Umwelt-System-Beziehungen in den Vordergrund rückt, daß Systeme von ihrer „Systemeinbettung" (Bühl 1986: 380) her betrachtet werden, während in der soziologischen Systemtheorie ansonsten die Selbstreferenz, die internen Systembedingungen, die Systemorganisation im Mittelpunkt stehen. Wenn Systemtheorie als eine Theorie vernetzten Denkens verstanden wird, ist die enge Verzahnung mit ökologischen Grundbegriffen deutlich. Soziale Systeme als „ökologisch kontrollierte Systeme" (vgl. Bühl 1986: 371ff) zu verstehen, bedeutet ebenfalls eine Absage an die Vorstellung „relativ geschlossener, zentral kontrollierter und mit einem übergreifenden und homogenen Informationssystem ausgestattete(r) Systeme" (ibid.: 378), die insbesondere noch für formale Organisationen leitend ist. Wenn auch für diese Systeme gesagt werden muß, daß der zentral gesteuerte Typus eine eher idealtypische Beschreibung darstellt. Steuerung und Kontrolle sind mit einem tatsächlichen Kommunikations- und Entscheidungsverhalten der jeweiligen Mitglieder verbunden, das vorwiegend ökologisch kontrolliert ist (ibid.: 379). Die Organisationslehre hat diesen Zusammenhang bereits diskutiert (vgl. Probst 1987: 61).

Zahlreiche soziale Phänomene, wie Meinungsbildungsprozesse, Marktgeschehen, die Entwicklung sozialer Bewegungen und Massenstimmungen, sind dem Kontrolltyp gerade nicht zuzuordnen. Sie entsprechen eher den Strukturmerkmalen ökologischer Systeme, die sich nach Bühl (1986: 371ff) durch folgende Merkmale auszeichnen:

(1) Den Mangel an zentraler Kontrolle. Ökologische Systeme werden durch begrenzende Faktoren kontrolliert.
(2) Die lose bzw. variable Koppelung der Systeme.
(3) Nicht-hierarchische Kontrollbeziehungen.
(4) Stabilität vor allem aufgrund der Diversität der Arten und der Komplexität ihrer Interaktionen.

II.

Mit der Diskussion einer Feld- oder Lebenswelt-bezogenen Sozialen Arbeit gerät ein vertrauter Gedanke wieder ins Blickfeld: wegzugehen von der fallbezogenen Defizitorientierung Sozialer Arbeit. Es liegt daher auf der Hand, daß Projekte der Gemeinwesenarbeit gut in einen ökologisch orientierten Handlungsrahmen passen (Wendt 1990: 141), da insbesondere die Aktivierung von Selbsthilfe dabei ein Kerngedanke ist (vgl. Iben 1972: 11) und Bereiche erfaßt werden, die in einem Grenzbereich von Sozial- und Bildungsarbeit angesiedelt sind.[102] Die ökologische Perspektive fragt danach, „wie individuelles Leben im Gemeinwesen gelingen kann (...) in jedem Falle und nicht eingeschränkt auf die Problemlagen, welche in der beruflichen Sozialarbeit täglich einer Lösung harren" (Wendt 1990: 12). Hierin zeigt sich eine Verwandtschaft mit der Alltags- und Lebensweltorientierung, die zunächst nach der mehr oder minder gelingenden Alltagsbewältigung fragt. Die Einbeziehung ‚natürlicher Unterstützungssysteme' in Hilfekonzeptionen ist eine direkte Konsequenz daraus. „We know much more about the typical personal social network of psychiatric patients and abusing parents than about helping networks of people who are well and of parents who do not maltreat their children", schreibt McIntyre (1986: 423) in diesem Zusammenhang.

---

[102] Dies ist im übrigen auch ein Thema der Agogik (vgl. van Beugen 1972: 155ff).

Die lebensweltlichen Netzwerke können aus dem Blickwinkel Sozialer Arbeit als Ressourcen-Systeme angesehen werden:[103] Freunde, Nachbarn, Arbeitskollegen oder Kneipenwirte geben Rat und Information wie auch emotionale Unterstützung und Zuwendung bei Problemen im Alltag und helfen überdies in einem sehr konkreten Sinn: Sie passen auf die Kinder auf, leihen Geld, machen Besorgungen, sie vermitteln Kontakte zu Verbänden, Vereinen, Institutionen sozialer Hilfe usw. (Pincus/ Minahan 1980: 98ff) und dienen der Aufrechterhaltung sozialer Identität (Keupp/Röhrle 1987: 32).

Ein soziales Netzwerk erstreckt sich in der Regel auf alle Lebensbereiche einer Person, auf Familie, Freundeskreise und Nachbarschaft, es berührt Erziehung, Politik, Religion, Arbeitsplatz, Gesundheit, Erholung und Freizeit. „Das Netzwerk jedes Menschen ist die Gesamtsumme menschlicher Beziehungen, die in seinem Leben eine anhaltende Bedeutung gewonnen haben." (Speck/Attneave 1976: 36). Dabei ist nicht nur eine bloße Anhäufung der Sozialbeziehungen einer Person gemeint, sondern spezifische Kommunikations- und Beziehungsmuster und Verknüpfungen (Germain 1979: 14). Wir finden sowohl informelle Zusammenhänge, die spontan aktiviert werden können, wie auch formelle Strukturen, etwa der Zugang zu vorhandenen Einrichtungen und Angeboten. Dort, wo diese Netzwerke nicht genutzt werden können, der Kontakt oder die Information fehlt, hätte Soziale Arbeit die Aufgabe, einer Person ein Netzwerk zu erschließen, Netzwerke zu initiieren oder das Potential bestehender zu aktivieren (Swenson 1979: 225, Pincus/Minahan 1980: 100ff).

Keupp/Röhrle sehen die erhöhte Aufmerksamkeit, die das im Grunde recht einfache Netzwerkkonzept erfahren hat, im Zusammenhang mit außerwissenschaftlichen Erwartungen: Das Netzwerkmodell verbindet sich mit „normative[n] bis utopische[n] Akzente[n], die sich auf die Suche nach neuen Lebensformen beziehen" (1987: 13). Der Gedanke des Netzwerks ist daher auch im Kontext neuerer Entwicklungstendenzen des Sozialsektors und im Zusammenhang system-ökologischer Leitbegriffe wie Regionalisierung und Dezentralisierung zu sehen (vgl. Huschke-Rhein 1988: 96, Kap. 6.2.).

Eine Verklärung kleiner, überschaubarer Netze oder Beschränkung darauf ist aus der Perspektive Sozialer Arbeit nicht angebracht. Netzwerke haben nicht nur unterstützende, sondern auch belastende Sei-

---

[103] Vielfältige Beispiele zu sozialen Netzwerken in Keupp/Röhrle (1987), zur Funktion von Netzwerken in bezug auf Krisenbewältigung, siehe insbesondere S. 31f.

ten, wie Wendt (1990: 77) schreibt: „Persönliche Beziehungen muß der Mensch auch aushalten können. Sie bringen Streß mit sich und erzeugen Probleme. (...) Nachbarschaftliche Hilfe bringt das Problem der Gegenseitigkeit mit sich." Einengungen individueller Möglichkeiten und Formen sozialer Kontrolle wären dem noch hinzuzufügen, so daß Netzwerke differenziert bewertet werden müssen und nicht die alleinige Antwort und Absicherung hinsichtlich sozialer Probleme sein können.

Gleichwohl wird der Leitidee der Vernetzung und damit auch der Gemeinwesenorientierung eine zentrale Stellung für die Entwicklung der Sozialen Arbeit in der nahen Zukunft eingeräumt (vgl. Oelschlägel 1988: 76): Quartierbezogene Formen sozialer Hilfeleistungen bilden inzwischen feste Bestandteile einer sozialen Infrastruktur, die Bildungs-, Arbeits- und Kulturangebote umfaßt (ibid.: 75f). Selbsthilfe, kommunal finanzierte Projekte und marktförmige Angebote können hier zusammengehen.

Marginalisierte Gruppen, die sich in solchen Zusammenhängen nicht behaupten können oder wollen und die rapide zunehmende Zahl von Flüchtlingen vor Hunger, Kriegen und Umweltkatastrophen würden von solchen Formen selbstorganisierter Sozialer Arbeit wohl nicht erfaßt. Ein möglicherweise weniger ausgebauter kommunaler Sozialdienst im Sinne einer ‚Armutsverwaltung' hätte hier weiterhin sein Betätigungsfeld.

Aus einer überwiegend therapeutischen Perspektive ist die Erweiterung des Handlungsbereichs durch eine ökologische, feldbezogene Orientierung noch deutlicher als in der Sozialen Arbeit selbst. Eine Annäherung beider Arbeitsgebiete, die sich ohnehin schon in Randbereichen überschneiden, ergibt sich, wenn für eine ökologische Orientierung in der Therapie die Erschließung neuer Arbeitsfelder und ein neues Rollenverständnis als notwendig erachtet wird, „wenn auch das Gespräch als Hauptausdruck psychosozialer Austauschprozesse das wichtigste Medium des Therapeuten bleibt" (Simmen/ Welter 1988: 265). Ein ganzheitliches Handeln in der Lebensumwelt der Klienten erfordere es, „den geschützten Raum des Arbeitszimmers" (ibid.) zu verlassen; das klassische Therapie-Setting würde sich zu einem ‚Coping-Setting' wandeln, in dem der Klient selbst zum ‚Experten' für seine Situation wird.

Die tendenzielle Gleichbewertung von Hilfe bei der Verarbeitung und Bewältigung intrapsychischer Probleme und konkretem Handeln in der sozialen Umwelt wäre eine Orientierung, die die Unterbewertung sozialpädagogischer Tätigkeiten gegenüber Therapie relativieren würde. Ob mit einer solchen Umbewertung auch der Verzicht auf die Expertenrolle des Therapeuten und eine professionelle Bewertung des Bewältigungsverhaltens der Klienten einhergehen wird, wie Simmen/Welter (ibid.: 266) meinen, bleibt sehr fraglich. Die gewünschte Richtung einer Veränderung der professionellen Beziehung ist aber angedeutet. Sie wird transaktional aufgefaßt: Jeder bringt den Einfluß der in seinem Lebensumfeld wirksamen Kräfte in die Begegnung ein (Germain/Gitterman 1983: 17). Professionelles Wissen soll – im Sinne einer offenen, demokratisierten Haltung – geteilt, nicht angewandt werden, anstatt ein Verhältnis von übergeordnetem Experten und untergeordnetem Hilfeempfänger zu konservieren.

Szenarien, die professionelle Helfer zunehmend als „Begleiter und Förderer von Entwicklungs- und Wachstumsprozessen" (Simmen/Welter 1988: 268) sehen und nicht als Interventionsinstanz in Krisensituationen, können sich dabei auf zwei Entwicklungstendenzen in der Gesellschaft beziehen. Einmal wird die Inanspruchnahme von Hilfsangeboten Sozialer Arbeit immer mehr zum Bestandteil der Durchschnittssozialisation (Dewe/Otto 1984a: 39). Zum anderen wird verstärkt eine normative Umorientierung, eine Wert- und Zielbestimmung artikuliert, die für system-ökologisches Denken insgesamt charakteristisch ist (vgl. Huschke-Rhein 1988: 89ff) und sich in einen umfassenden gesellschaftlichen Wertewandel einordnen läßt.

Die Ideale der Demokratisierung und Autonomie sind indes nicht ohne weiteres auf alle Bereiche Sozialer Arbeit übertragbar: Vielfach sind auch kontrollierende Elemente Bestandteil einer ‚Hilfeleistung', die Inanspruchnahme Sozialer Arbeit wird auch von anderen gesellschaftlichen Funktionssystemen gefordert, und Kriseninterventionen können auch gegen das Interesse von Beteiligten gerichtet sein.

5. Das Handlungssystem Sozialer Arbeit

5.1. PROFESSIONALITÄT UND HANDLUNGSKOMPETENZ

Die Rezeption systemischer Vorstellungen – so die These, die hier ausgeführt wird – trägt zur Professionalisierung Sozialer Arbeit bei; insbesondere für die dabei zentrale Frage der Handlungskompetenz kann die Systemtheorie wichtige Anregungen geben.

Fragen, die die Berufsrolle der SozialarbeiterInnen betreffen, haben eine Fülle von Analysen und Selbstverständigungsdebatten angeregt, deren Umrisse hier wiedergegeben werden sollen. Untersuchungen zum Handlungsverständnis und -vollzug Sozialer Arbeit bilden theoretisch wie praktisch den Kernpunkt des Berufshandelns überhaupt: Wird diese Dimension in den Blick genommen, sind damit die Lebenswelt der Klienten, die institutionellen Bedingungen, der gesellschaftliche Auftrag und mögliche theoretische Konzepte immer mitthematisiert.

Der Begriff der Professionalisierung ist Ausdruck für den Wunsch zur Formung einer beruflichen Identität mit verschiedenen Aspekten: Begrenzung des Arbeitsfeldes und theoriebegründetes Handeln, wie auch Erreichung gesellschaftlichen Ansehens und Statusverbesserung. Das Verdikt von Peters (1971), die Professionalisierung der Sozialarbeit sei ‚mißlungen‘, war Resultat eines Vergleichs Sozialer Arbeit mit ‚klassischen‘ Professionen (etwa Arzt oder Rechtsanwalt), deren Kriterien sich in ihrer Gesamtheit in der Tat als nicht zutreffend für Soziale Arbeit erweisen.

Um die wichtigsten zu nennen:

(1) Autonome Kontrolle beruflichen Handelns durch Vertreter der eigenen Profession und Berufsverbände;

(2) Beschränkung der Fachautorität auf einen Bereich;

(3) Existenz von Berufsorganistionen zur Interessendurchsetzung, insbesondere zur Sicherung der Monopolstellung;

(4) gesicherte wissenschaftliche Grundlage der Berufspraxis (Wissenskanon) und definiertes Handlungsinstrumentarium;

(5) Kontrolle über die Ausbildung des Nachwuchses durch die Profession;

(6) Verpflichtung auf ein ‚Dienstideal‘, das den Klienten einen bestimmten Standard garantiert;

(7) eine Sozialorientierung, die der Profession eine spezielle Sinnorientierung verleiht. Die Tätigkeit erscheint so nicht als bloßer Gelderwerb.[104]

In der Sozialen Arbeit hingegen obliegt die Kontrolle des Berufshandelns ebenso wie die Ausbildung des Nachwuchses häufig Vertretern anderer Berufsgruppen. Die Beschränkung auf ein klar umrissenes Handlungsfeld, gar mit einem ‚Alleinvertretungsanspruch' der Sozialen Arbeit, ist nicht gegeben. Viele Bereiche Sozialer Arbeit vollziehen sich im „Neben- bzw. Miteinander von Nichtprofessionellen und Professionellen" (Thiersch/ Rauschenbach 1984: 1007). Die Nähe Sozialer Arbeit zum Alltäglichen des Lebensvollzugs wird hierbei deutlich. Soziale Arbeit als „personenbezogene Dienstleistungsprofession" (Olk 1986) vollzieht sich fast nie unter Bedingungen freiberuflicher Tätigkeit. Und nur dort hat sich ein ‚Vertrags-Modell' entwickeln können, bei dem die Profession den Klienten und der Gesellschaft einerseits höchstmögliche Kompetenz zur Verfügung stellt und dafür andererseits Autonomie und ein hoher Status mit entsprechenden Einkommenserwartungen und Machtressourcen abgesichert werden kann.
Wenn auch zutrifft, daß weniger die Professionalisierungsbemühungen Sozialer Arbeit selbst als mißlungen anzusehen sind als vielmehr eine Vorgehensweise, die die Maßstäbe von Professionalität nicht aus den Anforderungen des Arbeitsfeldes selbst, sondern aus dem Vergleich mit anderen Berufsgruppen herleitet (vgl. Müller, B. 1985: 21ff, Olk 1986: 16ff), so sind dennoch durch Peters zwei Dimensionen einer professionellen Handlungsweise gezeigt worden, die nach wie vor ebenso aktuell wie problematisch sind:

Zum einen die wissenschaftliche Fundierung der ‚Methodenlehre', des Interventionsrepertoires, verbunden mit der Frage, wie das Besondere des Einzelfalls, die Individualisierung, rückführbar ist in strukturelle Problemlagen und damit ein Zugang zu theoriegeleitetem, strukturierterem Handeln möglich wird (Peters 1971: 107ff). Einem Verständnis von Methode als „vorausgedachtem Plan der Vorgehensweise" (Geißler/Hege 1985: 24), die aus einem Konzept heraus begründbar, dem Problem(-gegenstand) angemessen sein muß und in ähnlichen Situationen auch ähnlich in Interventionen umgesetzt werden kann, steht ein erweiterter Methodenbegriff gegenüber, der sich

---

[104] Zusammengestellt nach: Blau/Scott (1971), Gildemeister (1983), Leube (1988).

auf die amerikanische Sozialarbeitstradition berufen kann: Es geht hier um die stets gleiche sozialpädagogische ‚Grundhaltung' – sowohl als ethische Orientierung wie auch als praktische Fähigkeit –, die in vielen Varianten ausgedrückt wurde: ‚den ganzen Menschen annehmen', ‚dort beginnen, wo der Klient steht', Verpflichtung zur Solidarität, Mitmenschlichkeit, aber auch als ‚pädagogischer Bezug' usw. (vgl. Müller, B. 1985: 32ff).

Solche normativ gefaßten Orientierungen, gewissermaßen sozialpädagogische Voreinstellungen, die das Gelingen von Hilfebeziehungen wahrscheinlicher machen sollen, stehen im Widerspruch zu einem technologischen Methodenbegriff, dem es um bestimm- und kontrollierbare Zielangaben geht und der eindeutige Mittel-Ziel-Bestimmungen geben will. Ihr oft beklagtes „Technologiedefizit"[105] hat Soziale Arbeit nur begrenzt praktisch zu beseitigen versucht: Die an einem klinisch-kurativen Modell orientierte Trias Anamnese, Diagnose und Behandlung(splan) und die spätere Übernahme therapeutischer Techniken, sollten ermöglichen, theoriegeleitet zu operieren und gleichzeitig das eigene Handlungsniveau zu heben.

Mit den Grundhaltungen wird ein an die Persönlichkeit gebundenes Einstellungs- und Verhaltenselement Bestandteil einer professionellen Qualifikation, womit gleichzeitig gesagt ist, daß damit nur eine allgemeine Persönlichkeitsanforderung – der mitmenschliche Bezug – ausgedrückt ist, nicht jedoch eine spezielle Verhaltensstrategie. Eine Konkretisierung in diesem Sinne wäre etwa die von Rogers (1973) als hilfreiche Beziehung beschriebene Haltung von Beratern: Akzeptanz, Empathie und Selbstkongruenz. Rogers kommt zu diesen Kriterien aufgrund seiner Überzeugung, daß die therapeutische Beziehung nur ein Spezialfall allgemeiner zwischenmenschlicher Beziehungen darstellt (1976: 53). So gesehen ist die ‚Grundhaltung', wie partiell auch immer, auch außerhalb des professionellen Kontextes für KlientIn wie für SozialarbeiterIn als Alltagsrealität erfahrbar (vgl. Müller B. 1985: 33f). Verständnis für Lebenssituationen, die Menschen zu KlientInnen machen, wie auch die Kritik an den Bedingungen des Alltagslebens drücken sich deshalb in den ‚Grundhaltungen' aus. Nun ist allerdings mit geteilten Erfahrens- und Verstehenshorizonten noch keine fachlich fundierte Handlungsweise begründet, sondern nur ein Zugang geschaffen.

Die sozialpädagogische Methodendiskussion, in dem ihr eigenen Verhältnis von sozialpädagogischer Haltung und Darlegung konkreter

---

[105] Vgl. schon Otto/Utermann (1971: passim).

Handlungsanweisungen, erfüllt einen doppelten Zweck: Sie will die Handlungsvollzüge des Berufs überschaubar und lehrbar machen. Ihre Funktion liegt jedoch auch „in der Ausformung und Stützung einer Berufsrolle bzw. professionellen Identität (...), die von Gratifikationen durch kontrollierbaren Erfolg, sozialer Anerkennung Gleichrangiger und materieller Kompensation in erheblichem Maße abgeschnitten ist" (Brumlik/Keckeisen 1976: 247).

Der zweite Gesichtspunkt, der bei Peters (1971) in Abgrenzung zu den klassischen Professionen genannt wird, ist der kontrollierende Aspekt sozialpädagogischen Handelns. Soziale Arbeit ist überwiegend, wenn auch nicht ausschließlich, im „Auftrag von vom Handlungsadressaten unabhängigen Instanzen tätig" (Peters 1971: 118). Der gesellschaftliche, oft juristisch begründete Auftrag der Institutionen Sozialer Arbeit erfordert gerade in den traditionellen Aufgaben der Sozialarbeit eine Kontrollfunktion; etwa bei der Gewährung materieller Hilfen oder im Hinblick auf das Wohl von Kindern und Jugendlichen.[106] Auftragshandeln für KlientInnen, ohne daß ‚Mißtrauen' (Peters) ein Strukturelement solcher Beziehungen wäre, ist in diesen Kontexten kaum gegeben. Jedoch nicht nur die kontrollierende Funktion als solche, sondern ihre Wahrnehmung in Personalunion mit beratenden Tätigkeiten, trägt für beide Seiten zu einer Rollendiffusion bei. Jedenfalls darf als Konsens in dieser Frage festgehalten werden, daß Selbstbeurteilungen der eigenen Tätigkeit als reiner Hilfeleistung auf allgemein humanitärer oder christlicher Basis an der Berufsrealität vorbeigehen.

Ob soziale Dienste erbeten, angeboten oder verordnet werden, inwieweit sich KlientInnen als frei in ihrer Entscheidungsfähigkeit sehen, wirkt sich auf den gesamten Verlauf des Hilfeprozesses aus und bestimmt das Eingangsverhältnis von SozialarbeiterIn und KlientIn wesentlich mit (vgl. Germain/Gitterman 1983: 42f). Die Diskussion um sozialpädagogische Handlungsmodelle geht oft unausgesprochen von einer ‚Komm-Struktur' Sozialer Arbeit aus. Diese ist jedoch nur dort die Regel, wo Ansprüche auf materielle Leistungen erwartbar sind. Hilfe wird auch nachgefragt, weil der Kontakt durch ein anderes Funktionssystem angeordnet wird, etwa bei einer Bewährungsauflage, oder weil der Kontakt zur Sozialarbeit das kleinere Übel darstellt,

---

[106] Dies trifft auch nach dem Inkrafttreten des KJHG zum 1. Januar 1991 noch zu, wenn auch der Schwerpunkt stärker auf Beratung und Förderung verlagert ist.

wenn etwa statt eines Arrestes ein sozialer Trainingskurs gewählt werden kann. Selbst da, wo Freiwilligkeit geradezu sinnkonstituierend für die Arbeit ist, etwa bei Beratungsstellen, die weder kontrollierende noch allokative Funktionen ausüben, zeigt sich allzu oft, daß Fremdmotivierung im Spiel ist.[107] Damit soll nicht gesagt werden, Beratung sei unter solchen Vorausetzungen nutzlos. Vielmehr zeigt sich gerade an diesen Strukturen, worin auch die Sinnhaftigkeit der zuvor diskutierten ‚Grundhaltung' liegt: Auch im Kontakt mit denjenigen, die nicht aus eigener Motivation, nicht mit einem spezifischen ‚Leidensdruck' kommen, liegt die Chance, eine Beziehung aufzubauen, wenn die einschränkenden Voraussetzungen mitreflektiert werden.

Eng verbunden mit dem Hilfe-Kontrolle-Problem sind kritische Einwände im Sinne des ‚labeling-approach', also der Frage, ob professionelles Helfen die Probleme, die es vorgibt zu lösen, durch die Art der Hilfeleistung nicht eher verstärkt, also eine ‚Klientifizierung' betreibt.[108] In die gleiche Richtung zielen auch jene Einwendungen bezüglich der Motivationen helfenden Handelns, die unter dem Stichwort ‚Helfersyndrom' abgehandelt wurden (vgl. Schmidbauer 1977). Solche Diskussionen eignen sich leicht dazu, Selbstzweifel der Helfer zu verstärken, wenn sie nicht in erhellender, sondern in denunzierender Absicht vorgetragen werden. Gleichwohl ist damit auch die Reflexionsfähigkeit als personale Bedingung professionellen Handelns benannt, die sich an der zentralen These dieser Argumentation prüfen kann, inwieweit das Verwiesensein auf schwächere und abhängige Personen nötig ist, um das „eigene fragmentierte Selbst" aufrechterhalten zu können.

Helfersyndrom wie Stigmatisierungsthese zeigen, daß nicht nur auf der institutionellen Ebene, sondern auch auf der Ebene der direkten Interaktion machtförmige Strukturen ausgebildet werden, die zu Lasten der KlientInnen gehen können. Es sind jedoch Momente, Anteile des Berufshandelns, deren Identifizierung nicht das Handeln insgesamt kritisieren, sondern lediglich Idealisierungen und Verengungen veranschaulichen will.

Es bleibt das Problem, *allgemeine* Handlungsmuster in breit gefächerten Praxisfeldern identifizieren zu können. Folgt man der gängigen Aufteilung der Arbeitsgebiete Sozialer Arbeit nach:

---

[107] Wenn etwa das Aufsuchen einer Suchtberatung noch einmal den Verlust des Arbeitsplatzes verhindert.
[108] Vgl. hierzu als neuere Kommentierung: Brumlik (1989b).

(1) Sozialer Administration und Beratung,
(2) Resozialisierung,
(3) Rehabilitation und Heilpädagogik,
(4) Jugend- und Erwachsenenbildung und
(5) Vorschule, Schule, Erziehung[109],

so zeigt sich,

(a) daß die Intensität der personalen Beziehung unterschiedlich ist,
(b) die Handlungsdimensionen präventiv, kompensatorisch, kurativ und rehabilitativ unterschiedlich zuzuordnen sind,
(c) die Freiheitsgrade zur persönlichen Ausgestaltung des jeweiligen Arbeitsfeldes verschieden sind,
(d) unterschiedliche Trägerschaft und der Status der Hilfegewährung als freiwillige oder verpflichtende staatliche Leistung weitere Differenzierung erforderlich machen.

So beziehen sich Abhandlungen zu Fragen der Berufsrolle und insbesondere zur Handlungskompetenz in der Regel auf einen institutionell-behördlichen Kontext; ganz offensichtlich deshalb, weil dort sozialpädagogisches Handeln recht klar beiden vorfindlichen Handlungstypen zugehörig ist: „Durch den Typus des Professionshandelns wird eine Form von Handlungstyp im Umgang mit Personen und Symbolen bezeichnet, der vorrangig auf eine individualisierte Klientel sowie auf *begründete* Regelsysteme abgestellt ist." (Dewe/Otto 1984c: 35) Bürokratisches Handeln dagegen ist der Umgang mit einer anonymisierten Klientel auf der Grundlage gesetzter Regeln. Die Gebundenheit großer Teile Sozialer Arbeit an beide Handlungstypen, den „administrativ-rechtspflegerischen" als Dimension sozialer Kontrolle und den professionellen Typ mit den Merkmalen Beratung, Bildung, Therapie (vgl. ibid.: 14), ferner die Dienst- und teilweise Fachaufsicht durch Berufsfremde, haben zur Klassifikation der Sozialen Arbeit als ‚Semiprofession' geführt. Im praktischen Handeln hat Soziale Arbeit zwischen diesen gegensätzlichen Funktionsimperativen zu vermitteln.

Dieses Verhältnis zwischen Bedürfnissen und Interessen der Klientel, ihren Rechtsansprüchen einerseits und den geforderten Kontrolleistungen andererseits, sowie die Notwendigkeit, Hilfe entlang bürokratischer Arbeitsabläufe und enger Kriterien hinsichtlich der Befriedigung materieller Ansprüche zu tätigen, ist unter dem Stichwort

---

[109] Vgl. Belardi (1980a), Danckwerts (1978: 80ff), SOZIAL, Zeitschr. d. Berufsverbandes d. SA, SP und Heilpädagogen, Nr. 4/1980.

„doppeltes Mandat" schon eingehend analysiert worden.[110] Das in der Semiprofession angelegte Problem ‚Hilfe versus Kontrolle' wird, da sich die Konsequenzen dieser Struktur erst in der Interaktion zeigen, in den einzelnen Sozialarbeiter ‚hinein'verlagert: „In dem Maße nämlich, wie es gelingt, stellvertretendes, emanzipatorisch gedachtes Handeln und soziale Kontrolle zum Bestandteil ein- und derselben, wenn auch dichotomen Rollenorganisation des Sozialarbeiters zu machen, kann die objektiv fortbestehende Dynamik zwischen der Aktualisierung individueller Emanzipationsinteressen einerseits und der Befriedigung öffentlicher Kontrollinteressen andererseits in der Person des Sozialarbeiters zu ‚seinem Problem' gemacht werden." (Böhnisch/Lösch 1973: 28)

Dieses Verhältnis zeigt sich in vielen „strukturell bedingten Antinomien" (Gildemeister 1983: 70). Allein die Anforderung, durch den Einsatz der Persönlichkeit, durch ‚Mitmenschlichkeit' und Anteilnahme zu wirken, ebenso aber professionelle Distanz wahren zu können, kann dies illustrieren. Gildemeister (ibid.) spricht von einer paradoxen Logik, wenn im professionellen Handeln der sozialen Berufe „expertenhafte Wissensbestände und Verfahrensstrategien benutzt und gleichzeitig die alltagsweltlichen Regeln und Voraussetzungen der Kommunikation nicht verletzt werden dürfen" (ibid.). Dasselbe gilt für den Zusammenhang, „als Träger einer Berufsrolle Repräsentant der der Institution innewohnenden Macht (...) und gleichzeitig ‚ganzheitlich menschlicher' Bezugspunkt (...) zu sein" (ibid., vgl. auch Olk 1986: 168ff). Berufliche Kompetenz kann nun schon darin gesehen werden, unter solchen Bedingungen handlungsfähig zu bleiben.

5.2. ERFOLG UND UNGEWISSHEIT

Probleme werden zumeist nicht wirklich gelöst, sondern durch Soziale Arbeit ‚bearbeitet', wurde in Kapitel 3.3.2. gesagt. Kriterien für Erfolg und Mißerfolg sind schwer angebbar und schon gar nicht für die unterschiedlichen Arbeitsfelder verallgemeinerbar. Die Erfolgskriterien werden sich insbesondere zwischen KlientIn und SozialarbeiterIn aufgrund verschiedener Wertvorstellungen und vorgängiger Erwartungen unterscheiden können. Eine übereinstimmende Beurteilung wird eine Bewertung im Einzelfall erfordern und auch nur da möglich

---

[110] Aus der Fülle der Veröffentlichungen vgl.: Müller, S. et al. (1982a, 1982b), Gildemeister (1983), Olk (1986).

sein, wo auf der Basis einer Übereinkunft begonnen wurde. Auch im Ausbleiben weiterer negativer Entwicklungen kann schon ein Erfolg liegen (z.B. nicht mehr straffällig zu werden).

Je mehr es um den ‚ganzen Menschen‘ geht, um gelingende Alltagsbewältigung, desto weniger sind Kriterien angebbar, wann die Hilfe beendet werden soll. Ist die Gewährung materieller Hilfen weitgehend an normierte Anspruchsvoraussetzungen gebunden und ist durch Spezialisierung eine Aufgabenbegrenzung und damit unter Umständen ein Erfüllungskriterium benannt,[111] fallen solche Kriterien um so eher weg, je mehr sich Soziale Arbeit in ihrer „Allzuständigkeit" (Thiersch) zeigt. Der Diffusität auf der Seite der Zugangsvoraussetzungen entspricht der Verzicht auf klar anzugebende Beendigungs- und Erfolgskriterien auf der anderen. Was jeweils als Erfolg gilt, wird häufig extern durch rechtlich normierte Bedingungen festgelegt (vgl. Winkler 1988a: 74).[112]

Mit der Expansion Sozialer Arbeit über die sogenannten Randgruppen der Gesellschaft hinaus leistet sie im Zuge einer „Pädagogisierung der Gesellschaft" (Dewe/ Otto 1984a: 39, Sachße 1982) zunehmend „verstaatlichte und vergesellschaftete Sozialisationsarbeit" (Dewe/ Otto ibid.), die sich vor allem als Beratungsbedarf zeigt. Gerade solche, auf intrapersonale Veränderung angelegten Prozesse haben keinen präzisen Abschluß. Ein sozialpädagogischer Optimismus – das sei hier ohne polemischen Unterton gesagt – wird sich in vielen Fällen auch von Rückschlägen oder gar Rückzug des Klienten nicht generell entmutigen lassen. Solches Engagement kann allerdings auch die Tendenz in sich bergen, ‚Fälle‘ immer weiter zu unterhalten, bekanntgewordene Schwierigkeiten, Verhalten des Klienten stets unter einer einmal festgelegten Abweichungs- oder Problemdefinition zu subsumieren und so die ‚Hilfe‘ zu perpetuieren.[113] „Was der Sozialpädagogik fehlt, sind nicht nur Vorstellungen von den Grenzen der Erziehung, sondern schlicht Rationalität", schreibt Winkler (1988a: 75) mit Bezug auf Bernfeld (1973).

[111] Spezialisierung wiederum kann sich dem Vorwurf aussetzen, durch die Segmentierung des Vorgehens Lebenslagen und Zusammenhänge nicht angemessen einzuschätzen.

[112] Zum Beispiel Wegfall von Anspruchsgrundlagen, Ende der Bewährungszeit, Eintritt der Volljährigkeit.

[113] Die Zahl der Fälle und Akten ist oft die einzige Möglichkeit, die eigene Arbeitsleistung zu dokumentieren und zu legitimieren.

Ist es in spezialisierten Teilbereichen durchaus möglich, ‚Selektionsfilter' zu etablieren, die den Zugang und die Inanspruchnahme anhand
festgelegter Kriterien steuern, so fehlen doch auch hier Kriterien hinsichtlich einsetzbarer ‚Technologien', Ergebnispräferenzen und möglicher Wirkungskontrolle (vgl. Olk 1986: 111ff). Es handelt sich um ein
„strukturelles Technologiedefizit" (Luhmann/Schorr 1979: 120) angesichts der bereits diskutierten Handlungsanforderungen an SozialarbeiterInnen wie auch aufgrund des in allen Arbeitsfeldern vorhandenen basalen Arbeitsauftrags: Veränderung von Menschen zu initiieren, möglichst in einer Form, die sich die Betroffenen als Selbsttätigkeit und damit als Erfolg zuschreiben können.

Besonders unbefriedigend freilich muß dieser Zusammenhang unter
den Bedingungen einer funktionalistischen Analyse erscheinen, die
die Interaktion unter dem Aspekt der Leistungsfähigkeit einer sozialen Dienstleistungsorganisation betrachten muß, deren Funktion „in
der Bewachung gesellschaftlicher Normalitätsstandards" (Olk 1986: 6,
112) besteht. Auch unter dieser Bestimmung werden die Kriterien für
angemessenes, ‚richtiges' Vorgehen umso unklarer, je weiter sich die
Aufgabe von der Kustodialfunktion hin zur freiwilligen ‚Selbstände-
rung' verlagert.

Untersuchungen, insbesondere aus Nordamerika, über die Wirksamkeit von Sozialarbeit haben unterschiedliche, aber insgesamt wenig er-
mutigende Ergebnisse erbracht (Müller, C.W. 1988c: 25). Daß Sozialarbeit erfolgreich arbeitet, konnte in den bei Müller referierten Untersuchungen nicht bestätigt werden. Vor allem aber erwies sich, daß
Erfolg oder Mißerfolg Sozialer Arbeit mit den gängigen Verfahren externer Evaluation nicht meßbar ist. Für sozialpädagogische Evaluati-
onsforschung ist angesichts der geschilderten Handlungslogik im Feld
Sozialer Arbeit nur ein Vorgehen sinnvoll, das nicht vorrangig an ab-
schließenden Einschätzungen von Maßnahmen, an Ergebniskontrol-
len interessiert ist, sondern als Prozeßforschung zur Verbesserung Sozialer Arbeit selbst beitragen will (ibid.: 29, Heiner 1988a: 11). Die
Geltungskriterien dafür, was Rationalität sozialpädagogischer Interventionen sein kann, werden dann nicht als Input-Output-Modell ‚von
außen' herangetragen, sondern auf einer konkreteren Ebene praxis-
orientiert bestimmt.[114]

Die Überprüfbarkeit sozialpädagogischen Handelns war auch ein Anliegen der erwähnten Konzepte der Agogik, der ‚gezielten Perso-

---

[114] Beispiele in Heiner (1988a, 1988b), vgl. auch Kapitel 3.2.4. bezüglich Handlungsforschung.

nenänderung'.[115] „Sozialtechnische Strategien" (van Beugen 1972: 44) mit dem Anspruch kontrolliert gesteuerter Beziehungen und der Orientierung an Zielvorgaben haben jedoch mit zwei Bedingungen zu tun, die eine solche geplante Vorgehensweise erschweren. Einmal die Eigenlogik des Klientensystems (siehe Kapitel 5.4.), zum anderen die komplexen Bedingungen des Handlungsfeldes selbst, das alle Merkmale eines „schlecht strukturierten Problems" (Dörner 1979, Dörner et al. 1983, zit. nach Heiner 1988a: 12ff) aufweist:

Schlecht strukturierte Probleme sind dadurch gekennzeichnet, daß die Mittel zur Erreichung des Zieles unbekannt sind und/oder die bekannten Mittel auf neue Weise zu kombinieren sind und/oder über das angestrebte Ziel keine klaren Vorstellungen existieren. Dieser allgemeine Umstand unklarer Ziele und Mittel kann um sechs charakteristische Merkmale erweitert werden:

(1) Diffusität, d.h. nicht nur Wege und Ziele sind unklar, auch die Beschreibung der Beschaffenheit des Problems ist schwierig;
(2) Komplexität, d.h. eine große Zahl von Elementen ist zu berücksichtigen; dabei muß auch die
(3) Vernetztheit, d.h. die wechselseitige Verknüpfung und Beeinflussung dieser Elemente, geklärt werden;
(4) Zielkonflikte, d.h. es sind mehrere Zielsetzungen gegeben, die unter Umständen im Widerspruch zueinander stehen;
(5) Unkontrollierbarkeit, d.h. die Situation ist nur in geringem Umfang kontrollierbar; häufig sind Faktoren von Bedeutung, die nicht direkt beeinflußbar sind;
(6) Eigendynamik, d.h. der Ausgangszustand verändert sich, auch ohne daß der Problemlöser eingreift.

Eine weitere Erschwernis bei der Strukturierung von Hilfe liegt in der Vielzahl und Unübersichtlichkeit der Institutionen Sozialer Hilfe. Die subsidiäre Ausrichtung von Hilfeleistungen, die weltanschaulich differenzierten Wohlfahrtsverbände mit einer Fülle von Trägerschaften sozialer Einrichtungen, Selbsthilfegruppen und private Stiftungen bilden ein Netz, das für die einzelnen Klienten und oft auch für die SozialarbeiterInnen nicht ohne weiteres überschaubar ist und immer wieder neu auf seine Möglichkeiten hin geprüft werden muß.[116] Komplizierungen im Hilfeprozeß ergeben sich durch Doppelbetreuungen,

---

[115] Siehe hierzu die Diskussion bei Harney (1975: 111ff).
[116] Dies ist kein Plädoyer gegen die Vielfalt im Sozialsektor; es soll lediglich ein Handlungsproblem aus der Perspektive der SozialarbeiterInnen aufzeigen.

aber auch durch gegenseitige Verweisungen. Nicht selten ist die eine Stelle damit befaßt, die Ansprüche des Klienten bei einer anderen einzufordern oder den Klienten dabei zu vertreten. Liegt in der Fähigkeit, solche Strukturen zu erfassen und zu nutzen, eine wichtige Kompetenz der SozialarbeiterInnen, so tragen diese Zusammenhänge auch zur Diffusität des Hilfeprozesses bei; es kommt zusätzliche Ungewißheit ins Spiel.

Wir halten an dieser Stelle fest, daß in Arbeitsaufträgen und Handlungssituationen Sozialer Arbeit Unbestimmtheit strukturell verankert ist: durch die Individualität der jeweiligen Personen und durch die begrenzten Möglichkeiten zum Routinehandeln und zur Typisierung (vgl. Olk 1986: 96ff, Winkler 1988a: 81ff). Allerdings sollte die „prinzipielle Ungewißheitsbelastung" (Olk 1986: 115) nicht als das einzig dominante Strukturelement sozialer Dienstleistungsarbeit verstanden werden, wie es bisweilen den Anschein hat. Sie wird durch drei Zusammenhänge relativiert:

(1) Durch die Gemeinsamkeiten, die sich aus gleichen Lebensbedingungen, Denkmustern und Wertvorstellungen der jeweiligen Klientengruppe ergeben; durch typische Erwartungshorizonte an Institutionen sozialer Hilfe, die sich aufgrund von Erfahrungen mit diesen gebildet haben und durch gesellschaftlich produzierte Notlagen, die die Nachfrage nach bestimmten Formen sozialer Hilfe zu bestimmten Zeiten aktivieren.

(2) Durch Selektions- und Steuerungsmöglichkeiten der Institutionen Sozialer Arbeit in „sachlicher, sozialer und zeitlicher Hinsicht (...), die die Zugänglichkeit des Dienstleistungsangebots ungleichmäßig erleichtern bzw. erschweren" (Olk 1986: 129). Im einzelnen wären zu nennen:[117]

(a) Interne Regeln, Vorschriften, die präzisieren, welchem Personenkreis welche Leistungen zuteil werden können;
(b) Zugang zu Informationen, die über rechtliche Ansprüche auf Leistungen informieren;
(c) Reduktion oder Erweiterung der Beratungsintensität;
(d) Restriktive oder großzügige Auslegung von Ermessensspielräumen;
(e) Abwehr von Ansprüchen durch zeitliche Steuerung in Form von Wartelisten, Aufnahmeprozeduren etc.;

---

[117] Diese Zusammenstellung orientiert sich an Germain/Gitterman (1983: 18ff) und Olk (1986: 130ff).

(f) Auswahl der Klienten nach vermuteter Lösbarkeit der Probleme sowie

(g) ungünstige Öffnungszeiten und Erreichbarkeit.

In den drei zuletzt genannten Punkten zeigt sich überdies eine „versteckte Selektivität" (Olk) in dem Sinne, daß sie Personen unterer sozialer Schichten dadurch benachteiligt, indem solche Eigenschaften und Fähigkeiten zur Voraussetzung der Hilfe gemacht werden, die gerade von diesen Personengruppen nicht ausreichend mobilisiert werden können.

(3) Durch die Eigenarten sozialpädagogischer Handlungskompetenz. Eine Bestimmung darüber, was Handlungskompetenz im Feld Sozialer Arbeit sei, sollte sich die Kritik von Lau/ Wolff (1982a: 264ff, 1982b) vergegenwärtigen, daß Kompetenzmodelle Idealbeschreibungen sind, die nicht von einer vorgefundenen Praxis ausgehen und je nach Ausrichtung ihrer Verfasser „Rationalisierungs- oder Kunstfehler-Modelle" darstellen.

Diesen Einwand ernst nehmend soll hier gleichwohl die Typisierung von Geißler/Hege (1985: 257ff) referiert werden, die die gängigen Merkmale benennt. Dies erscheint schon deshalb sinnvoll, weil sich SozialarbeiterInnen in ihrer Tätigkeit immer schon (mehr oder weniger implizit) an solchen Modellen orientieren, wie Olk (1986: 188) zutreffend anmerkt. Sie mögen einerseits als unerfüllbare Kataloge von Verhaltens- und Qualifiktionsanforderungen erscheinen; andererseits bieten sie Orientierung darüber, was als Handlungsanforderungen des eigenen Berufs in Ausbildung und Praxis diskutiert wird. B. Müller (1982: 313f) weist darauf hin, daß der Praktiker durchaus in der Lage ist, die Diskrepanz zwischen dem, was ist und dem, was als humane Praxis denkbar wäre, zu bestimmen. Für diese Unterscheidung, die praktische Relevanz besitzt und sich als Forderung nach Veränderung bestehender Zustände und Arbeitsformen artikulieren kann, sind theoretische Entwürfe mit normativer Orientierung als Bezugspunkt notwendig.

Handlungsfähigkeit hängt zunächst von instrumenteller Kompetenz ab. Damit ist die „Beherrschung von Fähigkeiten und Fertigkeiten, Verhaltensroutinen und Verfügbarkeit von Fachwissen" (Geißler/ Hege 1985: 257) gemeint, also jene Kompetenzanteile, die als Anwendung von bestimmten Methoden, Verfahren und Arbeitsschritten, basierend auf einem theoriegeleiteten Konzept, die ,technologische' Seite des Handelns darstellen. Verfügbar werden solche Kompetenzen nicht schon durch das vorhandene Wissen an sich, sondern durch praktische Erprobung und Wissensanwendung. Mit der Anwendung von Regelsystemen,[118] bilden die soziale Kompetenz, der „sinnvolle Umgang mit der Einmaligkeit" (ibid.) der Situation und die reflexive Kompetenz, die „Fähigkeit sich selbst (...) im Beteiligtsein wahrzunehmen" (ibid.), eine Einheit insofern, als es sich um drei Momente eines einheitlichen Prozesses handelt.

„Soziale Kompetenz meint die Fähigkeit, sich auf die Klienten mit ihren Bedürfnissen und Anforderungen einzustellen bzw. einzulassen, über die Situation... selbst nachdenken zu können und sich nicht in ihr zu verfangen." (ibid.:263)[119]

Als reflexive Kompetenz bezeichnen Geißler/Hege die Fähigkeit, „die eigene Entwicklung in ihren prägenden Spuren nicht zu verlieren oder zu verleugnen, sondern in das berufliche Handeln zu integrieren" (ibid.: 260). Reflexive Kompetenz sollte allerdings nicht so verstanden werden, als ginge es nur um das Erkennen, in welchem Umfang eigene Persönlichkeitsanteile in der jeweiligen Situation aktiviert werden und wie sich dies auf das eigene Handeln auswirkt. Wenn wir darunter die Fähigkeit verstehen, „zu sich selbst in Distanz treten zu können, um aus dieser Differenz zwischen Selbstbild und Selbstbeobachtung Informationen über die eigene Operationsweise gewinnen zu können" (Willke 1988: 48), dann gewinnen wir einen breiteren Reflexionsbegriff. Er enthält nicht nur die Selbsterfahrungsdimension in Bezug auf die eigene Geschichte, sondern fragt auch, wie weit der – selbst in juristisch vorgeformten Bereichen noch vorhandene Ermessensspielraum genutzt wird, wie die institutionellen Bedingungen das eigene Handeln beeinflussen, wie sich die eigenen Wertvorstellungen und politischen Überzeugungen auswirken, und fragt schließlich nach den realen Differenzen in Status, Machtverfügung und sozialer Zugehörigkeit und deren Bedeutung im Hilfeprozeß. Wir können dies mit Olk (1986: 189ff) zusammenfassend als Selbstthematisierungsfähigkeit bezeichnen.

Wenn wir davon ausgehen, was auch weithin unbestritten sein dürfte, daß mit der eben erfolgten Charakterisierung die Konturen eines Handlungsprofils angemessen umrissen sind, so wird dies durch Lau/Wolff (1982a: 279ff) insoweit bestätigt, als sie durch empirische Forschungen im Allgemeinen Sozialdienst zeigen konnten, daß die be-

---

[118] Solche Regelsysteme sind in der Sozialen Arbeit zumeist nur für die Eingangs-, Kontaktphase voll ausgearbeitet.

[119] Dies ist als Fähigkeit zur Empathie einerseits und Distanzierung andererseits oft beschrieben worden.

treffenden SozialarbeiterInnen bei ihren Äußerungen, wie sie kompetent handeln, durchaus dem eben skizzierten Modell folgten. Die Beobachtung der Arbeitsabläufe jedoch ergab, daß die als Grundorientierung angegebenen Arbeits- und Verhaltensweisen nur mit erheblichen Einschränkungen etwa hinsichtlich Klientenaktivierung, solidarischem Verhalten, Distanzierungsfähigkeit, Ressourcen-Einsatz oder Anregung zur Selbstverantwortung realisiert wurden.

Zwei Schlußfolgerungen der Autoren dieser Untersuchung interessieren hier besonders: Einmal sei das, was praktisch geschieht, als kompetente Bewältigung des Arbeitsauftrags anzusehen (1982a: 293ff). Konzepte und Kompetenzkataloge seien dabei als „eine Art (Sprach-) Spiel" (1982a: 281) anzusehen, durch das *einige* Handlungssituationen bestimmt wären; eben jene, in denen die Kriterien des Modells anwendbar sind. Die Differenz zwischen dem Herstellungskontext der Theorie und dem Kontext der Anwendung ginge dann nicht ausschließlich zu Lasten der Praxis.

Die Funktion sozialer Dienstleistungsarbeit sehen die Autoren ohnedies weniger in der Erbringung spezifischer Leistungen als in der „Sicherstellung eines Gefühls gewährleisteter Fürsorglichkeit" (ibid.: 305) bei den Beteiligten der betreffenden Institutionen. Die jeweils vorhandene Angebotsstruktur nehme ihren Ausgangspunkt tatsächlich ja nicht an im engeren Sinne fachlichen Kriterien, was Erfolg, was Kompetenz, was angemessene Hilfe sei, sondern an sozial- und kommunalpolitischen Entscheidungen außerhalb. An der systeminternen „Produktion von Fürsorglichkeit" (Wolff 1983) nehmen die Klienten nur am Rande teil; die Geltungskriterien dieses Prozesses liegen weitgehend außerhalb des Verhältnisses SozialarbeiterIn – KlientIn.

Kompetenz-Modelle, so das zweite Argument, überschätzten daher den funktionalen Aspekt ‚Lösung von Klientenproblemen' bei weitem (Lau/Wolff 1982a: 294). Tatsächlich gewinnen die Dimensionen zentrales Interesse, die sich um die Gestaltung des Arbeitsverhältnisses und des Arbeitsplatzes gruppieren: Steuerung des Arbeitsanfalls, Absicherung bei schwierigen Fällen, Vermeidung von zuviel Transparenz der eigenen Arbeit, Demonstration des bereits Getanen oder ein loyales Verhältnis zu Kollegen. Kompetenzmodelle beschreiben – so gesehen – nur einen Teil der Wirklichkeit: den ‚Semi-Professionellen' bei der Arbeit, nicht den ‚Arbeitnehmer'. Wären freilich die Klienten aufgefordert, zu sagen, was sozialpädagogische Kompetenz aus ihrer Sicht ist, wäre das Ergebnis wieder ein anderes. Auch wäre es verfehlt, zu erwarten, daß wachsende Kompetenz der SozialarbeiterInnen automatisch positive Auswirkungen für die Klienten zeitigt.

Die Befunde von Lau/Wolff werden hier nicht als generelle Absage verstanden, auch allgemein formulieren zu können, welche Fähigkeiten und Orientierungen sich für welche Tätigkeiten günstig auswirken. Die begrenzte Umsetzbarkeit solcher Modelle in der Praxis spricht ja zunächst nicht gegen ihre Inhalte selbst, sondern verweist darauf, daß Handlungskompetenz eben nur *ein* Faktor im Prozeß Sozialer Arbeit ist und zwischen Konzepten und ihrer Anwendung immer eine Lücke klafft. Es kann jedoch davon ausgegangen werden, daß Ungewißheit und Erwartbarkeit im Handlungsbereich Sozialer Arbeit gleichermaßen gegeben sind. Sonst wären solche Konzepte, die letztlich einen Kernpunkt jeder Handlungslehre Sozialer Arbeit darstellen, gar nicht sinnvoll zu formulieren.

5.3. Systemorientierte Handlungsweisen

I.

Um die Frage zu beantworten, wie sich systemisches Denken auf das Handlungsverständnis Sozialer Arbeit verändernd auswirken kann, sollen zunächst einige vorliegende Befunde, besonders der Familienarbeit, gesichtet werden.

Wie einleitend bereits angemerkt, können wir dabei von einigen strukturellen Gemeinsamkeiten zwischen systemischer Familientherapie und systemischer Familienberatung in der Sozialen Arbeit ausgehen, ohne die vorhandenen Unterschiede unbeachtet zu lassen (vgl. Oswald 1988: 126ff): Familienberatung ist ein „Breitbandkonzept" (Oswald), während Familientherapie auf den sozio-emotionalen Bereich fokussiert. Soziale Arbeit vollzieht sich überdies nicht nur in der Arbeitsform der Beratung, sondern in vielfältigen Formen des Einzelkontakts, der Gruppenarbeit und oft auch mit Gemeinwesenorientierung. Allein die Spanne des Arbeitsauftrags im Allgemeinen Sozialdienst zeigt die Vielfalt der Tätigkeiten und Arbeitsformen. Allerdings sind Beratungselemente in allen Arbeitsfeldern anzutreffen. Auch das Systemdenken in der Sozialen Arbeit beschränkt sich nicht auf Beratung, schon gar nicht auf Familienberatung. Allerdings ist gerade dort ein gut ausgearbeitetes Handlungsfeld gegeben, das Beispiele bereithält und zu Vergleichen anregt.[120] Worum es jedoch darüber hinaus geht,

---

[120] Bezüglich systemorientierter Arbeit mit einzelnen siehe: Eberhart (1983), Weber/Simon (1987).

ist, weitgehend arbeitsfeldunspezifische, typische Handlungsprobleme zu identifizieren und zu fragen, was systemisches Denken und Handeln hierzu beitragen kann.

Die wenigen vorliegenden empirischen Studien zeigen, daß systemische Familientherapie ebenso effektiv ist, wie andere beraterische und therapeutische Maßnahmen auch (Heekerens 1990).[121] Hinsichtlich der Erfolgskriterien[122] haben sich keine signifikanten Unterschiede zwischen den einzelnen Therapieformen ergeben, wohl aber hinsichtlich zweier Nebeneffekte: der Zeit- und Arbeitsersparnis. Die Therapiedauer war, wenn auch je nach Untersuchung verschieden, so doch immer um ein vielfaches kürzer. Ein weiterer positiver Nebeneffekt zeigte sich darin, daß familientherapeutisch behandelte Personen eher dazu neigten, sich Erfolge oder Verbesserungen als eigene Anstrengungen selbst zuzurechnen und nicht den Therapeuten, also einem außenstehenden Experten. Familien erleben sich also als eigenverantwortlich für die erreichten Veränderungen, was ja ein explizites Ziel systemorientierten Vorgehens darstellt (vgl. Ludewig 1988: 112). Ein weiterer positiver Effekt zeigte sich in der Untersuchung von Liechti et al. im Allgemeinen Sozialdienst einer hessischen Großstadt. Hier waren die eingeleiteten Maßnahmen, etwa der Einsatz von JugendhelferInnen, von Familienhilfen, die Unterbringung in einem Tagesheim, einer Pflegestelle oder gar im Heim, bei den systemisch orientierten SozialarbeiterInnen deutlich niedriger, nämlich nur bei 2,8% aller Fälle im Gegensatz zu 4,8% bei den anderen Mitarbeitern. Nun sind solche Aussagen, wie die Autoren selbst schreiben (1989: 222), nicht als statistisch bewiesene Wahrheit gedacht, sondern eher als Wegweiser zu den Vorteilen systemorientierten Arbeitens, was angesichts einer Gesamtzahl von 40 Personen, die in die Studie einbezogen waren, von denen wiederum nur sechs systemisch gearbeitet haben, auch nicht anders sein kann. Mit dem dadurch gebotenen Vorbehalt kann trotzdem auf zweierlei hingewiesen werden:
Systemische Problemdefinitionen und die damit verbundene Arbeitsweise können unter Umständen „günstige ökonomische Konsequenzen

---

[121] Leider wird bei Heekerens nicht eindeutig geklärt, ob es sich bei den referierten Studien in jedem Fall um systemische Familientherapie handelt, wie der Titel der Veröffentlichung vermuten läßt oder ob die genannten positiven Effekte jedem familientherapeutischen Vorgehen zuzurechnen sind.

[122] Erfolgskriterien waren: Symptomänderung beim Indexpatienten, Veränderung in dessen sozialer Anpassung, Änderung der familiären Bewältigungsmechanismen.

nach sich ziehen" (ibid.: 237), da sich quantitativ betrachtet der Aufwand je ‚Fall' verringert. Weiterhin zeigt sich, daß systemorientiertes Vorgehen stärker an den persönlichen und familiären Strukturen arbeitet, seltener an andere Stellen überweist und stärker auf die familiären Potentiale orientiert. Aus den Berichten der SozialarbeiterInnen bei Liechti et al., die systemisch arbeiteten, wurden darüber hinaus folgende Tendenzen deutlich, wie sich eine solche Orientierung in der Praxis auswirken kann:

(1) SozialarbeiterInnen treffen keine Entscheidungen für die Klienten. Ihre Verantwortung bezieht sich darauf, den Entscheidungsprozeß zu organisieren, nicht auf die Entscheidung selbst (z.b. bei einer Regelung der elterlichen Sorge). Die Verantwortung bleibt beim Klienten; die SozialarbeiterInnen versuchen, nicht Partei zu ergreifen.[123]

(2) Sie treten vor allem als Mittler und Organisatoren auf und orientieren sich an den vorhandenen Kompetenzen der Klienten. Andererseits wächst die Bereitschaft bei den SozialarbeiterInnen, sich selbst Kompetenzen zuzuschreiben. Es wird nicht so schnell an Spezialdienste überwiesen, sondern stärker selbst beraten.

(3) Die Erwartungen anderer Funktionssysteme, etwa der Schule oder der Justiz, orientieren sich noch eher an einem traditionellen Verständnis von Sozialer Arbeit im Sinne der kontrollierenden und intervenierenden Amtsautorität, die solche Korrekturen bei Personen und Familien bewirkt, die von jenen Funktionssystemen als notwendig erachtet werden. Systemorientierte Sozialarbeit muß sich hier über den eigenen Arbeitszusammenhang hinaus legitimieren und sich mit den Geltungskriterien dieser Systeme auseinandersetzen.

(4) Die Orientierung an einem systemischen Beratungskonzept vermittelt mehr Sicherheit in der Familienarbeit: SozialarbeiterInnen können sich auf ein explizites Konzept beziehen und schätzen sich kompetenter ein.[124]

II.

Die Kriterien und Perspektiven des Systemansatzes, mit denen familiäre Systeme betrachtet werden, können ebenso auf Helfersysteme

---

[123] Daß solche Entscheidungen der Eltern auch nicht immer im engen Sinne einvernehmlich sind, sondern sich der stärkere durchsetzt, ändert nichts an der grundsätzlichen Erwägung.

[124] Befragungen von Teilnehmern an Kursen in Systemischer Familienberatung der Ev. Fachhochschule Darmstadt bestätigen diese Einschätzung. Eine Veröffentlichung dieser mehrjährigen Erhebungen steht noch aus.

und deren Systembildungen angewandt werden. Dabei ist an folgende Gesichtspunkte zu denken:

(1) die Fähigkeit, sich als System von einer Umwelt abzugrenzen (Autonomie);
(2) die Beachtung der Verhältnisse der Subsysteme zueinander;
(3) interne Kooperationsformen und Wandlungsmöglichkeiten;
(4) Entwicklung von Bewältigungsmustern für Anforderungen aus der Umwelt;
(5) die Betrachtung von dysfunktionalem Verhalten im System (Symptomen) als funktional für die Bestandserhaltung des Gesamtsystems;
(6) die Erzeugung eigener Vorstellungen, Denk- und Erklärungsmuster (Episteme), die handlungsleitend werden.

Systemorientiertes Helfen wird danach fragen, welche Folgen und Wirkungen es hat, wenn mehrere Hilfesysteme gleichzeitig tätig werden, ob es etwa zu kontraproduktiven Interaktionen zwischen den Helfern kommt und Klienten so ihr Problem immer weitertragen und die SozialarbeiterInnen in ihre symptomstabilisierenden Beziehungsmuster ‚einbauen' können (vgl.Schweitzer 1989: 248). Strukturprobleme von einzelnen Sozialdiensten und des jeweiligen lokalen Hilfesektors insgesamt, wie mangelnde Vernetztheit, fehlende Absprachen und unterschiedliche Wertorientierungen, können dazu führen, daß sich Klienten widersprechenden Anforderungen ausgesetzt sehen.

Bei der Untersuchung der Frage, wie Helfersysteme bei Jugendlichen mit dissozialem Verhalten eben dieses noch fördern, nennt Schweitzer (1989: 250ff), auf den wir uns im folgenden beziehen, eine Reihe charakteristischer Konstellationen, die als exemplarisch für eine ganze Reihe psychosozialer Problemlagen und Helferkontexte gelten können.

(1) Offene Konkurrenz der beteiligten Helfersysteme oder „Kooperation mit Skepsis" (Schweitzer): Offiziell werden die Aktivitäten des anderen Helfers anerkannt oder eigene werden im Hinblick darauf zurückgestellt; latent wird jedoch zu verstehen gegeben, daß die Maßnahmen des anderen als nicht sinnvoll angesehen werden.
(2) Interventionseskalation (vgl. Watzlawick et al. 1974: 42ff): Massive Interventionen führen zum Rückzug des Klienten, worauf ein „mehr desselben" (Watzlawick), also eine Verstärkung der Intervention, erfolgt, die wiederum zu weiterer Distanzierung führt und so weiter. Interventionseskalation ereignet sich meist da, wo die Klienten keine

‚Hilfe' wollen, aber zugleich von dritter Seite Druck auf die SozialarbeiterInnen ausgeübt wird.

(3) Die Weiterverweisung des Klienten und damit der Rückzug aus eigener Verantwortung verbindet sich oft mit dem Mythos von einem Retter, der alle Probleme lösen wird, sofern er denn gefunden wird. So kann die definitive Verantwortungsübernahme für einen längeren Zeitraum vermieden werden. Ebenso kann dann darauf verzichtet werden, genau zu betrachten, warum eine Hilfebeziehung gescheitert ist oder als hoffungslos beurteilt wird.

Systemdenken bezieht also in seine Betrachtung von Hilfemöglichkeiten ein, daß Maßnahmen, die als Lösungen firmieren, auch Probleme darstellen oder sie verstärken und Helfersysteme Problemsysteme mitkonstituieren können. Systemorientierte Betrachtung im Hilfeprozeß ist insoweit immer auch Selbstbeobachtung sowie Beobachtung und Beurteilung anderer Hilfesysteme.
Zu den beschriebenen kontraproduktiven Verhaltensmustern bieten sich mehrere Handlungsalternativen an (vgl. Schweitzer 1989: 252f):
(1) Der Versuch, einen Überblick über die beteiligten Helfersysteme zu gewinnen, einen Austausch über Arbeitsvorstellungen zu erreichen und unter Umständen die beteiligten Helfer selbst kennenzulernen;
(2) zu versuchen, die Zahl der beteiligten Helfer zu verringern;
(3) zu überprüfen, wie häufig der aktuelle Lösungsversuch bereits gescheitert ist;
(4) davon auszugehen, daß auch die anderen ihr Bestes getan haben; und schließlich
(5) die Verantwortung bei dem zu belassen, der sie gerade hat, oder die Zuständigkeiten und Verantwortungsbereiche klar zu definieren.

Die zuvor beschriebenen problemverstärkenden Verfahrensweisen lassen sich nicht auf rein individuelle Motivationen und Interessenlagen der jeweils beteiligten Helfer zurückführen. Vielmehr sind auch die institutionellen Erwartungen und Verfahrensroutinen zu berücksichtigen. Rasches Intervenieren gilt sowohl institutionsintern wie auch nach außen hin als Beweis ‚guten Willens'. Besonders auch andere Funktionssysteme, wie Justiz oder Schule, auf deren Veranlassung hin Soziale Arbeit aktiv wird, haben zunächst oft die unspezifische Erwartung, daß *etwas* getan wird. Die Aktivität erscheint bereits als Lösung. Ob das, was getan wird, erfolgversprechend ist und vom Klienten mitgetragen wird, ist eine Frage, die sich der Übernehmende stellen muß, der Überweisende ist zunächst entlastet.

Eine Position, die die mögliche Kontraproduktivität einer Intervention sieht und daher nicht handelt, sieht sich dem Risiko ausgesetzt, daß ihr mögliche eintretende Verschlechterungen als Versäumnis zugerechnet werden. Aktivität dient daher der eigenen Absicherung im Sinne eines „ich habe es wenigstens versucht". Nicht-Intervention[125] als *eine* Möglichkeit innerhalb eines Handlungsverständnisses muß daher abgesichert sein. Ebenso wie die Bereitschaft zur Verantwortungsübernahme ist auch sie nur denkbar als Teil eines institutionell gewährten Handlungsspielraums.

Eine weitere Wirkungsdimension, die sich durch ein systemisches Verständnis erschließt, einer nur auf die Beziehung SozialarbeiterIn – KlientIn gerichteten Aufmerksamkeit jedoch entgeht, sind die dem direkten Hilfeprozeß übergeordneten Institutionsinteressen. Sie können beispielsweise in der Gewinnung von neuen oder der Ausgrenzung vorhandener Klientengruppen bestehen, etwa um die Zuweisung von finanziellen Mitteln zu sichern, um ein bestimmtes institutionelles Profil aufrechtzuerhalten oder um Fallzahlen nicht unter oder über eine kritische Marke sinken beziehungsweise steigen zu lassen. Solche Interessen beeinflussen die Auswahl der Klienten, Problemdefinitionen und die Art der Unterstützungsleistung.[126]

Der professionelle Helfer wird seinen Beobachtungs-Kontext dahingehend erweitern, seine Position als Beschäftigter innerhalb des Organisationsgefüges zu reflektieren. Selvini-Palazzoli et al. (1984) haben an mehreren Beispielen sozialer Organisationen (Schulpsychologischer Dienst, Krankenhaus, Industriebetrieb, Erziehungswissenschaftliches Institut) gezeigt, daß der Aspekt der Beziehungsdefinitionen zwischen Mitarbeitern und entlang der hierarchischen Struktur großen Einfluß darauf hat, wie Probleme jeweils bearbeitet werden. Neben den ‚offiziellen' Strukturen, Funktionsbestimmungen und Organisationszielen entwickeln sich im Laufe der Zeit spezifische ‚Beziehungsspiele', in deren Folge es zu Konflikten, Allianzen und verdeckten Koalitionen kommt (vgl. 1984: 219ff), die die Bewältigung des Organisationsauftrags beeinflussen. Das Verhältnis von Inhalts- und Beziehungsaspekt in der Kommunikation, wie es die pragmatische Kommunikationstheorie von Watzlawick et al. (1969) veranschaulicht hat, wird bei Selvini-Palazzoli et al. über die Analyse der dyadischen Beziehung hinaus auf komplexere Interaktions-Konstellationen er-

---

[125] Oder auch einfach Abwarten-können als keineswegs neue pädagogische Haltung.
[126] Vgl. hierzu Germain/Gitterman (1983: 18).

weitert unter Einbeziehung der für das Handeln in Organisationen bedeutsamen Parameter örtlicher und zeitlicher Bedingungen. Wenn es zutrifft, daß mit jeder inhaltlichen Kommunikation eine Beziehungsdefinition einhergeht, so heißt das für die Interaktion im institutionellen Kontext, daß jeder in diesem ‚Spiel' mitspielt und die Reflexion dieser Beteiligung eine Bedingung ist, eigene Teilziele erreichen zu können.

5.4. DIE INSTRUKTIVE INTERAKTION

5.4.1. Selbst- und Fremdkontrolle

„Der Mensch ist eine psycho-biologische Einheit. Er ist auch Teil des Universums. Er ist darum autonom und interdependent. Autonomie (Eigenständigkeit) wächst mit dem Bewußtsein der Interdependenz (Allverbundenheit) (...) Freie Entscheidung geschieht innerhalb bedingender innerer und äußerer Grenzen. Erweiterung dieser Grenzen ist möglich."

Vermutlich ebenso bekannt wie selbstverständlich muten diese Axiome der Themenzentrierten Interaktion (Cohn 1975: 120) an, zeigen sie doch das Verhältnis von individuellen Spielräumen und sozialen Bedingtheiten, von individueller Besonderheit, ja Einzigartigkeit einerseits und sozialen und kulturellen Wirkungsdimensionen andererseits.

Dieses pädagogisch-therapeutische Konzept der Humanistischen Psychologie konnte auch für sozialpädagogisches Handeln eine Perspektive eröffnen, da es nicht naiv Selbstverwirklichung propagierte, sondern die Bedingtheiten und Prägungen der sozialen Umwelt einbezog. Andererseits erscheint der Mensch nicht als bloßes ‚Opfer gesellschaftlicher Verhältnisse', sondern als ein zu Veränderung, Verantwortung und Entscheidung befähigtes Wesen. Auf der Basis einer solchen optimistischen Grundannahme kann sozialpädagogisches Handeln in seinen verschiedenen organisatorischen Ausprägungen im Blick auf Zukünftiges anregen, begleiten, fördern, helfen. Dies geschieht mit der Vorstellung, daß sozialpädagogische Vorkehrungen und Handlungen, sofern sie gut durchdacht werden, personell und finanziell abgesichert sind und von Überzeugungen und Engagement getragen werden, sich mehr oder minder günstig auf die intendierte Entwicklung auswirken, wenn am Beginn der Konsens über zu Erreichendes steht. Da, wie es Winkler (1988a: 92) ausdrückt, „Erziehung nämlich mit Subjekten rechnet, [und] somit stets Eigenanteile bei der Erzeugung von Wirkungen erwartet", kann eine „allein das erziehe-

rische Handeln auszeichnende (und kontrollierbare) Kausalität"
(ibid.) nicht unterstellt werden.

Damit ist zweierlei gesagt: Sozialpädagogisch induzierte oder beein-
flußte Prozesse unterliegen in ihrem möglichen Beginn, Verlauf und
ihrer Beendigung den Bedingungen der Ungewißheit; sie sind kon-
tingent. Zum zweiten aber – was außerhalb der systemtheoretisch-
pädagogischen Diskussion[127] weithin unbestritten ist – erreicht Sozialpädagogik Veränderungen und zwar nicht nur zufällig, sondern ver-
mittels ihrer Theorie(n), Arbeitsweisen und der Umsetzung durch
kompetente SozialarbeiterInnen, wenn dies auch individuelle Grenzen
bei allen Beteiligten hat.

Die neuere systemtheoretische Entwicklung als Theorie der Selbstorganisation und der Autopoiesis-Theorie als ihrem Spezialfall (vgl.
Kap. 2.6.3.) legt jedoch nahe, den pädagogischen Optimismus zu be-
grenzen; ja sieht gerade in der pädagogischen Intentionalisierung der
sich fortlaufend ereignenden Sozialisation ein strukturelles Defizit des
Erziehungssystems begründet (vgl. Luhmann 1987b). Möglicherweise
liegt das Problem auch nur darin, Intentionalität absolut zu fassen,
nämlich in einem Sinne, der „Kontrolle über die Effekte einschließen
würde. Der Sozialisand kann immer auch anders, und das Problem
wiederholt sich verschärft, wenn man versucht, diese anderen Möglichkeiten durch Konditionierungen auszuschließen. Jedes Wort kann
bezweifelt werden, jede Maßnahme ist in ihrer Intention durchschau-
bar und erzeugt Möglichkeiten der Opposition. Im Prinzip nimmt der
Erzieher sich also etwas Unmögliches vor." (Luhmann 1987b: 60, vgl.
auch 1984: 330) Dennoch: es wird ‚erfolgreich' erzogen.[128] Nur wie sich
das Verhältnis von Kontextbedingungen der Sozialisation und den einer intentionalen Erziehung zuzurechnenden Wirkungen herstellt und
ob die Effekte mit den formulierten Zielen übereinstimmen (vgl.
Luhmann 1987b: 68), bleibt auch ein sozialpädagogisches Problem.
In der systemtheoretischen Diskussion verschränkt sich dieser Aspekt
des Verhältnisses von pädagogischer Intuition und unhinterfragter
Auswirkung der Lebenswelt mit dem eingangs genannten Basisthema
des Verhältnisses von Eigen- und Fremdbestimmung. Hierbei ist der
Wechsel in den erkenntnisleitenden Vorstellungen der Systemtheorie
deutlich. Er vollzieht sich als Ablösung des „Kontroll-Modells" durch
das „Autonomie-Modell" (Reiter/Steiner 1986a, Steiner 1987).[129] Mit

---

[127] Siehe hierzu Oelkers/Tenorth (1987).
[128] So auch das Fazit bei Winkler (1988a).
[129] Siehe Abbildung 3.

147

Kontroll-Modell sind Systeme gemeint, die dem Prinzip der Fremdsteuerung unterliegen. Der grundlegende Interaktionsmodus ist hierbei die Instruktion (vgl. Varela 1987: 129f). Das Kontroll-Paradigma ist kein bloßes Gedankengebäude, sondern als technologisches Produkt, als Computer nämlich, auch materiell realisiert. „Der Computer als eine Kontrollmaschine, die die älteren Kraftmaschinen koordiniert und kontrolliert, realisiert damit eine hoch bewertete Eigenheit des Menschen in perfekter Weise: rational-logisches Denken... Das Kontrollmodell erfüllt so die Erwartung, daß eine rationale Regelung menschlicher Angelgenheiten möglich und auch realisierbar geworden ist." (Reiter/ Steiner 1986: 240f)

Das kybernetische Muster informationsverarbeitender Systeme hat sich zwar auch im Alltagsverständnis als Denkmodell für menschliches Verhalten verbreitet, als Beschreibungsmodell für Lebewesen wurde es jedoch zunehmend als unzureichend empfunden, da die Vorstellung eines Systems, das der Umwelt Informationen entnimmt, sie verarbeitet und speichert, nur eine einseitige „mechanistische" Konzeptualisierung darstellt, die die Anpassungsleistung an die Umwelt erfaßt (vgl. Kap. 2.6.). Die bereits erörterten Befunde der Neurobiologie wie auch die Beiträge einer auf der Evolutionsbiologie basierenden Erkenntnistheorie (Riedl 1980, Vollmer 1981) bereiteten den Wandel zu einer Sichtweise von Lebewesen als autonomen Systemen vor: Organisatorische Geschlossenheit und Selektivität von Umwelteinflüssen aufgrund der eigenen Struktur sind die Kernpunkte dieser Sichtweise. Im Gegensatz zum Kontroll-Modell liegt das Ziel des Systems in ihm selbst: in der Aufrechterhaltung seiner Organisation und damit seiner Identität.

Aus diesem Konzept ergeben sich weitreichende Konsequenzen, die im Kontext systemischer Therapie diskutiert werden und auch auf Handlungsprobleme Sozialer Arbeit hinführen: Zur Frage nach Möglichkeit und Bedingung von Veränderung, nach Kausalität, nach Selbstbestimmung und Verantwortlichkeit.

Aus der Sicht des Strukturdeterminismus ist es nicht möglich, eine Strukturveränderung von ‚außen' zu bewirken. Kausalität, ob nun linear oder zirkulär wie im kybernetischen Modell, gilt ihm als „epistemologischer Irrtum" (Dell 1984: 167), da allein die Systemstruktur entscheide, zu welchem Wandel es infolge von Auslöseereignissen in der Umwelt kommt. Kontrolle sei nicht möglich, die Vorstellung „instruktiver Interaktion" sei ein Mythos (ibid.).

Es fällt nun nicht leicht, diese These mit Erfahrungen – aus alltäglichen wie beruflich helfenden, sozialpädagogischen Situationen – in Verbindung zu bringen, wo ganz unzweifelhaft davon ausgegangen wird, daß Interaktion derartige instruktive Elemente haben kann oder haben soll.

Dell schreibt, „daß alle strukturdeterminierten Interaktionen ein Angleichen, ein Anpassen, ein Verbinden oder eine Komplementarität zwischen zwei Objekten sind. Das Ereignis, von dem wir als ‚verursacht' sprechen, ist einfach die Art, wie sich die beiden Objekte anpassen: Wenn sie interagieren, ist es genau das, was geschieht. Normalerweise sind wir so an die Welt, in der wir leben, angeglichen, daß wir vergessen (oder niemals erkennen), daß Interaktion ein Anpassen oder eine Komplementarität ist. Wir nehmen die Struktur der uns vertrauten Objekte so selbstverständlich hin, daß wir uns selbst gestatten, anzunehmen, daß A B verursacht oder eintreten läßt." (1984: 158) Wenn also auf Handeln von A bei B ein gewünschtes Verhalten eintritt, so sei diese „psychologische Erfahrung der Kausalität" (ibid.) doch nur eine Illusion von A. Tatsächlich sei es ein Vorgang der Anpassung, des Aufeinander-Abstimmens.

Wenn Dell nun als Praxisbeispiel dafür angibt, daß die gleichen Erziehungstechniken einer Mutter sich bei einem Kind als positiv erweisen, jedoch beim zweiten Kind versagen können, so ist dies fraglos häufig der Fall, zeigt aber auch, wie sich in dieser Auslegung der Autopoiesis-Theorie eine Verengung auf den Einzelfall, auf das je Besondere unter Absehung der Bedingungen der Sozialität vollzieht.[130] Zwar besitzt die Autopoiesis-Theorie mit dem Begriff der Ko-Ontogenese, also der dauerhaft strukturellen Koppelung der Mitglieder eines Sozialsystems (vgl. Maturana/Varela 1987: 209f) durchaus eine Begrifflichkeit, um soziale Phänomene zu beschreiben; der Autopoiesis-Begriff selbst erscheint auf dieser Stufe jedoch nicht mehr.

Die Mutter-Kind-Interaktionen des genannten Beispiels sind nur zu verstehen, wenn sie in ihrer zeitlichen Entwicklungsdimension und von beiden Seiten her in ihren Beziehungsdefinitionen betrachtet werden. Dies steht in den dem ‚Kontroll-Modell' zugehörigen systemtherapeutischen Richtungen ja gerade im Zentrum der Aufmerksamkeit: Probleme zeigen sich in den Transaktionen und nicht als Eigenschaften und Merkmale, die jemand ‚hat'; der Kontext strukturiert das Verhalten.

Die unterschiedliche Wirksamkeit der Erziehungstechniken nur damit zu erklären, daß die Strukturen der Kinder unterschiedlich sind, wäre

---

[130] Dell (1984: 157) verweist hier – nicht überraschend – auf die Parallelen von Maturanas Konzept zur Monadologie von G.W. Leibniz.

eine Vereinseitigung, ein Reduktionismus, der die Rekursivität der Erziehungsinteraktionen nicht beachtet und überdies einen statischen Strukturbegriff zur Grundlage hätte. Struktur*veränderung* unter Beibehaltung der autopoietischen Organisation ist jedoch das Grundmodell der Autopoiesis-Theorie. So ist zumindest festzuhalten, daß auch im Kontext dieser Theorie keine Interaktion folgenlos bleibt; sie hinterläßt eine neue Struktur. Interaktionen oder auch Dialoge stellen dafür gegenseitige Auslöseereignisse dar (Brocher/Sies 1986: 53). Erziehung ist insoweit auch Anpassung an Strukturen.

Zugleich jedoch ist unabweisbar, daß es durchaus vorauszusehende Auswirkungen erzieherischer Bemühungen gibt. Geht man vom Einzelfall weg und erweitert die Perspektive, so zeigt sich, daß zum Beispiel die meisten Kinder durch ein bestimmtes Erzieherverhalten ermuntert oder aber eingeschränkt werden können, daß bestimmte Verhaltensmuster in der Familie zu Loslösung oder aber Anklammerung beitragen[131]. Macht und Gewalt als grundlegende Dimensionen menschlicher Interaktionen, auch im pädagogisch/therapeutischen Zusammenhang, sind nicht zuletzt durch die Möglichkeit definiert, den eigenen Willen auch gegen den Widerstand des Anderen durchzusetzen.[132] Ohne die Vorstellung von Kausalität wären Machtphänomene gar nicht darstellbar (vgl. Simon/ Stierlin 1984: 215f).

Was der Strukturdeterminismus im Hinblick auf das Instruktionsproblem beschreibt, ist also der Aspekt der individuellen Variation verallgemeinerbarer Wirkungen von Interaktionsprozessen. Menschliche ‚Strukturen' sind in bestimmter Hinsicht so verschieden nicht, daß die Erwartbarkeit bestimmten Verhaltens auf therapeutische oder pädagogische Interventionen nicht gerechtfertigt wäre. Worauf sonst könnten sich pädagogische und therapeutische Handlungslehren beziehen? Das Berufshandeln mit professionellen Grundorientierungen und einer differenzierten Methodenlehre will ja gerade diese Erwartbarkeit von Verhalten und Hilfegewährung für *beide Seiten* herstellen. So darf etwa jemand, der von Obdachlosigkeit bedroht ist oder über Probleme mit sich ablösenden Kindern klagt, auf *bestimmte* Reaktionen hoffen, die sich freilich an verschiedenen Konzepten orientieren und infolgedessen auch verschiedenen Punkten ansetzen mögen. Wahrnehmung und Handeln der eigenen Struktur entsprechend kann

---

[131] Selbstverständlich ist auch zutreffend, daß auf ein Verhalten etwas Nichterwartetes folgen kann: A dominiert in der Gruppe, B konkurriert, während C mit Rückzug antwortet.

[132] Vgl. für viele Secord/Backman (1983).

jedoch für die Beteiligten immer nur heißen: individuelle Möglichkeit in einem vorgängig definierten, sinnhaft konstituierten Kontext. Auf eine Mythologisierung des jeweils Besonderen der eigenen Struktur kann daher verzichtet werden.

Mit der „Freiheit, auf Distanz zu gehen oder gar die ‚andere Möglichkeit' zu suchen und zu finden" (Luhmann 1984: 330), muß allerdings stets gerechnet werden. Dies schon deshalb, weil das Instruktionsproblem nicht aus einem verengten Blickwinkel diskutiert werden kann, der sich auf die Dyade Klient-Berater fixiert. Die Vielzahl der Sozialbeziehungen, die Teilhabe an verschiedenen Kontexten zu einem gegebenen Zeitpunkt, bilden spezifische Umwelten, aus denen ein Individuum Anregungen und Informationen im Hinblick auf ein Problem entnehmen kann, das in Therapie oder Beratung bearbeitet wird. Eine ausschließliche Zuordnung einer Problemlösung oder Entscheidung auf das Geschehen im Beratungskontext ist daher ohnedies nicht möglich.

5.4.2. Beratung autonomer Systeme

Wenn als Übereinkunft der Selbstorganisationstheorie gilt, daß kausale Beeinflussung durch direkte therapeutische Intervention nicht möglich ist (Dell 1984: 167, Willke 1984: 198, 1988: 49, Schiepek 1987: 39), so stellt sich die Frage, ob unter den Prämissen des Strukturdeterminismus Bedingungen für Beratung und Therapie noch sinnvoll angegeben werden können. Hierbei ist von Bedeutung, wie das System/Umwelt-Verhältnis jeweils gefaßt wird. Bei Ludewig (1983) finden wir die Auffassung, daß therapeutische Interventionen eine „signifikante Verstörung" der Familienkohärenz darstellen (1983: 87). Damit ist im Kern das gemeint, was Maturana/Varela (1987: 27) „Perturbation" nennen. Systemische Therapie ist, so Ludewig, ein Prozeß befristeter Gemeinsamkeit zweier Systeme mit unterschiedlicher Struktur. Angesichts der Ausgangsvoraussetzung, daß es nur vom perturbierten System abhängt, welche Wirkung therapeutisches Verhalten auslöst, wird die Frage danach, wie ein solches Verhalten sich therapeutisch als besonders günstig erweisen würde, bedeutungslos.

Allein die Gestaltung des Therapiesettings, der räumlichen und zeitlichen Dimensionen, also der Anfangs- und Randbedingungen, liegen innerhalb der Planungsmöglichkeit des Therapeuten (Ludewig 1983: 89ff, vgl. auch Willke 1987a: 346). Es wird vorgeschlagen, die Therapie möglichst „ziellos" (Ludewig) zu betreiben, da die nützlichen Interventionen im therapeutischen Kontext von selbst erwüchsen. Auch die Erstellung von Diagnosen[133] wird abgelehnt, da verallgemeinernde Vorstellungen über die Klienten nur die Wahrnehmung des Therapeuten einenge.

Das Konzept ist jedoch nicht eindeutig. Der Therapeut soll sich darauf beschränken, „Fragen zu stellen oder Anregungen zu geben, die günstigenfalls ‚passend' sind" (Ludewig 1987: 169). Er solle „sein Handeln weder am Erreichen von vorgenommenen Zielzuständen noch an von ihm gewollten Effekten [orientieren], sondern jeweils nur daran, wie sich die Beteiligung des Patienten am gemeinsamen Kommunikationsprozeß verändert" (ibid.), ohne daß näher ausgeführt wird, wie dies möglich ist. Deutlich wird nur, „daß Therapieformen trotz aller Unterschiedlichkeit Variationen zum Thema Konversation darstellen" (1987: 168). Ludewig erteilt einerseits einem geplanten, auf direkte Veränderung zielenden Vorgehen eine Absage und scheint überwiegend für Intuition und ‚Non-Direktivität' zu plädieren, andererseits jedoch, wie auch Bautsch/Wiesinger (1989: 117ff) zeigen, handelt es sich um eine „bloß begriffliche(n) Abwandlung etablierter Modelle der Systemtherapie" (ibid.: 118), wenn Formen des ‚family-joining' (Minuchin 1978: 156ff) als „befristete gemeinsame Kohärenz" in dieses Konzept eingehen oder dann doch die Interventionstechniken der Mailänder Schule (vgl. Selvini-Palazzoli et al. 1977: 53ff), etwa die ‚Verschreibung' von Verhaltensweisen für die Klientenfamilien (vgl. Ludewig 1983: 90, 1987: 166), beschrieben werden.

Im Vergleich dazu finden wir bei Schiepek (1987) wie auch bei Willke (1984, 1988) eine Akzentverschiebung hin zur Bedeutung des Umwelteinflusses und eine andere Bewertung therapeutischer Funktionen. Nach Willke (1984: 198) ist Umweltoffenheit Voraussetzung für die Selbststeuerungsfähigkeit selbstreferentieller Systeme. „Selbststeuerung setzt voraus, daß ein System (wie etwa ein Mensch oder eine Familie) seine Identität auf deren Umweltwirkungen hin beobachtet und daraus Schlüsse für eine mögliche Veränderung der eigenen Identität zieht" (ibid.). Abhängig ist das System „hinsichtlich der Konstellationen und Ereignisse, aus denen es Informationen und Bedeutungen ableiten kann, welche die Selbstbezüglichkeit seiner Operationen interpunktieren und anreichern" (Willke 1987a: 341). Umweltoffenheit ist hier also in zweierlei Hinsicht voraussetzungsvoll für die autopoietische Selbststeuerung: Sie ermöglicht die Selbstbeobachtung anhand eigener Wirkungen und stellt Informationen zu Verfügung, ent-

---

[133] In der systemischen Therapie wäre ohnehin nur von ‚Hypothesen', nicht von Diagnosen auszugehen.

lang derer sich die internen Prozesse strukturieren. Therapie ist folglich nur möglich als „Anregung bzw. Anleitung zur Selbststeuerung" (1984: 191) und „Konditionalisierung der Randbedingungen, die als beobachtbare Differenzen die Informationsbasis der jeweiligen basalen Zirkularität abgeben" (ibid.: 198). Insoweit ergibt sich beim therapeutischen Handeln eine paradoxe Ausgangslage: Im Kontext einer Theorie selbstreferentieller Systeme ist Therapie nur als Eigenleistung des therapierten Systems möglich. Gleichzeitig ist sie natürlich ohne Therapeut unmöglich. „Der Anstoß therapeutischer Veränderung muß deshalb gesucht werden in der Erfahrung von Differenzen und differierenden Optionen der Selbstbeschreibung, die sich aus dem Wechselspiel zwischen erfahrenen Zumutungen aus dem Therapeutenhandeln und eigenen Erwartungen des zu therapierenden Systems ergeben. Am ehesten kann man noch sagen, daß therapeutische Intervention im Kontext therapeutischer Kommunikation diejenigen Irritationen erzeugt, die das zu therapierende System in Distanz zu seiner eigenen Selbstbeschreibung zwingt. Diese Distanz ist Grundlage für Verstehen [sic!], für die Denkmöglichkeit von alternativen Optionen, und mithin für Veränderung." (Willke 1988: 49) Auf solchen Irritationen eines ‚Verstehens durch Verfremdung' basieren zwei wichtige systemtherapeutische Interventionsstrategien, ‚Krisenintervention' und paradoxe Intervention, wie Willke (1987a: 345ff) schreibt. Damit schließt sich ein Kreis, da hier zwei Interventionsformen aus der Funktionslogik autopoietischer Systeme heraus begründet werden, die jedoch diesem Ansatz nicht originär zugehören, sondern Therapieansätzen zuzuordnen sind, die vor der Selbstorganisations-Diskussion entwickelt worden sind und in die Richtung des Kontroll-Paradigmas weisen.

(1) Der Begriff ‚Krisenintervention' wird bei Willke nicht wie in gängiger Übereinkunft als Intervention in eine Krisensituation, aus Anlaß einer bekanntgewordenen dringenden Krise verstanden, sondern in dem Sinne, eine Krise des zu therapierenden Systems zu induzieren. „Das System soll ‚außer sich' geraten, um aus der verfremdeten Perspektive eines durch die Krise erschütterten Selbstbildes also einer in Frage gestellten und auf kontingente Möglichkeiten verwiesenen Selbstbeschreibung sich selbst besser verstehen zu können." (1987a: 345) Diese allgemein formulierte Zielbestimmung für therapeutisches Vorgehen deckt sich mit vielen Interventionen, die Minuchin (1978: 174ff) als ‚neustrukturierende Maßnahmen' eingeführt hat: Herausforderungen an die Familienorganisation (ibid.: 175), gewollte Eska-

lation von Belastungen (185), Kennzeichnung von Grenzen (180), Betonung der Unterschiede (186) – allesamt Interventionen des ‚unbalancing‘, die die Familien aus ihrem Gleichgewicht bringen sollen. Voraussetzung hierfür ist ein Arbeitsbündnis, die Bildung eines therapeutischen Systems, das bei Willke (1987a: 346), wie in allen anderen Therapieformen auch, als „Vertrauensbeziehung" vorgestellt wird.

(2) Das zweite Verfremdungsverfahren ist die paradoxe Intervention, wie sie von Selvini-Palazzoli und MitarbeiterInnen (1977) ausgearbeitet wurde. Das Konzept soll an dieser Stelle nicht näher betrachtet werden. Wichtig für den hier diskutierten Zusammenhang ist lediglich, daß ein an der Selbstorganisationstheorie orientiertes Therapiekonzept Interventionsformen als zentral ansieht, die in einem ursprünglich kybernetischen Modell entwickelt wurden. Darüber hinaus läßt sich gerade an paradoxen Interventionen wie positiver Symptombewertung und Symptomverschreibung zeigen, daß eine Verstehensdimension zwangsläufig in therapeutisches Handeln eingeht, wie es z.b. Clemenz (1986: 185ff) für den Mailänder Ansatz gezeigt hat und wie auch Willke (1987a: 343f)[134] zugesteht.

Ähnlich wie Willke bezeichnet auch Schiepek (1987: 39) Therapie als „die Schaffung von Bedingungen für die Möglichkeit von Selbstorganisation". Zielbestimmungen und Planungen präventiver Maßnahmen hält er daher nur begrenzt für möglich. Sie dienten – pointiert ausgedrückt – gar nicht so sehr einer tatsächlichen Zielerreichung, sondern müßten vor allem Minimalbedingungen angeben, damit Selbstorganisation weiterhin stattfinden kann. Außerdem übernähmen sie eine „Katalysatorfunktion" (ibid.: 40), indem sie helfen, Perspektiven und Motivation zu entwickeln.

Was für komplexe, selbstreferentielle Systeme generell gilt, trifft eben auch für therapeutische Systeme zu: Kontrolle, Steuerbarkeit und Prognostizierbarkeit sind kaum möglich (Böse/Schiepek 1989: 132). Auch können in komplexen Systemen mehrere Ziele nebeneinander auftreten, die sich kontradiktorisch zueinander verhalten (ibid.: 233). Therapie im Lichte der Selbstorganisationstheorie kann daher nur heißen, die Eigendynamik von Systemen, ihre Problemlösungskapazitäten zu respektieren und zu versuchen, über einen „sehr begrenzten Eingangsrand" (Schiepek 1987: 39) ‚Bedingungen für die Möglichkeit‘ zu beeinflussen.

---

[134] Willkes Verstehensbegriff orientiert sich an Luhmann (1984: 110f) in Abgrenzung vom hermeneutischen Begriff des Verstehens.

Eintretende Veränderungen wird der therapeutisch/beraterisch Handelnde, auch wenn er weiß, daß seine Aktivitäten Handlungsfolgen nicht determinieren, doch bis zu einem gewissen Grad auch sich selbst zurechnen dürfen, selbst dann, wenn Beratung oder Therapie den Status von „Konversation" oder „epistemischer Beratung" erhält (vgl. Ludewig 1987: 165ff). Die Einsicht, daß durch eigene Beteiligung etwas bewirkt wird – und sei es etwas anderes als das eigentlich Intendierte – scheint eine sinnkonstituierende Voraussetzung dafür zu sein, daß sich Motivationen bilden, die eine kontinuierliche berufliche Zuwendung zu persönlichen und familiären Problemen anderer Menschen erst ermöglichen. Auch bei Merl (1990), der Familientherapie auf der Basis des Autopoiese-Konzepts beschreibt, finden wir die Aussage, daß Therapie „in der durch die Erfahrung bestätigten Annahme [stattfindet], daß die Einwirkung auf die Interaktion, um diese zu verändern, imstande ist, Probleme (...) zu beseitigen" (1990: 221). Wenn also mit der Selbstorganisationstheorie die Begrenztheiten im Handeln, die der Helfer durch seine Berufserfahrung ja kennt, theoretisch untermauert werden und Bedingungen des möglichen Scheiterns untersucht werden, so ist andererseits doch davon auszugehen, daß sich solches Handeln kompetent vollzieht,[138] sofern der Berater um die *möglichen* Wirkungen seiner Interventionen weiß. Nicht nur Ungewißheit, sondern auch Erwartbarkeit geht in die Situation ein. Seine ständig wechselnde Doppelposition ist hierbei von Bedeutung: Als Teilnehmer am therapeutischen System wirkt er von ‚innen'; als Beobachter des Problem-Systems kann er beobachtete Entwicklungen sich oder anderen als Wirkungsdimension zurechnen.

In seiner Verarbeitung der Autopoiesis-Theorie für therapeutische Zwecke kommt Merl (1990) ohne die bei Luhmann (1984) getroffene Vorentscheidung der Dekomposition realer Situationen in Bewußtsein (psychisches System) und Kommunikation (soziales System) aus. Autopoiesis gilt ihm als allgemeiner Operationsmodus von Menschen und Familien. Therapie bewegt sich hier im Rahmen bekannter Voraussetzungen und Bedingungen; etwa des Vorhandenseins von Leidensdruck (1990: 222), der Schaffung einer Atmosphäre, die Autonomie der Klienten ermöglichen soll, der Vereinbarung eines Kontraktes (231) und der Maxime, das System dort abzuholen, wo es sich der-

---

[138] Für die Soziale Arbeit vgl. Lau/Wolff 1982a, 1982b.

zeit befindet (ibid.), womit ein geradezu klassischer Grundsatz der Methodenlehre Sozialer Arbeit wiederkehrt.[136]

Solche Prinzipien, die systemorientiertes Arbeiten kennzeichnen, können also nicht als originärer Bestand einer ausschließlich systemischen Praxis verstanden werden; sie haben allgemeine Geltung. Andererseits sind systemtheoretisch herleitbare Arbeitsprinzipien wie die Einbeziehung eines erweiterten Kontexts in die Beratung und die bei Minuchin (1978) oder Selvini-Palazzoli (1977, 1981) dargestellten Strategien nicht mehr nur auf diese Konzepte beschränkt. Unterschiedliche erkenntnistheoretische Ausgangspunkte scheinen also Konvergenzen in der Praxis nicht auszuschließen.

Die bisher referierten Ansätze haben uns vor allem unter dem Aspekt interessiert, wie Formen therapeutischen Handelns so definiert werden können, daß sie mit dem Basistheorem der operationalen Schließung von Systemen in Einklang stehen.

Selbstreferentielle Schließung und Umweltbezug werden dabei nicht als Gegensatz aufgefaßt, sondern als ,Einheit in der Differenz'. Das Verhältnis von Eigenbestimmtheit und Umwelteinwirkung wird durch die Selbstorganisationstheorien jedoch deutlich zum Moment der Selbststeuerung hin verändert. Die Möglichkeiten der Einwirkung von außen werden indes unterschiedlich gewichtet: als Anregung, durch Veränderung der Umweltbedingungen, als Beeinflussung, als Verstörung. Wenn in diesem Zusammenhang Anlaß für eine „neue Bescheidenheit" (Steiner 1984: 202) gesehen wird, so darf dies wohl vor allem im Hinblick auf die eigene Theorieentwicklung verstanden werden: Gerade mit der kybernetischen Systemtheorie verband sich ja die Erwartung auf Steuerung, Planbarkeit und Prognostizierbarkeit psychosozialer Vorgänge.

Weiterhin hat sich gezeigt, daß die Konzepte auf autopoietischer Grundlage von den vorgängigen Familientherapie-Konzepten, für die hier stellvertretend Minuchin und Selvini-Palazzoli genannt wurden, zwar weit entfernt sind, was ihren theoretischen Ausgangspunkt betrifft, es auf der Ebene von Handlungsmodellen für die Praxis und hinsichtlich der Interventionsmodi jedoch bemerkenswerte Gemeinsamkeiten gibt.

Die Selbstorganisationskonzepte können die Dimension des Verstehens wieder in das systemische Therapiekonzept einführen. Therapie kann nur nach der „eigenen Melodie des Systems" (Willke 1988: 49)

---

[136] ,System' wäre nur durch ,Gruppe', ,Familie' etc. zu ersetzen, vgl. Konopka (1978: 173).

erfolgen, die sich der Therapeut „von innen" erschließen muß. Die Vorstellung einer an naturwissenschaftlichen Idealen orientierten Objektivität und eines unabhängigen Beobachters, wie sie von der Mailänder Schule eine zeitlang vertreten wurde, ist damit überwunden. Daß auch die systemische Therapie-Theorie von der Subjektabhängigkeit jeder Erkenntnis ausgeht und somit „nur ein hermeneutischer, verstehender Zugang zur eigenen Wirklichkeit und zur Realität des Anderen möglich ist" (Levold 1984: 179), läßt ein wichtiges Unterscheidungsmerkmal zu nichtsystemischen Therapieformen wegfallen. Allerdings leitet sich hier die Begründung dafür aus einem naturwissenschaftlichen Gesamtrahmen, aus einer ‚Biologie der Erkenntnis' ab.[137]

5.4.3. Konstruktivismus II

Mit der Relativierung oder gar Aufgabe des Realitätsbegriffs im Konstruktivismus und in der Autopoiesis-Theorie stellt sich eine Haltung ein, die Hey (1989) zutreffend als „extensiven Relativismus" charakterisiert hat. Zwei Gesichtspunkte tragen hierzu besonders bei. Einmal die Bedeutung der Sprache, die in der Autopoiesis-Theorie nicht als denotatives System für Dinge einer ‚draußen' existierenden Welt verstanden wird, sondern in dem Sinne, daß die Welt erst durch das „In-der-Sprache-sein" (Maturana/Varela 1987: 253) hervorgebracht wird. Erst die sprachlich getroffene Unterscheidung konstituiere den Bereich, aufgrund dessen gegenseitige strukturelle Koppelung möglich ist.

„Wir erzeugen daher (...) die Welt, in der wir leben, indem wir sie leben" (Maturana 1985: 269). Mit diesem radikal subjektivistischen Standpunkt ist nicht lediglich Subjektabhängigkeit von Erkenntnis, subjektive Wirklichkeitskonstruktion gemeint, sondern es wird der Standpunkt eingenommen, daß es eine vom Beobachter unabhängige Realität gar nicht gibt oder eine solche irrelevant ist. „Realität und Objektivität entstehen in Sprache und sind daran in ihrer Existenz (...) gebunden." (Maturana in: Krüll et al. 1987: 16) Mit dieser Position geht ein spezifischer Realitätsverlust einher, der – wie gleich gezeigt werden wird – für die psychosoziale Praxis erhebliche Konsequenzen hat.

Zunächst zum zweiten Gesichtspunkt: Strukturdeterminierte Systeme haben keine Wahl. Sie funktionieren entsprechend den durch ihre in-

---

[137] Vgl. auch Bautsch/Wiesinger (1989: 114f).

nere Organisation vorgegebenen Möglichkeiten, durch die ebenfalls die Bedingungen struktureller Koppelung vorgegeben sind. „Alle Zustände eines Systems sind notwendige Zustände seiner Autopoiese; andernfalls geht es zugrunde." (Maturana 1985: 280) Autopoietische Systeme passen daher „definitionsgemäß" zu ihrer Umgebung (vgl. Dell 1984: 165). Ein solches System kann daher – zugespitzt ausgedrückt – nur ‚perfekt‘, nur ‚vollkommen‘ sein. Problemzuweisungen, Begriffe von Pathologie, Defizite sind daher stets Kriterien, die ein Beobachter verwendet; es handelt sich um Zuschreibungen (vgl. Brocher/ Sies 1986: 122). Unter diesen Voraussetzungen wäre jedoch jede psycho-soziale Hilfe ad absurdum geführt, da sie allein als Zumutung von außen, als Zwang denkbar wäre.

Nun nehmen aber Menschen Beratung und Therapie in Anspruch, die sich keineswegs als ‚perfekt‘ begreifen, die ihre ‚Struktur‘ in dieser oder jener Hinsicht verändern wollen. Sie verfügen offenbar über eine Möglichkeit zur Selbstbeobachtung, die sie zu ähnlichen Bewertungen kommen läßt, wie einen außenstehenden Beobachter, sprich: Berater. Die Maßstäbe solcher Übereinkünfte und Bewertungen sind jedoch gesellschaftlicher Art. Es sind Leitbilder und Normvorstellungen, deren Befolgung oder Nichtbefolgung ein Kriterium dafür bilden, an dem sich individuelles Wohlbefinden oder Leid relativieren kann. Wenn Maturana (1985: 29f) zufolge „Jedes Wertesystem, jede Ideologie, jede Beschreibung...eine Operation in einem Konsensbereich [ist], deren Gültigkeit nur durch jene hergestellt wird, die sie durch ihr konsensuelles Verhalten validieren", so ist dem zunächst zuzustimmen; beschreibt es doch das Zustandekommen intersubjektiver Gültigkeit, also die gemeinsame Sicht der Wirklichkeit in dieser oder jener Frage. Entscheidend ist jedoch, daß die Welt nicht jedesmal voraussetzungslos neu „erschaffen" wird, sondern Vorerfahrungen, Sollensforderungen, Ideale und Zwänge in diesen Prozeß eingehen. Hierin zeigt sich die Gesellschaftlichkeit des Einzelnen. Die Identität eines Systems muß an eine Wertsphäre gebunden sein, um Gesichtspunkte für Pathologie, Abweichung gewinnen zu können (vgl. Habermas 1988b: 345). Mit der Vorstellung des ‚perfekten‘ Systems sind daher keine Kriterien gegeben, weder um individuellen Wandel, noch dessen soziale Konstitution zu erfassen.

Als Zwischenstand der Betrachtung ergibt sich nun folgendes:

(1) Der Strukturdeterminismus bezeichnet die Möglichkeit der instruktiven Interaktion als Mythos. Damit ist eine Erklärung für potentielles Scheitern psychosozialer Helfer gegeben. Gleichzeitig betont

er damit die Fähigkeit zur Eigensteuerung der Systeme, speziell bei Menschen deren Eigenverantwortung für ihr Handeln.

(2) Für professionelle Helfer ergibt sich daraus die Möglichkeit einer veränderten Position im Hilfeprozeß. Nicht die Verantwortung für Veränderungen selbst, sondern lediglich Verantwortung für die Gestaltung von Rahmenbedingungen, unter denen Hilfe stattfindet, läge beim Helfer selbst. Im Bereich Sozialer Arbeit sind diese Bedingungen jedoch weitgehend institutionell vorgegeben, wenn auch Freiräume individueller Gestaltung bleiben. Die Beratungsaufgabe kann darin bestehen, Anregungen zu geben und einengende oder eingeengte Wirklichkeitsperspektiven zu erweitern. Ein Gewinn der Autopoiese-Theorie für Soziale Arbeit mag darin liegen, stärker den einzelnen in seiner Individualität zu respektieren, seine Lösungsmöglichkeiten zu suchen und darauf zu vertrauen. Allgemeiner gesprochen: Programme an Personen und nicht Personen an Programme anzupassen.

Indes hat Soziale Arbeit auf allgemeine Problemlagen zu antworten. Sie sieht auch den allgemeinen, sozialstrukturellen Aspekt individuell erfahrener Realität. Sie weiß, daß in zahllosen Fällen die Möglichkeiten zur Eigenentscheidung im Hinblick auf reale Veränderungen aufgrund individueller und sozialer Faktoren gar nicht gegeben sind und daß die Möglichkeiten zur Selbstbeobachtung eingeschränkt sein können. Die Verantwortungszuweisung an den Klienten findet ihre Begrenzung in Situationen, die nach gängiger professioneller Beurteilung eine Krisenintervention erforderlich machen. Die Beurteilung, wann ein solcher Zustand eingetreten ist, wird dann von einem Beobachter-Sozialarbeiter getroffen, der das, was er sieht und hört, mit Kriterien vergleicht, die gesellschaftlich, institutionell und bei ihm persönlich gegeben sind.

Wenn Efran et al. (1988), die sich mit der Therapie Alkoholabhängiger beschäftigen, unter Berufung auf das Autopoiese-Konzept zu der Aussage gelangen: „Jene, die wir Alkoholiker nennen, sind zu *jeder* Zeit genau so frei, in Übereinstimmung mit ihrer Struktur zu handeln, wie wir alle und sie sind entsprechend genauso eingeschränkt von denselben Strukturen wie wir" (1988: 186), so zeigt dies, wie beliebig, ja sinnlos ein solch einseitiger Begriff von Freiheit ist, wenn er nicht an die Wert- und Zielvorstellungen der Betroffenen gebunden ist. Abstinente Alkoholiker werden auf jeden Fall bestätigen, daß ihre Freiheitsgrade in Phasen des Trinkens stark eingeschränkt waren und sich ihre ‚Struktur' auf die mit dem Trinken verbundenen Fragen verengt hat. Dies als „auf freier Entscheidung beruhend" (Herwig-Lempp 1988: 200) aufzufassen, wird auf Betroffene zynisch wirken.

(3) Mit der konstruktivistischen Auffassung von Sprache, wie sie auch bei Efran et al. Eingang findet, wird Alkoholismus zu einem rein sprachlichen Problem. Demzufolge ist „Alkoholismus wie Selbstmord, Sünde, Unterhaltung und die Grippe grundsätzlich eine Unterscheidung in Sprache" (Efran et al. 1988: 189f). Therapie und Beratung kann konsequenterweise nur „statt der Veränderung des Verhaltens ein anderes Erleben des Trinkens sein" (Herwig-Lempp 1988: 199). Lösungen für Probleme werden hier einfach dadurch gefunden, daß der Klient lernt, seine Auffassung über diese Probleme zu ändern, also ‚alternative Wirklichkeitskonstruktionen' entwickelt.

Bei vielen Problemen mag es sinnvoll sein, ein anderes Verhältnis, eine neue Einstellung zu gewinnen, insbesondere dort, wo es um die Verarbeitung von Geschehenem geht. Dies kann jedoch nur ein Teil psychosozialer Beratungsarbeit sein, die Verbesserung der realen Lebenssituation der andere. Um bei dem Beispiel Alkoholismus zu bleiben: Der verlorene Arbeitsplatz, die zerrüttete Ehe und der Schuldenberg, der kaum mehr innerhalb der Lebenszeit abzahlbar ist, mögen sprachliche Unterscheidungen zu anderem darstellen. Auf jeden Fall sind es aber reale Bedingungen einer schwierigen Lebenssituation, die durch semantische Bemühungen nicht veränderbar sind.

In der Umsetzung der Autopoiese-Theorie für psychosoziales Handeln wäre an diesem Einzelbeispiel gezeigt, wie durch die Absehung vom dinghaften Kontext der menschlichen Beziehungen in Natur und Gesellschaft und die Fixierung auf eine sprachphilosophische Dimension ein spezifischer Realitätsverlust eintritt. Angesichts der massiven Probleme in der sozialen Wirklichkeit wirken solche Positionen merkwürdig inhaltsleer. „Der Theoriefehler", schreibt Huschke-Rhein (1990: 148) „besteht in der rigiden Disjunktion zwischen ‚Erkennen' und ‚Tatsachen'. Dadurch werden die gesellschaftlichen Fakten rigoros von gesellschaftlicher Kommunikation und damit überhaupt von ‚der' Gesellschaft losgetrennt."

Die Vorschläge zur Handlungsorientierung, die uns die Selbstorganisationstheorien machen, sind selbstverständlich keine ‚Neu-Entdeckungen'. Sie sind vielmehr Begründungen, die diese oder jene Orientierung argumentativ abstützen können oder einen neuen Ordnungsgesichtspunkt zur Verfügung stellen. Sie sind für Soziale Arbeit deshalb interessant, weil sie wichtige Handlungsprobleme reflektieren, die in der Diskussion um Professionalisierung und Handlungskompetenz virulent sind. (Vgl. Kapitel 5.1. und 5.2.)

Neu ist indes, daß sich die Handlungskonsequenzen aus einer naturwissenschaftlichen Theorie, der Biologie, herleiten lassen und sich solche Argumentationen aus der Perspektive Sozialer Arbeit als gleichsam ‚begründeter' erweisen können als etwa normativ ausgerichtete Handlungsmaximen. Skepsis ist gegenüber den Selbstorganisationstheorien jedoch wegen dieser (kognitions-)biologischen Herkunft angebracht, da mit einer Beschränkung darauf die Gefahr eintreten kann, die Systemtheorie gerade vermeiden will: die Verengung auf eine reduktionistische Perspektive.

Eine sich die Autopoiesis-Theorie aneignende Soziale Arbeit muß sich nicht der Mühe unterziehen, die Stimmigkeit der Theorie sowie ihre Reichweite und Gültigkeit für soziale Phänomene selbst zu überprüfen oder gar empirische Korrelate der Theorie zu betrachten, sondern kann die Schlußfolgerungen der Theorie, etwa die Aussagen zu begrenzter Beeinflußbarkeit als ihren Ausgangspunkt nehmen. Mit dem Strukturdeterminismus ist daher auch nicht zwingend eine Veränderung systemischer Beratungspraxis verbunden; vielmehr werden Denkmuster zur Verfügung gestellt, die die ‚Grundhaltung' (vgl. Kapitel 5.1.) des Beraters, seine ‚konzeptuelle Brille', im zuvor diskutierten Sinne fundieren bzw. bestärken.

Die Bedeutung der Selbstorganisationstheorien für die Soziale Arbeit liegt zusammenfassend betrachtet vor allem darin, die Kontingenz von Entwicklungsprozessen und Entscheidungen in sozialpädagogischen Interaktionen und damit auch die Möglichkeit des Scheiterns sozialpädagogischer Bemühungen wissenschaftlich zu fundieren. Die Selbstorganisationstheorie hält insofern Tröstungen für jene Fälle bereit, in denen trotz besonderem Engagement erwartete Änderungen nicht eintreten, und Rechtfertigungen für jene, in denen die den SozialarbeiterInnen verbliebene Verantwortlichkeit nicht wahrgenommen wurde.

161

6. Soziale Arbeit als gesellschaftliches System

6.1. SYSTEM UND LEBENSWELT

6.1.1. Die Kolonialisierung der Lebenswelt

In der Theorie kommunikativen Handelns (Habermas 1988a, 1988b) wird Gesellschaft als System und Lebenswelt zugleich konzipiert. Unter Gesellschaft sind „systemisch stabilisierte Handlungszusammenhänge sozial integrierter Gruppen" (1988b: 228) zu verstehen. Betrachten wir Gesellschaft aus der Perspektive handelnder Subjekte, dann erfassen wir die Lebenswelt einer sozialen Gruppe. Aus einer Beobachterperspektive beschreiben wir Gesellschaft als System von Handlungen (ibid.: 179). Gesellschaftstheorie muß daher nach Habermas sowohl als Handlungstheorie als auch als Systemtheorie konzipiert sein.[138]

Im Kontext einer Kommunikationstheorie wird Lebenswelt nicht als sozial-räumliche Kategorie gefaßt; vielmehr ist die Sinn-Ebene gemeint, die bestimmten materiellen Lebensverhältnissen entspricht. Lebenswelt kann daher als „durch einen kulturell überlieferten und sprachlich organisierten Vorrat an Deutungsmustern repräsentiert" (ibid.: 189) angesehen werden. Im Prozeß gesellschaftlicher Ausdifferenzierung kommt es durch die Herausbildung komplexer Subsysteme zu einer Entkoppelung von System und Lebenswelt. Dieses Auseinandertreten in eine private und öffentliche Sphäre kommunikativer Rationalität einerseits und ausdiffenzierte Subsysteme wie Ökonomie und Verwaltung andererseits, erfordert auch unterschiedliche Formen der Handlungskoordination: hier verständigungsorientiertes Handeln durch Sprache, dort zweckrationale Handlungskoordination durch symbolisch generalisierte Steuerungsmedien wie Geld und Macht.

Die lebensweltlichen, verständigungsorientierten Funktionen beziehen sich auf die Dimensionen ‚Kultur, Gesellschaft und Person'

---

[138] Die Grundzüge von Habermas' Theorie, in der viele ‚Klassiker' der Soziologie verarbeitet werden, können hier nicht dargestellt werden. Eine kritische Einführung, besonders im Hinblick auf Unterschiede und und Gemeinsamkeiten zur Systemtheorie Luhmanns, bietet Kiss (1987).

(1988b: 212ff): Die *kulturelle Reproduktion* umfaßt „Überlieferung, Kritik [und] Erwerb von kulturellem Wissen", die *soziale Integration* wird durch die „Koordinierung von Handlungen über intersubjektiv anerkannte Geltungsansprüche" gewährleistet und *Sozialisation* (und Erziehung) ist die Dimension, in der sich die personale Identitätsbildung vollzieht (ibid.: 217).

Dabei ist zwischen der materiellen und der symbolischen Reproduktion der lebensweltlichen Strukturen zu unterscheiden (ibid.: 209, 226): Denn die Verankerung systemischer Steuerungsmechanismen in einer kommunikativ strukturierten Lebenswelt erweist sich nicht generell als problematisch. Sie ist zunächst nur der sich historisch vollziehende Mediatisierungsprozeß der Lebenswelt. Er zeigt sich als Entwicklung hin zu Monetarisierung, Bürokratisierung und Verrechtlichung des Lebens (ibid.: 229ff). Kolonialisierung der Lebenswelt jedoch ist derjenige Prozeß, der die *symbolische* Reproduktion der Lebenswelt (kulturelle Überlieferung, soziale Integration und Erziehung) in Frage stellt, indem die auf Sprache angewiesene, konsensabhängige Handlungskoordinierung durch das Eindringen systemischer, entsprachlichter Medien (Macht und Geld) ersetzt wird.

Dabei kommt es zu „pathologischen Nebeneffekten", die sich als „Verknappung" auswirken (ibid.: 212ff): In der kulturellen Dimension als Verknappung der Ressource „Sinn", bei der sozialen Integration als Verknappung der Ressource „gesellschaftliche Solidarität" und hinsichtlich der Identitätsbildung als Verknappung der „Ich-Stärke". Als „Pathologien der Moderne" werden hier also solche Phänomene beschrieben, die zwar im „materiellen Substrat(s) (...) eine notwendige Bedingung für die Erhaltung der symbolischen Strukturen der Lebenswelt" (1981b: 226) sehen, von diesem aber zu unterscheiden sind. Sinnkrisen, Verunsicherung, Individualismus und Zunahme psychischer Erkrankungen sind die Phänomene, die der Kolonialisierung geschuldet sind.

Der Deformation der Lebenswelt entspricht ein Alltagsbewußtsein, das seiner „synthetisierenden Kraft beraubt [ist], es wird fragmentiert" (ibid.: 521). Erst damit, schreibt Habermas, „sind die Bedingungen einer *Kolonialisierung der Lebenswelt* erfüllt: die Imperative der verselbständigten Subsysteme dringen, sobald sie ihres ideologischen Schleiers entkleidet sind, *von außen* in die Lebenswelt wie Kolonialherren in eine Stammesgesellschaft ein und erzwingen die Assimilation; aber die zerstreuten Perspektiven der heimischen Kultur lassen sich nicht soweit koordinieren, daß das Spiel der Metropolen und des Weltmarktes von der Peripherie her durchschaut werden könnte"

(ibid.: 522).[139] Der „Sog der ökonomischen Wachstumsdynamik"
(ibid.: 539) und die damit einhergehende Verrechtlichung setzen sich
zunehmend in ehedem informell geregelten Sphären durch, „je mehr
Freizeit, Kultur, Erholung Tourismus erkennbar von den Gesetzen der
Warenwirtschaft und den Definitionen des Massenkonsums erfaßt
werden; je mehr sich die Strukturen der bürgerlichen Familie ersicht-
lich an Imperative des Beschäftigungssystems anpassen; je mehr die
Schule handgreiflich die Funktion übernimmt, Berufs- und Lebens-
chancen zuzuteilen usw." (1988b: 540).

6.1.2. Soziale Arbeit zwischen System und Lebenswelt

Mit dieser groben Skizze können wir nun zur Sozialen Arbeit zurück-
kehren und sie als *intermediäre Instanz* bestimmen, die zwischen System und Lebenswelt vermittelt.[140]
Ein Blick auf die gesellschaftlichen, insbesondere ökonomischen Prozesse des vergangenen Jahrhunderts macht evident, wie sich Soziale
Arbeit als Institution und Profession gerade dadurch zunehmend fest-
igen kann, indem sie dort vermittelt und ausgleicht, wo die Subsysteme
Wirtschaft und Staat aus der Lebenswelt herausziehen, „was sie für
ihre Reproduktion brauchen: Arbeitsleistungen und Gehorsamsbe-
reitschaften" (Habermas 1988b: 526).
Soziale Arbeit ist einerseits an die ‚systemischen Imperative' der Gesellschaft gebunden, indem sie die Einhaltung gesellschaftlicher Normen, die teilweise juristisch gefaßt sind, kontrolliert oder ihnen zur
Geltung verhilft. Andererseits ist keine Hilfeleistung denkbar, die
nicht an den lebensweltlichen Hintergrund der Klienten anschließt.
Dieser Lebenswelt konstitutiv zugehörig ist Soziale Arbeit jedoch
nicht. Richter (1986: 157) hat diese Mittlerstellung treffend in die Formel gefaßt, Soziale Arbeit fungiere als „Geschäfts- und Gesprächs-
partner" zugleich. Damit ist jedoch nur einmal mehr beschrieben, was
wir als Doppelstruktur von Hilfe und Kontrolle, als doppeltes Mandat
aus vielen Analysen kennen. Diese Unterscheidung ist jedoch erst aus
der Perspektive der Betroffenen selbst oder von einer Haltung her

---

[139] Das seit Marx mit ‚Entfremdung' und ‚Verdinglichung' bezeichnete Struk-
turproblem der Gesellschaft wird mit der Kolonialisierungsthese neu gefaßt.
Vgl. auch: Berger (1982), Sünker (1989: 84ff).
[140] Vgl. hierzu schon Polsky (1969: 14ff): Sozialarbeit als Hilfssystem, das zwischen den widersprechenden Anforderungen von Arbeitswelt und Familiensystem vermittelt oder versöhnt („mediation and reconciliation").

sinnvoll, die sich mit den Interessen der Betroffenen bis zu einem gewissen Grad identifiziert.

Schmitz (1984: 175) hat in diesem Zusammenhang auf ein theoretisches Paradoxon hingewiesen: Aus der Systemperspektive erweist sich Soziale Arbeit dann als funktional, wenn sie in einer bestimmten Weise hilft. Sie handelt jedoch gleichfalls funktional, wenn sie in bestimmter Hinsicht kontrolliert. So oder so wird sie ihrem systembestimmten Funktionserfordernis gerecht. Aus systemischer Perspektive haben Begriffe der Hilfe und Kontrolle daher keine Differenzierungsqualität.

Das Verhältnis von Klienten zu den „Verwaltungen des Sozialstaats" (1988b: 476) ist für Habermas ein Modellfall für eine Kolonialisierung der Lebenswelt. Wenn die Gesellschaft die Zerstörung traditioneller Lebensformen nicht mehr durch „effektivere Erfüllung gesamtgesellschaftlicher Funktionen" (ibid.) ausgleichen kann, greift sie zum Einsatz von Macht und Geld durch Soziale Arbeit. Soziale Arbeit wirkt so an der Systemintegration mit, indem sie Tauschmedien dort zur Verfügung stellt, wo die sozialintegrierten Verständigungsprozesse dekompensieren.

Der Einsatz von Geld stiftet ‚tauschwertförmige' Beziehungen; Macht wird mit Hilfe „rechtsförmig erzeugter, sozialstaatlicher Verkehrsformen" (Gängler/Rauschenbach 1986: 195) eingebracht. In funktional differenzierten Gesellschaften kann die Antwort auf Defizitereignisse und Lebensrisiken ohnedies nur noch in der Verrechtlichung sozialer Tatbestände bestehen (vgl. Luhmann 1973). Lebensrisiken werden im Rahmen bürokratischen Leistungsvollzugs zumeist in Form monetärer Entschädigungen abgegolten (Habermas 1988b: 533). Sich verändernde Lebenslagen, wie der Eintritt von Arbeitslosigkeit oder das Rentenalter, vertragen jedoch „in der Regel keine konsumistischen Umdefinitionen" (ibid.), die monetäre Antwort auf Veränderungen in der Lebenswelt der Klienten bleibt deshalb unzureichend. „Zum Ausgleich für diese Unangemessenheit systemkonformer Entschädigung sind soziale Dienste eingerichtet worden, die therapeutische Hilfestellungen geben" (ibid.). Dabei werden von Habermas die bekannten, als Handlungsparadox Sozialer Arbeit zu charakterisierenden Probleme identifiziert: Die administrative, mitunter auch verordnete Hilfe widerspricht dem Ziel, Selbsttätigkeit und Entscheidungsfreiheit zu entwickeln. Denn solche psychosozialen Hilfen verlangen „eigentlich Funktionsmodi, Rationalitätskriterien und Organisationsformen, die der bürokratisch strukturierten Verwaltung fremd sind" (ibid.).

Als Folge der Unzulänglichkeiten systemischer Steuerungsmechanismen entwickeln sich vielfältige Formen sozialer Hilfe, eine ‚Therapeutokratie' (Habermas) geradezu. Deren Dilemma besteht darin, zwar der sozialen Integration dienen zu sollen, tatsächlich jedoch die lebensweltliche Desintegration zu betreiben, indem Verständigung durch Macht und Geld ersetzt wird. „In dem Maße, wie der Sozialstaat über die Pazifizierung des unmittelbar in der Produktionssphäre auftretenden Klassenkonflikts hinausgreift und ein Netz von Klientenverhältnissen über die privaten Lebensbereiche ausbreitet, umso stärker treten die erwarteten pathologischen Nebeneffekte einer Verrechtlichung hervor, die gleichzeitig eine Bürokratisierung und Monetarisierung von Kernbereichen der Lebenswelt bedeutet." (Habermas 1988b: 534)

Wenn die These, daß Soziale Arbeit zwischen System und Lebenswelt vermittelt, zunächst zu dem Gedanken führt, daß die kustodialen und allokativen Funktionen, also die rechtlich normierten Funktionen und die Geldgewährung der systemischen Seite, die beratend-therapeutischen Funktionen hingegen der lebensweltlichen Seite zuzuschlagen wären, so zeigt sich jetzt, daß die Dinge komplizierter liegen. Nach der Argumentation von Habermas wäre auch die ‚therapeutische' Seite *systemisch induziert,* also ein notwendiges Korrelat für die Steuerungsmedien Recht und Geld. Damit wären wir bei der in Kapitel 3.2.4. erwähnten Kritik von Brumlik (1986: 40) angelangt, wonach im verstehenden Zugang zur Lebenswelt das Moment der Enteignung von Privatheit, eben Kolonialisierung, stets mit gegeben ist.

Wo der Charakter der Sozialarbeiter-Klient-Beziehung nicht als Rechtsverhältnis offenkundig ist, etwa im Bereich psychosozialer Beratung, oder die Rechtsdimension im Laufe des Kontaktes in den Hintergrund getreten ist, gibt es kaum noch verbindliche Normen im Sinne einer Selbstbegrenzung, wie weit Soziale Arbeit gehen kann (vgl. Bossong 1987: 238). Die „diffuse Allzuständigkeit" (Thiersch), ein scheinbar unbegrenztes Mandat, führt zu immer neuen Problemdefinitionen und Zielvorstellungen, es sei denn, der Klient geht.

Gerade eine zu weit gehende, „missionarische" (Bossong 1987: 239) Verstehenshaltung hat noch eine Chance, dort zum ‚systemisch' erwünschten Erfolg zu führen, wo die ‚Hilfe' gar nicht gewünscht wird, z.B. in Subkulturen der Jugend- oder Drogenszene. Hier taucht Soziale Arbeit ohne jedes Mandat direkt in die Lebenswelt der Betroffenen ein. Konzepte aufsuchender Sozialarbeit werden ja gerade dann entwickelt, wenn sich die betreffende Personengruppe zu den Kooperationsformen, die die Instanzen sozialer Kontrolle für notwendig erachten, nicht bereit finden oder die Kontrolle durch Polizeimaßnahmen als nicht ausreichend angesehen wird. Die Lebenswelt wird so „mit diskretem Charme" (Gängler/Rauschenbach 1986) den systemischen Erfordernissen zugänglich gemacht oder ersetzt sie. Verstehen kann also unter den diskutierten Bedingungen als besondere Form der Kolonialisierung von Lebenswelten angesehen werden. Eine solche Beurteilung wird freilich aus einer Beobachterperspektive angestellt. Die Selbsteinschätzung der handelnden SozialarbeiterInnen wird in aller Regel anders sein. Sie werden sich nicht als Vertreter einer fremdem Macht, als Kolonisatoren, sehen, sondern oft gerade umgekehrt als Verteidiger der lebensweltlichen Seite. ‚Hilfe zur Selbsthilfe' wäre gar nicht anders möglich, als durch Stützung dieser Potentiale. Dabei darf der Sozialarbeiter nicht übersehen, daß er die ‚systemische Macht' in Form von Sanktionen oder Mittelentzug im Rücken hat und aktivieren könnte. Klienten sehen dies oft schärfer als die SozialarbeiterInnen und bleiben distanziert.

Wenn das Verstehen auch zum ‚Kolonialisieren' beitragen mag, so ist es doch die Grundlage einer jeden beratenden Hilfebeziehung. Die Verstehen-Kolonialisieren-Debatte kann ins Bewußtsein rufen, daß Klienten ein Recht haben, als Subjekte ernstgenommen zu werden, die zu eigener Entscheidung fähig sind. Im übrigen gilt, wie auch schon vor dieser Debatte, daß Soziale Arbeit ihr reflexives Bewußtsein entwickeln, d.h. die Bedingungen ihres Handelns erkennen muß: Soziale Arbeit ist systemisch induziert und gleichzeitig auf verständigungsorientiertes Handeln angewiesen.

6.1.3. Offene Fragen

Eine Kritik der Theorie Kommunikativen Handelns ist nicht Gegenstand dieser Arbeit.[141] Ein Hinweis auf mögliche Einwände darf jedoch gestattet sein, soweit er sich auf sozialpädagogische Zusammenhänge bezieht.

So zeigt sich, daß das Verhältnis von symbolischer und materieller Lebenswelt nicht genau geklärt ist und dadurch Probleme auftreten, die schon durch den phänomenologischen Lebensweltbegriff selbst gegeben sind.

Wenn einerseits mit Lebenswelt „gleichsam der transzendentale Ort, an dem sich Hörer und Sprecher begegnen" (Habermas 1988b: 192) und von dem aus Verständigung über die Geltungsansprüche bezüg-

---

[141] Siehe dazu Berger (1982), Kiss (1987: 77ff).

lich der objektiven, der sozialen und der subjektiven Welt erfolgen, gemeint ist, so ist mit Brumlik (1986: 59f) zu fragen, wie ein solcher, nur durch transzendentale Überlegung erschließbarer ‚Ort' kolonialisiert werden kann, wenn andererseits bei der Einführung der Kolonialisierungsmetapher (1981b: 522, s.o.) ‚Lebenswelt' wie es scheint im Sinne einer bestimmten, tatsächlich existierenden Kultur aufgefaßt wird (Brumlik 1986: 58). Auch Kiss (1987: 99ff) kritisiert die unklare Verwendung des Begriffs. Er spricht von einer „Amalgamierung von Alltags- und Lebenswelt" (ibid.), da in den Lebenswelt-Begriff nicht nur „lebensweltliche Grundeinstimmungen" (ibid.: 100), sondern auch situativ gebundene Alltagsinteraktionen eingehen.

Bei der Überprüfung der Theorie fällt es offenbar schwer, die analytische Trennung zwischen symbolischer und materieller Dimension aufrechtzuerhalten. Dies wohl auch deshalb, weil die Gegen- bzw. Komplementärbegriffe zur Lebenswelt, die gesellschaftlich ausdifferenzierten Subsysteme, wie Ökonomie und Administration, auch in einer materiellen Realisation, in einer Realdimension erfaßbar und die symbolisch generalisierten Kommunikationsmedien als Abstraktionsbegriffe eng daran geknüpft sind.

Habermas hat jedoch klargelegt, daß mit dem Lebensweltbegriff nicht selbst ein System von Lebenszusammenhängen und kulturellen Manifestationen gemeint ist, sondern der Lebensweltbegriff auf solche Zusammenhänge verweist: „weder in ihrer kontextbildenden noch in ihrer texterzeugenden Funktion erlangen die kulturellen Deutungsmuster den Status von Gegenständen, auf die sich die Aktoren wie auf Bestandteile der Handlungssituation beziehen würden" (1988b: 329). Der kommunikationstheoretische Lebensweltbegriff „eignet sich nicht zur Abgrenzung eines sozialwissenschaftlichen Objektbereichs, also derjenigen Region in der objektiven Welt, die die Gesamtheit der hermeneutisch zugänglichen, im weitesten Sinne historischen oder soziokulturellen Tatsachen bildet. Dafür empfiehlt sich eher das *Alltagskonzept der Lebenswelt,* mit dessen Hilfe kommunikativ Handelnde sich und ihre Äußerungen in sozialen Räumen und historischen Zeiten lokalisieren und datieren" (ibid.: 206). Der Lebensweltbegriff bei Habermas kann also nicht, wie bei Brumlik (1986: 62), mit „Reproduktionssphäre" gleichgesetzt werden und meint auch nicht „soziokulturelle Umwelt" (vgl. Kiss 1987: 105f).

Mit diesen Begriffen wären jene Systeme von Lebenszusammenhängen erfaßt, auf die die Reproduktionsfunktionen der Lebenswelt (Kultur, Integration und Sozialisation) nur verweisen, wie die Familie, gesellschaftliche Gruppen, Freizeitsphären etc. Diese selbst sind

168

wiederum auch als Systeme analysierbar, ebenso wie es die materiellen Korrelate der machtförmigen Subsysteme Ökonomie und Administration sind (z.B. Fabriken, Behörden). Für sozialpädagogische Zusammenhänge, wie in Kapitel 3.2.4. dargelegt, ist jedoch ein Lebensweltbegriff sinnvoller, der die Verschränkung von materieller und symbolischer Dimension sieht und Lebenswelt auch als Lebens*umwelt* begreift.

Dies soll hier an einem Beispiel von Tagesmüttern oder Pflegefamilien veranschaulicht werden, das Brumlik (1986: 62) anführt: Wenn eine Pflegefamilie Kinder nur deshalb aufnimmt, weil sie sich davon eine finanzielle Entlastung erhofft, so wäre dies wohl ein Vorgang, der auf der Folie der Kolonialisierungsmetapher nachzuvollziehen ist: Nicht mehr die ,lebensweltliche' Sorge für Kinder bestimmt das Handeln, sondern die dadurch erlangte Verfügung über (wenn auch wenig) Geld. Die Tauschförmigkeit entfremdeter sozialer Beziehungen fände hierin einen krassen Ausdruck. Es wird darin aber deutlich, daß die materielle von der symbolischen Reproduktion der Familie gar nicht zu trennen ist. Die eben beschriebene Handlungsweise vollzieht sich zwar auf der Basis von Einstellungen, die als durch den ,systemischen Imperativ' des Geldes kolonialisiert gelten können, sie dient aber der materiellen Reproduktion der Familie. Symbolische wie materielle Dimension können wir daher als zwei Momente eines einheitlichen Zusammenhangs begreifen, der nur zu analytischen Zwecken auseinandergezogen wird.

Das Denken in zwei gegenüberzustellenden, jedoch nie rein voneinander abzugrenzenden Modi wie ,Lebenswelt' und ,System', die Verständigungsorientierung, Entwicklung sozialer Normen und Interessen einerseits und funktionale Erfordernisse, Steuerungsprobleme, Zwänge der Rationalisierung andererseits beschreiben, ist in der Soziologie vielfach anzutreffen:

(1) Die Gegenüberstellung von ,Gemeinschaft' und ,Gesellschaft', sowohl als soziale Idealtypen wie auch als Entwicklungsphasen der Gesellschaft bei Tönnies (1979).
(2) Die Charakterisierung sozialer Beziehungen bei Max Weber (1956b: 21f) als Vergemeinschaftung und Vergesellschaftung,[142] sowie
(3) die Unterscheidung nach System- und Sozialintegration bei Lockwood (1964).

---

[142] Erstere beruht auf „subjektiv gefühlter (affektueller oder traditionaler) Zusammengehörigkeit" (1956b: 21), letztere auf wert- oder zweckrationalem Handeln.

Auf Tönnies (1979) bezieht sich auch Scherpner (1962) in seiner Theorie der Fürsorge. Der Begriff der Gemeinschaft weist weitgehende Übereinstimmung mit dem hier diskutierten Lebenswelt-Begriff auf. Neben die Familie als ‚echter Gemeinschaft', die den „Untergrund aller menschlichen Zusammenschlüsse überhaupt" (Scherpner 1962: 125) bilde, treten sogenannte Wahlgemeinschaften aus persönlichen, religiösen oder politischen Gründen. Alle zeichnen sich durch die Vielgestaltigkeit ihrer Mitglieder aus; „sie tendieren dazu, den ganzen Menschen zu erfassen" (ibid.), und sie werden nicht nur als reale Gruppierung, sondern auch symbolisch, als „geistige Größe" verstanden. „Es geht deshalb immer auch um die Erhaltung ideeller Werte und ihre Verwirklichung im Leben der Gemeinschaft" (ibid.: 130). Fürsorge wird hier allerdings nicht als Vermittlungsinstanz verstanden, sondern als Funktion der Gemeinschaft der ‚lebensweltlichen' Seite zugeschlagen.

6.2. Sozialer Wandel und Systemtheorie

6.2.1. Individuum und Wohlfahrtsstaat

Analysen über die Verfaßtheit des Wohlfahrtsstaates im allgemeinen, wie auch über die Veränderungen in der Funktionsbestimmung Sozialer Arbeit im besonderen, können ihren Ausgangspunkt bei gesellschaftlichen Differenzierungsprozessen nehmen (Luhmann 1987, Olk/Otto 1987a). Die funktionale Ausdifferenzierung von Teilsystemen erweist sich als Erfordernis, um die anwachsende Komplexität in der Gesellschaft zu bewältigen. Gesellschaftliche Ausdifferenzierung bedeutet Spezialisierung auf eine Funktion und damit Rationalität und Leistungssteigerung. Dies geschieht um den Preis eines selektiven Verhältnisses zur Umwelt, das über ein „symbolisch generalisiertes Kommunikationsmedium" (vgl. Parsons 1976: 290ff, Luhmann 1984: 222ff) aufrechterhalten wird und dessen Einsatz jeweils entsprechend der Binnenrationalität des jeweiligen Teilsystems geschieht.

Daß diese notwendigen gesellschaftlichen Prozesse problematische Auswirkungen auf die lebensweltlichen Zusammenhänge der Menschen haben, wurde in Kapitel 6.1. erörtert. Gerade im Hinblick auf die Differenzierungsprozesse sozialer Dienstleistungsfunktionen zeigt sich, daß die Umstellung auf ‚Recht und Geld' nicht widerspruchsfrei geschieht. Historisch betrachtet, erweist sie sich dort als erfolgreich, wo „typische Notlagen der Arbeiterexistenz wie Krankheit, Unfall, Alter (...) in Form rechtlicher Anspruchsvoraussetzungen spezifiziert und durch die Zuteilung von Geldeinkommen schematisch bearbeitet" werden können (Olk/Otto 1987a: 6). Damit ist zunächst das Auseinandertreten von Sozialpolitik und Sozialarbeit, die Trennung von Arbeiter- und Armenpolitik vollzogen (vgl. Olk/Otto 1985a: 8f).

Aber auch im Bereich der Sozialarbeit selbst erfolgt materielle Hilfeleistung nun – wenn auch nicht versicherungsförmig – aufgrund von Rechtsansprüchen beim Vorliegen individueller Voraussetzungen. Rechtliche Normierung, Bürokratisierung und Hilfegewährung in Form von Geld sind die Kennzeichen dieses Institutionalisierungsprozesses. Problematisch erweist sich diese Entwicklung insoweit, als der Sozialen Arbeit als personenbezogener Dienstleistung auch die Bearbeitung immaterieller Probleme zugewiesen ist. Hierbei kann auf die ,Innenperspektive' der Betroffenen nicht verzichtet werden, ihre subjektiven Bedürfnisdefinitionen, Interessenlagen und Sinngebungen sind ebenfalls Gegenstand der Hilfeleistung. Erst dieser Zusammenhang von Regelanwendung und individuellem Fallverstehen ist Voraussetzung für die Notwendigkeit zur Professionalisierung des Berufs Soziale Arbeit, was zugleich aber die in Kapitel 5 diskutierten Handlungsprobleme mit sich bringt.

Daß sich die Handlungskriterien der institutionalisierten Sozialen Arbeit häufig nicht an lebensweltlichen Problemdefinitionen orientieren, sondern an eigenen Maßstäben und Möglichkeiten, ist eine Kritik, die auf andere Sozialsysteme, wie Schule oder Gesundheitswesen, gleichermaßen zutrifft.

Hohe Rationalitäts- und Effektivitätskriterien in der Binnenstruktur solcher Einzelsysteme kontrastieren häufig mit einer unzureichenden Funktionserfüllung der gesellschaftlichen Problemlagen, zu deren Lösung sie sich herausgebildet haben. Die Kritik an ,Expertenherrschaft' und ihren kontraproduktiven Resultaten richtet sich auch auf die Institutionen, die soziale Dienstleistungen erbringen (vgl. Blanke/ Sachße 1987: 262ff). Zunächst sollen jedoch die allgemeinen Auswirkungen der gesellschaftlichen Differenzierung auf die individuelle Lebensgestaltung diskutiert werden.

Aus dem Blickwinkel der Systemtheorie (Luhmann 1987a) stehen nicht die Vorteile im Vordergrund, die dem Individuum durch die gesellschaftliche Ausdifferenzierung zuwachsen, sondern deren Zumutungen: „Die Notwendigkeit der Selbstbestimmung fällt dem Einzelnen als Korrelat (...) [dieser] Entwicklung zu (...) ob er will oder nicht" (ibid.: 126f). Die Selbstdefinitionen und Verortungen werden für den einzelnen in einer überaus komplexen Welt zunehmend schwieriger.

Was Individualität jeweils ist, muß jeder für sich respezifizieren, eine „hohe, unstrukturierte Reflexionslast" (ibid.: 127) wird ihm dadurch zugewiesen.

Wenn auch die Autonomiespielräume und Möglichkeiten zur Selbstverwirklichung wachsen, so fehlt doch andererseits zunehmend ein übergeordneter, gesellschaftlich allgemein anerkannter oder schichtspezifisch definierter Vorrat an integrierenden Wertorientierungen und Handlungsmustern. Eigene Überzeugungen und auch Lebensentwürfe müssen von jedem zu einem Ganzen ‚synthetisiert' werden; sie werden damit flexibler, aber auch beliebiger. Es kommt zu einer „Pluralisierung von Normalitätsentwürfen" (Olk/Otto 1985a: 11). An die Stelle der Zugehörigkeit zu lebensweltlich verbürgten Zusammenhängen tritt die Zugangsberechtigung des Individuums zu einzelnen Funktionssystemen. Aus der Perspektive dieser Systeme gesehen, kann dies als Prinzip der Inklusion bezeichnet werden (Luhmann 1987a: 27). Auch im Wohlfahrtsstaat sei dieses Prinzip verwirklicht, wenn auch die Frage nach chancengleicher Zugangsberechtigung damit nicht schon gelöst sei. Auf jeden Fall aber – so Luhmann (1981: 96ff, 1987a: 132f) – wird „Anspruch" zu derjenigen Form, mit der sich Individuen zu gesellschaftlichen Funktionssystemen verhalten. Diese wiederum könnten aufgrund ihrer Zuständigkeit Ansprüche nicht abweisen, sondern provozierten solche geradezu, da ihre Funktionsautonomie die Begründungen für weitere Ansprüche selbst hervorbringe, zur Legitimierung der eigenen Existenz und des eigenen Wachstums (vgl. 1987a: 133).

Ist eine Begrenzung durch innere Stopp-Regeln der Funktionssysteme nicht gegeben, so bleibt als „Anspruchsabweisungsinstanz" (Luhmann) einmal die Umwelt. Sie „läßt die Erfüllung aller in der Gesellschaft evozierten und reproduzierten Ansprüche nicht mehr zu" (ibid.). Die andere Form der Abweisung liegt in der Möglichkeit, daß ein Funktionssystem auf die Begrenzungen verweist, die ihm durch ein anderes auferlegt sind; also etwa: Wirtschaft verweist auf Restriktionen durch die Politik, Ärzte auf Restriktionen durch Krankenkassen. Mit dieser Diskussion der kaum begrenzbaren Ansprüche und mit Aussagen wie: „Was Geld angeht, wird der Wohlfahrtsstaat zu teuer" (Luhmann 1981: 98), ist bereits auf die konservative Kritik am Wohlfahrtsstaat hingewiesen, zu der eine Kritik ‚von unten' hinzutritt (vgl. Brunkhorst/Sünker 1985: 122). Aber auch eine latente Sinn- und Motivationskrise als Begleiterscheinung einer aktuellen gesellschaftlichen Verfassung wird als Anspruch auf Bearbeitung an gesellschaftliche Teilsysteme zurückgegeben (Luhmann 1987a: 130), sobald es nicht ausreicht, Selbstwert über Konsummöglichkeiten zu stabilisieren.

Von einer Identitätskrise des Subjekts zu sprechen (Olk/Otto 1981: 106) mag pauschal klingen; die Wandlungsprozesse, die eine solche These stützen, sind vielfältig:[143]
(1) Ehedem stabile Konzepte von Normalität und Abweichung verlieren an normativer Geltungskraft.

(2) Die ökonomischen Strukturveränderungen, die vor allem zu Lasten der klassischen Industrieproduktion gehen, führen zur Auflösung traditioneller Sozialmilieus und Bewußtseinsformen, die sich noch auf eine gemeinsame Klassenlage beziehen konnten.

(3) Die Einstellung zur (Erwerbs-)Arbeit als Kernpunkt bürgerlicher Identität wird zunehmend distanzierter, nicht zuletzt aufgrund fehlender Möglichkeiten.

(4) Das Rationalisierungspotential der protestantischen Arbeitsethik (Weber 1956a) scheint aufgebraucht.

(5) Identitäten bestimmen sich nicht mehr überwiegend aus der beruflichen Stellung (vgl. Klages 1987: 114ff).

(6) Orientierungen an Privatsphäre und Freizeit nehmen zu. Eine konsumistische Grundorientierung wird zum identitätsstiftenden Bezugspunkt.

(7) Zunehmend wird die Herausbildung eines ‚neuen Sozialisationstyps‘ diskutiert; einer narzißtisch geprägten Persönlichkeit (vgl. Horn 1987), die sich in der Spannung zwischen hohem Selbstanspruch und real begrenzten Handlungsmöglichkeiten an „äußeren Reizen, Sicherheitsstreben und Versorgungsdenken" (Olk/Otto 1981: 108) orientiert.

Vor allem aber kann angesichts des Differenzierungsgrades der Gesellschaft gar nicht mehr erwartet werden, daß sich einzelne Struktur- und Denkmuster vollständig durchsetzen könnten. Vielmehr haben verschiedene, ja konträre nebeneinander Bestand. So zeigen die Untersuchungen von Inglehart (1987), daß sogenannte „postmaterialistische Wertpräferenzen" ebenso sehr eine Konstante in den Gesellschaften der westlichen Industrieländer bilden: Neben der individuellen Selbstverwirklichung zielen solche Präferenzen auf die Teilhabe und Veränderung von gesellschaftlichen Zuständen, auf Toleranz gegenüber Minderheiten und auf Geltungsansprüche der Lebenswelt.

---

[143] Zusammenfassung verschiedener Untersuchungen bei Olk/Otto (1981).

Die sozialen Bewegungen der letzten beiden Jahrzehnte zu Fragen des Friedens, der Gleichberechtigung der Frauen und zur Ökologie belegen dies.

Wenn die Funktion Sozialer Arbeit als „Normalisierungsarbeit" (Olk 1986: 13) aufgefaßt werden soll, stellt sich die Frage, worauf sich eine solche Normalität angesicht der Pluralisierung der Lebenswelten und Wertmuster noch ausrichten kann. Dabei kommen nicht nur Orientierungsprobleme der Klienten in den Blick, sondern ebenso die „Norm- und Verhaltensunsicherheiten" (Baron/Landwehr 1989: 154) der beteiligten SozialarbeiterInnen. Aus der Sicht funktionaler Erfordernisse des Berufshandelns mag sich hier ein ohnedies zu beklagendes Technologiedefizit nur verstärken. Eine ‚Lösung' kann jedoch nur in einer Orientierung liegen, die eine stillschweigende Übereinkunft über Lebensstil und Zielvorstellungen nicht mehr voraussetzen kann, sondern diese als vorgängiges Element des Hilfeprozesses erst erschließen muß.

Die erwähnten postmateriellen Wertpräferenzen werden eher bei den SozialarbeiterInnen als Angehörigen eines personenbezogenen Dienstleistungsberufs zu finden sein als bei ihren Klienten,[144] da sich solche Orientierungen nicht unabhängig von sozialer Schichtzugehörigkeit und materieller Ausstattung entwickeln, wenn auch enge Koppelungen von Schicht- und Einstellungsmerkmalen geringer werden mögen. Angesichts einer ständig wachsenden Armut[145] und der Begründung von neuen Klientenverhältnisse durch ökonomische und soziale Anpassungsprozesse,[146] dürfte deutlich sein, daß bei den Menschen, die hier als Klienten auftreten, materielle Restriktionen und klassische Problemlagen im Vordergrund stehen.[147]

Die mögliche Diskrepanz, ja Störung, die sich durch unterschiedliche Wertorientierungen im Hilfeprozeß einstellen kann, ist bekannt: Klienten sind an der Ausschöpfung der materiellen Möglichkeiten orientiert und möchten es dabei bewenden lassen, die SozialarbeiterInnen sehen vor allem Defizite in Erziehungsfragen und der Lebensgestaltung.

---

[144] Zumindest zeigen vorliegende Befunde, daß sich in diesem Bereich solche Wertorientierungen verstärkt ausbilden, im Gegensatz zum industriellen Sektor. Vgl. dazu Olk/Otto (1981: 109).

[145] Vgl. Armutsbericht 1989.

[146] Aktuell vor allem in den fünf neuen Bundesländern.

[147] Brumlik (1989: 33) weist darauf hin, daß eine empirische Überprüfung der These, daß „nichtklassische Klientengruppen" verstärkt Leistungen Sozialer Arbeit nachfragen, bislang noch nicht erfolgt ist.

Neben der Konsolidierung klassischer Problemlagen ist jedoch auch eine Expansion Sozialer Arbeit zu konstatieren, die über die sogenannten Randgruppen der Gesellschaft und die Armutsverwaltung hinausgreift. Soziale Arbeit wird immer stärker zum Bestandteil der „Durchschnittssozialisation" (Dewe/Otto 1984a: 39), sie übernimmt zunehmend gesellschaftliche Sozialisationsarbeit (Sachße 1982: 283ff), verändert ihr Profil in Richtung auf eine „Pädagogisierung" und ist dadurch nicht mehr auf den Umgang mit aktuellen Problemlagen beschränkt. Dies zeigt sich vor allem in der Etablierung von Beratungsmöglichkeiten und präventiven Maßnahmen, aber auch in der Ausdehnung Sozialer Arbeit in andere gesellschaftliche Bereiche wie Schulen, Volkshochschulen, Arbeitsverwaltungen, Krankenkassen und Gewerkschaften, an ihrer Beteiligung an Stadtplanung und -sanierung wie auch an Kultur-, Jugend- und Verbandsarbeit. Zunehmend gerät also der gesamte soziokulturelle Lebenszusammenhang von Menschen in den Aktionsbereich Sozialer Arbeit. „Die Grenzlinie zwischen vergesellschafteter Sozialisation und privater Interessen- und Lebensorganisation scheint (...) zu verschwimmen" (Sachße 1982: 285), wie auch „die Grenzlinie zwischen Qualifikation und Sozialisation" (ibid.). Aber auch für die unmittelbare Interaktion Sozialarbeiter – Klient wird mit solchen Orientierungen eine stärkere Pädagogisierung erforderlich. Wir können diese daher zusammenfassend als Ausdruck einer gesellschaftlichen Entwicklung sehen, die immer mehr ‚naturwüchsige' Sozialisationsfunktionen an das Funktionssystem Soziale Arbeit abgeben muß, das kompensierend oder ergänzend an die Stelle der lebensweltlichen Sozialisationsinstanzen tritt.

6.2.2. Selbsthilfe und Subsidiarität

Zur Betrachtung der Prozesse, welche die Gestaltung Sozialer Arbeit beeinflussen, gehört, neben den als Sinnkrise diskutierten Orientierungsproblemen, die allenthalben konstatierte Krise des Wohlfahrtsstaates (vgl. Luhmann 1981, Olk/Otto 1981, 1985a, Brunkhorst/ Sünker 1985). Dabei geht es um die finanziellen Grenzen des Sozialsektors, wachsende Unproduktivität, ja Kontraproduktivität bürokratischer Dienstleistungssysteme sowie um Proteste, Widerstandsformen dagegen und die Entwicklung von Alternativen.

Kritik am Wohlfahrtsstaat wird dabei aus gegensätzlichen Positionen vorgebracht. Die konservative Kritik macht ein vorgeblich zu hohes Niveau der Versorgung und Risikoabsicherung für staatliche Finanzierungsengpässe ebenso verantwortlich, wie für ökonomische Wachstumsprobleme. In der Tat scheint es so, „daß der Sozialstaat mit immer mehr Mitteln offensichtlich immer weniger bewirkt" (Olk/Otto 1981: 112), während die klassischen Problemlagen immer stärker anwachsen. Es liegt jedoch auf der Hand, daß dieses Phänomen nicht allein durch Betrachtung der Effektivität der wohlfahrtsstaatlichen Institutionen verstanden werden kann, sondern die Entstehungszusammenhänge von Problemlagen zuallererst außerhalb des Sozialsektors liegen.

Neoliberale Positionen verlangen hinsichtlich der staatlichen Versorgungsleistungen entsprechende Begrenzungen, dann aber auch Entstaatlichung und Privatisierung von Leistungen.[148] Das ‚eng geknüpfte soziale Netz' eröffne allenthalben Möglichkeiten des Mißbrauchs und schaffe ein immer weitergehendes Anspruchsdenken, das letztlich die Finanzierungskraft übersteige, „alle Selbsthilfe in einen Filz von Erwartungen auf Staatshilfe und Sozialzuschuß" verwandle (Baier 1989: 894), und die traditionellen Hilfepotentiale somit schwäche.

Einer funktionalen Analyse gehe es dabei, wie Olk (1986: 246) betont, nicht darum, einer Kritik ungerechtfertigter Ansprüche der Bürger das Wort zu reden, sondern zu zeigen, daß die Spirale von Angebotserweiterung und Nachfragesteigerung ein, wenn auch unbeabsichtigter, so doch in der Entwicklungslogik des Systems begründeter Prozeß sei. Mit der Anspruchshaltung der Bürger zirkulär verknüpft sei die „Tendenz zur Selbstbefriedigung" der wohlfahrtsstaatlichen Verwaltungen (Luhmann 1981: 101): Die systeminternen Leistungen im Sinne der Bereitstellung von Geld und Möglichkeiten würden bereits als erfolgreiches Handeln aufgefaßt, anstatt die Erfolgskriterien an externen Wirkungen zu entwickeln (ibid.: 99ff). Der Modus des modernen Wohlfahrtsstaats erscheint hier an seinem Selbstzweck ausgerichtet, statt an der Überprüfbarkeit seiner Leistungsfähigkeit. Er gilt gar als „bequemes Instrument der politischen Klasse, soziale Klientele zu bilden und in dauerhafter Abhängigkeit zu halten" (Baier 1989: 984).

Eine Position, die den neuen sozialen Bewegungen zuzuordnen ist, kommt von ihrem Ausgangspunkt, dem Eintreten für bürgerliche Freiheiten, zu einer ähnlichen Kritik: Tendenzen der Ökonomisierung, Bürokratisierung und Verrechtlichung eines expansiven und kontrollierenden Sozialstaats schaffen immer neue Klientenverhältnisse, anstatt vorhandene lebensweltliche Potentiale zu stützen. Dabei ist al-

---

[148] Siehe hierzu die aktuelle Diskussion um die Finanzierung einer Pflegeversicherung.

lerdings klar, daß es um eine Begrenzung negativer Auswirkungen geht, nicht um einen Rückbau des sozialstaatlich gewährleisteten Versorgungsniveaus insgesamt, wie es Protagonisten einer radikalen Marktwirtschaft fordern.

Vielmehr zeigt sich, daß die mit der funktionalen Differenzierung der Gesellschaft einhergehende Spezialisierung von Dienstleistungen und Einrichtungen auch im Sozialsektor einen Grad erreicht hat, bei dem Eigenprobleme die zweckbestimmte Problemlösungskapazität überschreiten können: Die Nachteile werden dann größer als die Vorteile. Systeme erweisen sich als kontraproduktiv (Illich 1973), wenn für die Lösungen, die erzielt werden sollen, ein noch größerer Bedarf an Problemlösungen entsteht.[149] Ineffektivität, Unüberschaubarkeit und ein Verfehlen der tatsächlich von der Klientel gewünschten Hilfeformen sind die häufig kritisierten Folgen.

Wenn daher aus gegensätzlichen politischen Richtungen traditionelle Hilfeformen als ‚Lösung' erscheinen, so zeigt sich doch die Grenze solcher Optionen dort, wo auf die Hilfepotentiale der Familie geschaut wird: Neben der wachsenden Zahl Alleinerziehender verweist die Diskussion um eine Absicherung des Pflegerisikos ja eher auf eine Überlastung familiärer unentgeltlicher Hilfepotentiale, die im Bereich häuslicher Pflege noch besonders ausgeprägt sind (vgl. Olk 1986: 247f), und auf eine steigende Nachfrage nach öffentlichen Dienstleistungen. Eine Steigerung der familiären und sonstigen privaten Hilfe wäre daher gerade dann zu erwarten, wenn der Mangel an professionellen ambulanten Maßnahmen behoben würde, auf die sich private Hilfe dann beziehen könnte.

Die Entwicklung der Selbsthilfebewegung[150] können wir als eine Form praktischer Kritik an Sozialpolitik und Sozialer Arbeit verstehen. Sie zeigt eine widersprüchliche Konstitution, indem sie einerseits als zusätzliche Ressourcenmobilisierung und Unterstützung lebensweltlicher Zusammenhänge zu verstehen ist, andererseits aber auch den Forderungen nach Entstaatlichung und Kostenminimierung folgt.[151] Freilich handelt es sich bei dem formal organisierten Hilfesektor der staatlichen Leistungen, der Versicherungssysteme und der marktför-

---

[149] Vgl. auch Treml (1987: 58ff); er nennt u. a. Krankenhäuser, Schulen, die Entwicklungshilfe.

[150] Zur näheren Begriffsbestimmung und Abgrenzung siehe Olk/Heinze (1989: 236ff).

[151] Vgl. Olk/Otto (1981: 132ff), Breuer (1981: 210f), Schwendter (1989), Olk/Heinze (1989).

mig zur Verfügung stehenden Beratungsleistungen („bezahlte Nächstenliebe") einerseits und dem nicht-professionellen Sektor andererseits, der „alle nicht-entgeltlichen Hilfeleistungen in Primärgruppen und freiwilligen Organisationen einschließt" (Olk 1985b: 125), nur zu einem geringen Teil um Alternativen; tatsächlich aber um „zwei Teilbereiche eines hochinterdependenten Funktionszusammenhangs" (ibid.:126).

Die informellen Hilfeleistungen bilden ein Versorgungsnetz, mit dem der formelle Sektor stets kalkulieren kann und auf den er aufbaut. Olk (ibid.) nennt diesen Prozeß des zunehmenden Einbezugs der lebensweltlichen Potentiale in staatliche Versorgungsleistungen den ‚informellen Teil des Wohlfahrtsstaats'. Dieser Einbau in einen gemeinsamen Funktionsbereich zeigt sich augenfällig an der Finanzierung alternativer Projekte und Selbsthilfegruppen durch öffentliche Mittel („Staatsknete"). Sie werden dort gewährt, wo die geldgebende Institution auch aus ihren eigenen Kriterien heraus einen Bedarf an Sozialer Arbeit sieht und insoweit dem (Mit-)Finanzierungsanspruch freier Initiativen entspricht. Damit bindet sie die Arbeit solcher Initiativen an ihre eigenen Rationalitätskriterien. Die Annahme, Entwicklungen völlig unabhängig vom staatlichen System voranzutreiben, erweist sich daher als „Autonomiemythos" (Trojan 1985: 214).

Die Verschiebung von Gewichtungen in diesem Funktionszusammenhang geht derzeit in Richtung auf verstärkte Nutzung privater Leistungspotentiale als Ersatz für soziale Leistungen. Die Entstaatlichungsdiskussion der Selbsthilfebewegung muß diesen Zusammenhang mitberücksichtigen. Basisbewegungen müssen sich im Kalkül einer ordnungs- und sozialpolitischen Strategie bewegen, ohne sich dadurch an der Verfolgung von Alternativen hindern zu lassen. Zu meinen, dies sei die Entwicklung autonomer Gegenwelten und eine Befreiung von ‚Expertenherrschaft', wäre jedoch nicht gerechtfertigt.

Entstehungsbedingungen und Anspruch der nicht-professionellen Initiativen und Gruppen verweisen nicht nur auf die Funktionsprobleme der Institutionen des Sozialstaats, vielmehr zeigen sie gesellschaftliche Umorientierungen, die sich in den erwähnten postmateriellen Wertorientierungen ausdrücken und Impulse für eine Vielfalt von Ideen und Projekten geben, die neue Gestaltungsformen des Lebens erproben und dabei auch den Sozialsektor einbeziehen. Mit einem solchen „Wechsel vom sozialen zum ökologischen Paradigma" (Blanke/ Sachße 1987: 254, s.a. Kap. 2.5.) haben sich die Grundpositionen der Gesellschaftskritik, die sich ja gerade auf den Sozialsektor beziehen kann, weil sich dort die Strukturprobleme deutlich zeigen, grundlegend verändert.

Während sich die ‚orthodoxe' marxistische Theorie im Horizont der Alternative von bürgerlicher Gesellschaft und Sozialismus bewegte und alle Phänomene aus dem Verhältnis von Lohnarbeit und Kapital, aus dem Widerspruch zwischen gesellschaftlicher Produktion und privater Aneignung, erklärte, sind diese Denkformen für die Ökologiebewegung nicht mehr konstitutiv. Verbindungen zur theoretischen Tradition des marxistischen Diskurses fehlen weitgehend (Becker 1989: 12).

Die industrielle Produktionsweise als solche, das schrankenlose Wachstum, die rückhaltlose Ausbeutung der Natur und damit die Zerstörung der natürlichen Lebensgrundlagen, sind ihr Gegenstand der Kritik und Forderung zur Veränderung. Der Unterordnung aller Lebensbereiche unter das industrielle System wird mit einer Zivilisationskritik begegnet, die die Auflösung traditioneller Sozialstrukturen, die Konformität in Lebens-, Arbeits- und Wohnformen, eine konsumistische Orientierung und einen zunehmenden Sinnverlust beklagt.

Der traditionelle Gegensatz von Lohnarbeit und Kapital als ökonomischer Kategorie, oder allgemeiner noch: zwischen links und rechts als politischer Kategorie, ist im Kontext der sozialen Bewegung durch den Gegensatz von System und Lebenswelt ersetzt. Die Erhaltung von ‚Lebenswelten', von überschaubaren Lebensräumen mit ihren Eigenheiten und Traditionen, ist daher auch ein Kernpunkt einer ökologischen Sozialpolitik, von der aus Autonomie und Selbstbestimmung bei gleichzeitiger sozialer Verantwortung möglich sein soll. „Ziel und Weg einer ökologischen Sozialpolitik ist eine neue Kultur, basierend auf einem neuen Verhältnis der Geschlechter, auf anderen Umgangsformen, freiem Bewußtsein, einer neuen Organisation des Eros und einer ganzheitlichen Organisation der alltäglichen Lebensvollzüge, kurz: ein neues soziales Fundament" (Opielka 1985a: 289).[152]

Solche Diskurse alternativer Bewegungen im Kontext Sozialer Arbeit lassen sich dabei in systemökologischen Leitbegriffen wie Dezentralisierung, Regionalisierung, Vernetzung und qualitative Orientierung ausdrücken (vgl. Huschke-Rhein 1988:92ff, Hagmann 1990: 15). Diese wiederum lassen sich beispielsweise aus den biokybernetischen Grundregeln von Vester (1984:81ff, vgl. Kap. 2.6.1.) herleiten, die allgemeine Merkmale für die Überlebensfähigkeit von Systemen, le-

---

[152] Hinsichtlich der daraus abzuleitenden sozialpolitischen Forderungen, wie Umverteilung der Arbeit, Sicherung eines Grundeinkommens usw., vgl. Opielka (1985a: 290ff).

benden wie sozialen, benennen und gleichzeitig handlungsleitende Prinzipien darstellen.

Auch Vielfältigkeit oder Vielgestaltigkeit (Diversität) ist ein solches Prinzip, das für die Arbeitsweise von Selbsthilfe-Initiativen gilt. Wenn es zutrifft, daß sich mit wachsender Größe solche Systeme als stabil und weniger störanfällig erweisen, die in der Lage sind, differenzierte Subsysteme auszubilden, die miteinander in kommunikativer Verbindung stehen (vgl. Vester ibid.: 40f), ist damit auch eine Begründung für Regionalisierung und Dezentralisierung sozialer Hilfen gegeben. Damit ist jedoch kein ausschließliches Spezifikum von Selbsthilfeorganisationen benannt. Regionalisierung und bis zu einem gewissen Grad auch Dezentralisierung von Angeboten wie von Entscheidungen sind auch bei wohlfahrtsstaatlichen Institutionen gegeben, wenn es im Sinne der Umsetzung der Zweckbestimmtheit des Systems notwendig erscheint.

Initiativen und Selbsthilfegruppen leiten ihre Geltungsberechtigung aus ihrer Strukturbildung ,von unten her' ab. Sie reagieren auf neue soziale Probleme, die sozialstaatlich nicht oder noch nicht (ausreichend) bearbeitet sind oder die sich für die Umstellung auf ,Geld und Recht' nicht eignen. Durch die persönliche Betroffenheit der Beteiligten und die lokale/regionale Überschaubarkeit, die sinnliche Erfahrung eines Handlungszusammenhangs kann eine Dimension persönlicher Verantwortung geschaffen werden, die andere Aktivitätspotentiale aufweist als beruflich gewährte Hilfeleistungen.

Wenn durch lokale Aktivitäten neue Hilfeformen und -möglichkeiten der Begegnung geschaffen werden, die auf das Prinzip der ,Gemeinschaft' verweisen (Tönnies 1979), ist damit keine Absage an individuell einklagbare Rechtsansprüche und verwaltungsmäßig abzuwickelnde Gewährung von Sozialleistungen beabsichtigt. Nicht selten dienen Selbsthilfegruppen gerade der Aufklärung über solche Ansprüche und können ihre Realisierung voranbringen.[153]

Es geht vielmehr um eine „komplementäre Vernetzung" (Dewe/Ferchhoff 1986: 85) verschiedener Hilfesektoren der staatlichen/kommunalen Versorgungssysteme der Fremdhilfe einerseits und den Initiativen der Selbsthilfe andererseits. Letztere fungieren dabei aus der Sicht der ersteren als ein ,Frühwarnsystem' für problematische Entwicklungsprozesse in der Gesellschaft. Darüber hinaus ist Selbsthilfe für die

---

[153] Die Diskrepanz zwischen Anspruchsberechtigten und tatsächlichen Beziehern von Hilfen nach dem BSHG ist ein Beispiel hierfür. Vgl. Caritas-Report (1987: 46ff).

staatliche/kommunale Sozialpolitik dort entlastend, wo lokale Selbst-
steuerungsmechanismen Probleme effektiver und mit geringerem
Ressourceneinsatz bewältigen. Bei der Verzahnung zwischen öffent-
lichem und privatem Sektor geht es zwar um Aufgabenteilung und Regelung von Zuständigkeiten, jedoch ist auch festzustellen, daß auf lo-
kaler Ebene mehrere Institutionen eine gleiche oder ähnliche soziale
Dienstleistung anbieten. Bestimmte Funktionen Sozialer Arbeit sind
so mehrfach abgesichert (Redundanz) und variieren dabei in der Akzeptanz verschiedener Personengruppen durch unterschiedliche na-
tionale, religiöse oder weltanschauliche Ausrichtung. Selbsthilfe kann
hier die Angebotsbreite erweitern und dabei größere Spielräume nutzen. Ihre Förderung bleibt jedoch von Planungen und Kriterienkata-
logen des öffentlichen Sektors abhängig.[154]
Die alternativen Bestrebungen im Sozialsektor werden zunehmend
auch unter dem Begriff einer ‚neuen Subsidiarität‘ diskutiert. Neben
Regionalisierung und Diversität ist mit der Nachrangigkeit des jeweils
übergeordneten Systems, beziehungsweise des Vorrechts des jeweils
kleineren ein weiteres ökologisches Prinzip für Soziale Arbeit benannt. Mit dieser Formel läßt sich gleichsam der Zugang zum eta-
blierten Sozialsystem schaffen, indem ein tragendes Prinzip der Sozi-
alstaatlichkeit von der Selbsthilfebewegung als durch sie selbst ideal
repräsentiert dargestellt wird.
In seiner ursprünglichen Bedeutung bezieht sich Subsidiarität auf die
selbstständige Lebensgestaltung und -sicherung des Individuums. Die
Verantwortlichkeit des Gemeinwesens tritt erst ein, wenn sich die
Möglichkeiten des einzelnen und seiner Familie als unzureichend zur
Existenzsicherung erweisen. Allerdings hat die gesellschaftliche Wirklichkeit dieser Maxime nie vollständig entsprochen. Staatliche Siche-
rungssysteme gegen Reproduktionsrisiken wurden bereits im letzten
Jahrhundert etabliert (vgl. Sachße 1988: 554). Das Subsidiaritätsprinzip hat jedoch einen Bedeutungswandel insofern durchgemacht, als
sich damit zunehmend die Priorität der (zunächst konfessionellen)
Träger der freien Wohlfahrtspflege im Verhältnis zu kommunalen/
staatlichen Trägern verbindet. „Von einer politischen Strukturformel,
die private Autonomie, freie Konkurrenz und den Primat gemein-
schaftlicher Assoziationen gewährleisten sollte, war Subsidiarität zu ei-

---

[154] Vgl. für den Bereich der Jugendhilfe: KJHG, § 74: Die Förderung kann davon abhängig gemacht werden, die jeweiligen Einrichtungen und Dienste
„nach Maßgabe der Jugendhilfeplanung ... anzubieten.“

nem Prinzip formaler Zuständigkeitsverteilung im sozialpolitischen Sektor geworden" (ibid.: 555). Der mehrfach rechtlich fixierte und bestätigte Vorrang der freien Wohlfahrtspflege (vgl. Pankoke 1989: 62ff) ist jedoch in der Praxis in ein Verbundsystem mit dem staatlichen Sektor eingemündet, so daß auch hier das ursprüngliche Konzept von Subsidiarität nicht mehr gegeben ist. „Die weitgehende Finanzierung der Wohlfahrtsverbände durch öffentliche Finanzzuweisungen und die Praxis der Delegation öffentlicher Pflichtaufgaben auf freie Träger verweisen darauf, daß der überwiegende Anteil der Aktivitäten der Wohlfahrtsverbände als Implementation der staatlichen und kommunalen Sozialpolitik bezeichnet werden kann" (Olk/Heinze 1989: 250). Allein durch ihre große Zahl ehrenamtlicher Mitarbeiter[155] nehmen die Verbände eine Zwischenstellung ein. Nichtprofessionelle Initiativen, die „solidarische Handlungsfelder jenseits von Markt und Staat" (ibid.: 259) aufbauen, können daher noch am ehesten den Begriff der Subsidiarität für ihr Verhältnis zum Individuum und zur Gesellschaft beanspruchen.

Mit der Vorstellung konzentrischer Lebenskreise, die das Individuum umgeben und die Gesellschaft hierarchisch gliedern, ist das Subsidiaritätsprinzip auf ein „statisch-ständisches Gesellschaftsmodell" (ibid.: 258) bezogen, das mit der Vorstellung einer funktional ausdifferenzierten Gesellschaft nicht übereinstimmt. Auch die Orte der Lebenswelt – Familie, Nachbarschaft, Gemeinde oder Stadtviertel – stehen im Sinne eines offenen Systems in vielfältigen Austauschbeziehungen mit ihrer Umwelt, die gleichzeitig ihren Bestand garantieren. „Die Metapher der Lebenskreise [macht] nur als Vielfalt interdependenter, sich überschneidender Kreise Sinn, zu all denen das Individuum grundsätzlich Zugang haben muß" (Sachße 1988: 557). Mit der systemtheoretischen Position, daß die verschiedenen gesellschaftlichen Subsysteme keine Hierarchiebeziehungen unterhalten, sondern sich in wechselseitiger Abhängigkeit zueinander befinden, wird das Subsidiaritätsprinzip „seines weltanschaulichen Rückhaltes beraubt" (Olk/ Heinze 1989: 258f). Subsidiaritätspolitik kann deshalb heute nichts anderes bedeuten, als die Neuordnung der verschiedenen Bereiche des Wohlfahrtsstaats unter Einbeziehung des nichtprofessionellen Sektors.

---

[155] 1982 waren es 1,5 Millionen ehrenamtliche Mitarbeiter. Vgl. Olk/Heinze (1989: 250).

6.2.3. Gesellschaftliche Ausdifferenzierung

Bei der Betrachtung der gesellschaftlichen Ausdifferenzierung als allgemeinem Ausgangspunkt für Analysen des Sozialsektors wurde zum einen die Tendenz zu einem sich verändernden Verhältnis des Individuums zur Gesellschaft konstatiert, zum anderen Veränderungsprozesse im Aufbau des Wohlfahrtsstaates selbst. Auch die Funktionsbestimmung Sozialer Arbeit wird in diesem Kontext neu gefaßt. Vor Erörterung dieser Umorientierung muß jedoch der systemtheoretische Ansatz funktionaler Differenzierung selbst noch einmal betrachtet werden.

Luhmann (1986) kommt bei der Untersuchung der Frage, wie ökologische Gefährdungen abzuwenden seien, zu dem beunruhigenden Ergebnis, daß die gesellschaftlichen Funktionssysteme wie Politik, Wirtschaft, Justiz, Wissenschaft, Erziehung keine Möglichkeiten haben, mit einem einheitlichen Modus zu reagieren, da von einer gesamtgesellschaftlichen Systemrationalität nicht mehr gesprochen werden könne (ibid.: 247). Da jedes Teilsystem nur die „Eigenrationalität kalkuliert" (ibid.) und nur seinem Code entsprechend mit anderen Systemen kommunizieren könne, seine Resonanzfähigkeit daher begrenzt bleiben müsse, walte in „all diesen Verhältnissen (...) keine übergeordnete Vernunft" (ibid.: 222). Die Suche nach einem Steuerungszentrum der Gesellschaft, das einheitsstiftend und impulsgebend den Gesamtzusammenhang herstellt, bleibt erfolglos (ibid.: 203f, 1981: 22f). Auch der Politik wird eine solche steuernde oder kontrollierende Funktion für die Gesellschaft nicht zuerkannt (1986: 167ff). Die Gesellschaft erscheint dezentriert; sie wird von keinem System vollständig repräsentiert.

Gesellschaftliche Teilsysteme sind dieser Theorie zufolge an Problemen der Gesellschaft immer nur insoweit beteiligt, als ihr spezifischer Code zum Tragen kommt: Ökonomie interessiert sich für Ökologie also nur insoweit, als Zahlungen erfolgen. Im politischen System könne über Ökologie zwar viel geredet werden, auch könnten kollektiv bindende Entscheidungen herbeigeführt werden, direkte Auswirkungen für die Ökologie würden dadurch jedoch nicht bewirkt. Da das politische System nicht gehalten sei, „wirtschaftlich zu denken und zu handeln, operiert [es] also gar nicht innerhalb desjenigen Systems, das seine Forderung letztlich scheitern lassen wird" (ibid.: 225).

Die Argumentation folgt also dem Modell selbstreferentieller Systeme (vgl. Kap. 2.6.5.). Diese sind nur im Rahmen ihrer Eigenfrequenzen resonanzfähig; die internen Bedingungen legen die Möglichkeiten des Umweltbezugs fest. ‚Gesellschaft' ist für das jeweilige Teilsystem ‚Umwelt'; ebenso wie Personen der ‚Umwelt' zugehörig sind. Gerade weil dies so ist und einzelne Teilsysteme sich nicht gegenseitig ersetzen können, kommt es, so Luhmann, zu ständigen Verschiebungen von einem Teilsystem zum anderen und wechselseitigen Belastungen bei der Bearbeitung gesellschaftlicher Probleme (ibid.: 208, 1987a: 133f).

Nun steht, wie Halfmann (1986: 221) schreibt, der Nachweis faktischer Existenz einer (total) dezentrierten Gesellschaft bei Luhmann noch aus.[156] Sie läßt sich empirisch nicht nachvollziehen; ebenso nicht, daß die systemspezifischen Kommunikationsmedien (Geld, Macht, Wahrheit, Liebe) außerhalb ihres zugehörigen Teilsystems keine Bedeutung besitzen. „Anders wäre der Aufschwung des okzidentalen Kapitalismus nicht zu erklären: klassische Newtonsche Physik und allopoietische Technik wurden in einem langanhaltenden historischen Prozeß nach und nach organisatorisch so verknüpft, daß daraus eine enorm expansive Praxis der Naturbeherrschung entstehen konnte." (ibid.: 214).

Neben diesem engen Zusammenhang von Wissenschaft, Natur und Ökonomie müßte ebenso der Zusammenhang von Politik und Wissenschaft und insbesondere das Verhältnis von Politik und Ökonomie daraufhin betrachtet werden, inwieweit sich Kommunikationsmedien tatsächlich ausdifferenzieren lassen, oder ob nicht Vorausssetzung ihrer Funktionsfähigkeit gerade die nicht aufgebbare Verbindung mit anderen ist; also etwa Geld mit Macht und Recht in der Wirtschaft. „Der Klärungsbedarf ist praktisch unendlich" (Hondrich 1987: 289), besonders auch dann, wenn an private Lebensbereiche gedacht wird. Mit der These der Kolonialisierung der Lebenswelt sollte ja gerade gezeigt werden, daß die Funktionsmodi von Wirtschaft, Justiz und Politik immer stärker alle gesellschaftlichen Bereiche dominieren und universellen Charakter gewinnen.

Betrachten wir die Soziale Arbeit als gesellschaftliches Funktionssystem, so ist deutlich, daß mehrere Kommunikationsmedien gleichzeitig konstituierend sind: Geld und Recht, aber auch die Gewährleistung von Fürsorglichkeit (vgl. Lau/Wolff 1982b: 305). Trotz ihrer unterschiedlichen Schematisierbarkeit gehen diese Medien vielfältige Verbindungen ein, die zu den bereits erörterten Handlungsproblemen führen. Allenfalls Selbsthilfegruppen und lokale Initiativen können

---

[156] Zum Empirieproblem in der soziologischen Systemtheorie vgl. auch Haferkamp (1987: 58ff).

Unterstützungen leisten, durch welche die systemischen Kontrollaspekte nicht ‚hindurchgreifen' und somit verhindern, daß es nur um die Steuerung durch Recht und Geld geht. Zumindest Geld jedoch ist als Steuerungsmedium aus keinem Funktionssystem wegzudenken. Als universelles Tauschmittel kann es durchaus steuernd zur Abstimmung der einzelnen Funktionssysteme eingesetzt werden und verweist gleichzeitig darauf, daß es dasjenige Kommunikationsmedium ist, das zur Sphäre der materiellen Produktion der Gesellschaft gehört, von deren Umfang und Qualität es doch abhängt, inwieweit sich andere Teilsysteme wie Erziehung, Wissenschaft und der Wohlfahrtsstaat entwickeln können.[161] Diese müssen sich daher zu den Geltungskriterien der Ökonomie in Beziehung setzen und tragen ihrerseits mit ihren Prozessen zu einem bestimmten ökonomischen Gewährleistungsniveau bei.

Wenn indes die gesellschaftlichen Steuerungsprozesse nur als Kommunikationsprozesse erfaßt werden, mag sich die Frage gesellschaftlicher Prioritäten und kausaler Zusammenhänge gleichsam weniger drängend stellen, als wenn von der Erzeugung und Verfügung über den materiellen Reichtum der Gesellschaft als basale Operation ausgegangen wird.

Wenn mit systemtheoretischen Beschreibungen und Selbstbeschreibungen der Gesellschaft somit sinngesteuerte Prozesse benannt werden können, so ist doch davon die Reproduktion der Gesellschaft, die sinn- und praxisgesteuert zugleich ist, zu unterscheiden (vgl. Halfmann 1986: 218). Mit Bezug auf die marxistische Denktradition wäre in solch einem Ansatz die gesellschaftliche Organisation als „Interaktion von Arbeit und Materie, als Stoffwechsel mit der Natur zu rekonstruieren" (ibid.: 220) und nicht als bloßer Kommunikationszusammenhang.

Wenn auch Hierarchie nicht als Ordnungsprinzip moderner Gesellschaften gelten kann, so bleibt doch die Vorstellung einer „prinzipiellen Gleichordnung" (Willke 1989: 119) der gesellschaftlichen Teilsysteme problematisch. Auch dem Subsystem Politik dürfte eine ‚übergeordnete' Planungs- und Steuerungstätigkeit für andere Teilsysteme nur schwerlich abzusprechen sein. Seine Aktivitäten zielen etwa auf die Schaffung günstiger Rahmenbedingungen für ökonomische Prozesse; ja sie werden durch Garantien, Subventionen und Restriktionen nach außen häufig zu deren Voraussetzung[158]. Auch gegenüber

---

[157] Vgl. in diesem Sinne auch Olk (1985b: 129).
[158] Vgl. auch Winkler (1988a: 194ff), Böhnisch (1977: 90ff).

dem Dienstleistungssektor werden spezifische Leistungen erbracht, die im Verhältnis anderer Teilsysteme zueinander nicht gegeben sind und die gleichsam eine Art Bestandsgarantie bilden: die Umverteilung gesellschaftlichen Reichtums in Form von Steuergeldern. Zutreffend ist dabei sicherlich, daß keine Umsetzung wohlfahrtsstaatlicher Politik sinnvoll „operationalisiert werden [kann], ohne den betroffenen Bereichen und ihren organisierten Akteuren selbst Mitgestaltungsrechte an den jeweiligen Politiken zuzugestehen" (Willke 1989: 119). Es handelt sich dabei zwar um ein „Netzwerk unverzichtbarer Funktionen" (ibid.), nicht jedoch um ein gleichberechtigtes Verhältnis, sondern allenfalls um ein komplementäres.

Probleme, die die gesellschaftliche Ausdifferenzierung mit sich bringt, an Hand der ökologischen Gefährdung zu diskutieren, bietet sich insofern an, da die Ökologie einen Kontext bildet, mit dem alle gesellschaftlichen Teilsysteme verbunden sind[159]. Ökologische Gefährdungen involvieren – wenn auch in unterschiedlichem Ausmaß – alle Teilsysteme. Aber bereits die Frage, wer in welchem Umfang zu diesen ökologischen Gefährdungen beiträgt, geht am Erklärungsinteresse der (soziologischen) Systemtheorie vorbei. Ob Konfliktkonstellationen *zwischen* Teilsystemen, wie das Ökologieproblem, solche Konfliktformen, die primär *innerhalb* eines Teilsystems ausgetragen werden – etwa ein Arbeitskampf in der Wirtschaft – zunehmend ablösen, kann hier nur mit Hondrich (1987: 286ff) als offene Frage bezeichnet werden. Daß beide Formen sich zugleich in der Gesellschaft finden lassen, ist evident. Die systemtheoretische These besagt auf jeden Fall, daß sich Abstimmungs-, Koordinierungsprobleme in der gesellschaftlichen Wahrnehmung immer stärker vor soziale Konflikte schieben; also auch hier ein Wandel vom sozialen zum ökologischen Paradigma. Dem Individuum ist beides aufgegeben: Die Erfahrungen unterschiedlicher Modi der verschiedenen Teilsysteme, an denen es teilnimmt, zu einem Ganzen zu integrieren, wie auch, sich in jedem Teilsystem mit anderen in ein Verhältnis zu setzen.
Eine „rückständige Theorie" (Luhmann 1981: 12) wird also auch auf das Element sozialer Auseinandersetzungen und Konflikte verweisen und Entwicklungsprozesse auch hierdurch begründet sehen. Für das Verständnis der Konstitution Sozialer Arbeit kann davon nur schwerlich abgesehen werden. Moderne Sozialpolitik und Soziale Arbeit sind Entwicklungsprozessen der Industrialisierung nachgefolgt. Was sich

---

[159] Vgl. Kap. 4.4. bezüglich der unterschiedlichen Ökologie-Begriffe.

heute als staatliche Gewährleistung von Ansprüchen darstellt, ist nicht nur Funktion eines ausdifferenzierten Teilsystems, sondern muß auch als Antwort auf soziale Auseinandersetzungen verstanden werden. Das interessengebundene Handeln sozialer Akteure, die Auseinandersetzungen um Teilhabe und Gestaltung, ist für alle Teilsysteme konstitutiv,[160] so auch für Sozialpolitik und Soziale Arbeit. In diesem Sinn kann Soziale Arbeit als „Teilprozeß gesellschaftlicher Evolution" (Wendt 1986: 99) aufgefaßt werden. Der Begriff „gesellschaftliche Selbstregulation" (ibid.) erscheint jedoch nur sinnvoll, wenn damit die divergierenden Interessen, die soziale Gruppen an den Wohlfahrtsstaat richten, nicht übersehen werden.

6.2.4. Funktionsbestimmungen Sozialer Arbeit

I.

Wenn das politische und das ökonomische System nicht mehr als hauptsächlich strukturbestimmend für die Gesamtgesellschaft angesehen werden, so kann sich eine Funktionsbestimmung Sozialer Arbeit auch nicht mehr allein auf jene Funktionen berufen, die diesen Systemen zugehörig sind.

„Normalisierungsarbeit" (Olk 1986) ist eine solche Bestimmung, die einer funktional differenzierten Gesellschaft entspricht, welche die Dominanz einzelner Teilsysteme nicht mehr sieht. Sie reflektiert zugleich einen Bewußtseinswandel, der an der überkommenen Vorstellung der Arbeitsgesellschaft nicht mehr festhält. Der eingangs dieser Arbeit konstatierte Wechsel in den globalen Denkfiguren von marxistischen zu systemtheoretischen Konzepten kann exemplarisch an der Funktionsbestimmung Sozialer Arbeit veranschaulicht werden.

Der ‚Widerspruch von Lohnarbeit und Kapital' (Marx 1970) war in den politischen Diskursen der siebziger Jahre nicht nur Ausgangspunkt ökonomischer Analysen und Wesensmoment für die Entwicklung politischen Bewußtseins und politischer Aktion, von ihm ging auch die Bestimmung der objektiven Funktion Sozialer Arbeit aus (vgl. Hollstein/Meinhold 1973, Barabas et al. 1976, Danckwerts 1978). Soziale Arbeit dient, so wurde gesagt, der langfristigen Sicherung der Bedingungen der Kapitalverwertung durch die Sicherstellung spezifischer Reproduktionsleistungen.

Dies vor allem durch Maßnahmen, die sich auf die Erhaltung der Arbeitskraft beziehen, aber auch durch Vermittlung der herrschenden

---

[160] In diesem Sinne auch Willke (1989: 119).

Normen und Werte, durch individuelle Kompensation gesellschaftlich bedingter Mängel, wodurch Soziale Arbeit die Widersprüche der Gesellschaft verdecke, und durch die Wahrnehmung auch repressiver Funktionen; Soziale Arbeit bestrafe Abweichung, verhindere Solidarität zwischen den Klienten usw. (vgl. Hollstein 1973: 205ff, Kap. 3.2.1.).

Wenn auch die Sicherung der Arbeitskraft nach wie vor als grundlegende Funktion Sozialer Arbeit angesehen werden kann,[161] so gewann eine solche Funktionsbestimmung vor dem Hintergrund eines gesellschaftsverändernden, antikapitalistischen Potentials eine spezifische, negativ gefärbte Konnotation. Soziale Arbeit erschien nicht als notwendige gesellschaftliche Funktion in einer entwickelten, komplexen Industriegesellschaft, sondern schien ausschließlich an die kapitalistische Gesellschaftsformation gebunden und somit „als das schlechte Gewissen einer schlechten Gesellschaft" (ibid.: 206).

Damit soll freilich nicht behauptet werden, daß keine gesellschaftlichen Veränderungen denkbar sind, die ein verringertes Ausmaß oder andere Formen Sozialer Arbeit erfordern würden. Die verkürzte Perspektive, Soziale Arbeit diene nur den ,Kapitalinteressen', transportierte jedoch verdeckt die Vorstellung, daß mit Überwindung des Kapitalismus die Probleme, die Soziale Arbeit bearbeitet, sich im Prinzip erledigen würden. Die Randständigkeit, welche die Gesellschaft der Sozialen Arbeit ohnedies zuweist (vgl. Winkler 1988a: 203), wurde durch diese Kritik noch einmal bestätigt und konsequenterweise erlangten diejenigen SozialarbeiterInnen, die sich selbst kritisch zur gesellschaftlichen Konstitution verhielten, auch ein ,schlechtes Gewissen'. Schienen sie doch mit ihrer Berufsausübung eben jenen Tendenzen zuzuarbeiten, die sie eigentlich ablehnten. So verwundert es auch nicht, daß im Kontext dieses Diskurses eine eigene, marxistisch inspirierte Handlungstheorie Sozialer Arbeit nicht entwickelt werden konnte.

„Einsicht in die gesellschaftlichen Zusammenhänge" (Danckwerts 1978: 117) galt einer fortschrittlichen Sozialen Arbeit als eigentliches Ziel ihrer Bemühungen. Konkrete sozialpädagogische Hilfe schien gewissermaßen eine unvermeidliche Voraussetzung dafür zu bilden, „die klassenmäßigen Beziehungen in ihrer materiellen und sozialen Bedingtheit wieder herzustellen" (ibid.: 119), da sicher zutreffend gesellschaftliche Veränderungen nur von jenem Teil der Bevölkerung er-

---

[161] So auch Winkler (1988a: 186ff).

wartet werden durfte, der zwar lohnabhängig, jedoch nicht in besonders hohem Maß problembelastet und unterprivilegiert war. Konsequenz dieses Ansatzes war daher ein politischer Veränderungsanspruch, der berechtigterweise auf die gesellschaftlichen Ursachen von Armut und Deklassierung verweisen konnte, in der Orientierung darauf aber gleichzeitig auf die Begrenzungen stieß, die das Feld Sozialer Arbeit einem solchen Anspruch vorgibt. Resignation im Berufshandeln war damit näher als die Entwicklung einer fachlich begründeten Berufsidentität, da die eigentlichen sozialpädagogischen Handlungsmöglichkeiten – soweit sie gesehen wurden – dem Verdacht ausgesetzt waren, doch nur der ‚Integration‘ zu dienen. Sicherung der Arbeitskraft heißt jedoch nicht nur, sie für die ‚Kapitalverwertung zuzurichten‘, sondern „nicht minder, die existenzielle Sicherung der Individuen selbst; der soziale Sektor bietet ihnen Gewähr auch dann, wenn sie ihre Arbeitskraft nicht verkaufen können" (Winkler 1988a: 189). Nur in diesem doppelten Sinn kann eine solche Funktionsbestimmung Gültigkeit haben. Sie muß alle Lebensbereiche mitdenken, die gesamte Breite der gesellschaftlichen Existenz erfassen, um in einer weitestgehend ausdifferenzierten Gesellschaft aussagefähig zu sein, da häufig vom Ort der Hilfe kein direkter Rückbezug auf die Zusammenhänge des ökonomischen Teilsystems mehr möglich ist.

Darüber hinaus ist das politische System nicht als interessenidentisch mit dem ökonomischen System anzusehen oder auf dessen Bedürfnisse reduziert. Besonders die unter dem Stichwort „Legitimationserzeugung" diskutierte „Absicherung der Politik in den Erwartungen der Bevölkerung wird zu einem sicher relativen aber doch wichtigen Macht- und Steuerungsmittel des Staates gegenüber dem ökonomischen System und damit politischer Ansatzpunkt zur Durchsetzung nicht-ökonomisch definierter staatlicher Interventionen (wie z.b. Reformen im Bereich der Sozialarbeit und Sozialpolitik)" (Böhnisch 1977: 93).

Das politische System ist daher nicht nur als Instrument staatlicher Lenkung zu sehen, sondern auch als der Ort, an dem unterschiedliche Interessen aufeinander treffen, die zueinander reguliert werden müssen und als Anspruchsberechtigung zur Verfügung gehalten werden.

Dazu sind Dienstleistungsorganisationen notwendig, die selbst „außerhalb des Geltungsbereichs tauschförmiger und marktorientierter Beziehungen angesiedelt" sind (Winkler 1988a: 189) und eine eigene Handlungslogik besitzen, die sowohl die „Besonderheit des Falles", wie auch die „Generalität der Bezugsnorm" (Offe 1987: 175) verarbeiten. „Immer muß zugleich der ‚Fall‘ normalisiert und die Norm in-

dividualisiert werden." (ibid.) Eine solche vermittelnde oder „synthe-
tisierende" (Offe) Funktion besitzt auch die Soziale Arbeit als personenbezogene Dienstleistung.

II.

Eine breitere und zugleich allgemeinere Funktionsbestimmung Sozialer Arbeit, die auf den gesellschaftlichen Vermittlungs- und An-
passungsbedarf abstellt, kann als Normalisierungsarbeit bezeichnet
werden. Der Sozialen Arbeit obliegt „die Bewachung von Normalitätsstandards" (Olk 1985b: 130). Sie ist „mit der vorsorglichen Vermeidung und kurativen Beseitigung von Normverletzungen und somit
der Gewährleistung durchschnittlich erwartbarer Identitätsstruktu-
ren" (ibid.) befaßt; „ihr obliegt (in Kooperation mit anderen Instanzen sozialer Hilfe und Kontrolle) die Abwehr von Risiken und die Beseitigung von Störungen, die den geltenden und z.t. rechtlich kodifi-
zierten Verhaltensregeln und Normalitätserwartungen durch abwei-
chendes Verhalten einzelner Personen und/oder Personengruppen
drohen" (ibid.).
Unter dem Begriff der Normalisierungsarbeit sind mithin die bekannten Arbeitsorientierungen zutreffend versammelt: Soziale Arbeit
beugt vor, erzieht, gleicht aus, behandelt, rehabilitiert und kontrolliert.
Die Unterscheidung zu der zuvor diskutierten, marxistisch inspirier-
ten Bestimmung liegt also nicht so sehr in einer inhaltlichen Differenz
darüber, was Soziale Arbeit tut oder tun muß, sondern in einer unterschiedlichen Bewertung des übergeordneten Kontextes. Die Charakterisierung als Normalisierungsarbeit erscheint modernisierter, da
Soziale Arbeit nicht mehr als reine Vermittlungsinstanz der Arbeitsgesellschaft erscheint, sondern dieser Begriff reflektiert, daß sich ten-
denziell eine Entkoppelung von Arbeit und Existenzsicherung in Teilen der Bevölkerung vollzieht,[162] sich Identitäten nicht mehr überwiegend durch ihre Stellung im Produktionsprozeß bilden (können) und
daß ein immer größerer Teil der Bevölkerung personenbezogene
Dienstleistungen des Sozialsektors in Anspruch nehmen und dessen
gesellschaftliche Bedeutung daher wächst.
Zum anderen steht ein solcher Funktionsbegriff nicht mehr mit einer
interessengebundenen Position in Verbindung, die sich als politische

---

[162] Vgl. hierzu die Diskussion zur Grundeinkommenssicherung bei Opielka
(1985a: 289). Die Vorstellung der Hilfe zur Selbsthilfe kann allerdings z. Zt.
nur als Selbsthilfe durch Beschaffung von Arbeitseinkommen gedacht werden.

Forderung an den Sozialstaat artikuliert. Die Schaffung alternativer Praxisformen, die Ausnutzung von Handlungsspielräumen (vgl. Böhnisch 1977: 95ff) geht in eine funktionale Perspektive nicht ein. Damit ist die Möglichkeit gegeben, zwischen der Analyse von Operationsmodi im Sozialsektor einerseits und Forderungen an den Sozialstaat andererseits besser unterscheiden zu können. Gleichwohl ist dies nicht vollständig möglich. Auch die funktionale Betrachtung kann sich nicht davon freihalten, daß die Voraussetzungen ihrer Bestimmungsleistungen mit normativen Problemen verbunden sind.

Zunächst der Begriff der Normalisierungsarbeit selbst: Was normal ist und mithin Normalisierung genannt werden darf, kann umstrittener gar nicht sein. Auch wenn damit im vorliegenden Zusammenhang ein gesellschaftlich durchschnittliches Niveau gemeint ist, so muß doch reflektiert werden, daß in diese Begriffskonstitution unterschiedliche Interessen eingehen und es von der Verfügung über Definitionsmacht abhängt, was unter Normalisierung jeweils zu verstehen ist. Ob beispielsweise materielle Hilfeansprüche als berechtigt angesehen werden, ob ein Jugendamt bekanntgewordenes Verhalten eines Jugendlichen als Anlaß für Betreuungsangebote nimmt oder nicht, oder ob familiäre Probleme von den Betroffenen so bewertet werden, daß sie um Beratung nachsuchen, kann unter den Beteiligten ebenso kontrovers bleiben, wie auch die gesellschaftlichen Bezugsnormen einem ständigen Wandel unterliegen.

Normalitätsstandards meinen daher „immer die *Einregulierung* eines akzeptablen Verhältnisses von konformen und abweichenden Verhaltensweisen" (Olk 1986: 13). Die Bewertung der gesellschaftlichen Definitionsprozesse, die Klienten erst zu Klienten machen, oder der Handlungsnormen Sozialer Arbeit, die die ‚einregulierten Verhältnisse' reflektieren, sind selbst nicht Gegenstand der funktionalen, ‚steuerungstheoretischen' Analyse.

Dies führt zu der allgemeinen Fragestellung, ob nicht eine beabsichtigte wertneutrale Position gegenüber den Voraussetzungen und Bedingungen ihres Gegenstandes bei der funktionalen Analyse dazu führt, einen vorfindbaren Status quo als selbstverständliche Norm zu akzeptieren (vgl. Brumlik 1987: 251ff, Kap. 3.2.1.). Zumindest muß gefragt werden, ob sich in der Wahl der Analysekriterien nicht eine versteckte Wertbindung zeigt, wenn diese Kriterien selbst nicht zum Gegenstand der Reflexion gemacht werden.[163]

---

[163] Brumlik (ibid.) diskutiert dies am Begriff der Selektion als Grundoperation in der Schule bei Luhmann/Schorr (1979).

Die funktionalistische Analyse der Institutionen Sozialer Arbeit erfolgt nicht mit der Fragestellung, wie z.b. Hilfemöglichkeiten unter bürokratischen Bedingungen optimal prozessiert werden könnten, sondern unter Gesichtspunkten der Bestandsgefährdung und Anspruchsabwehr (vgl. Olk 1986: 110ff). Soziale Dienstleistungsarbeit erscheint bezüglich der Geltung von Normalitätsstandards als „Risiko", da „jedes Subjekt – und sei es noch so gut sozialisiert – Handlungen relativ autonom und nach eigenen Kriterien auswählt" (ibid.: 117). Das Problem Sozialer Arbeit sind hier die nicht begrenzbaren Ansprüche der Klienten, insbesondere Ziele der Persönlichkeitsentfaltung würden zu Steigerungsprozessen im System führen, die keine „internen Stoppregeln" (ibid.) mehr aufweisen; es handelt sich um „Bedarfswucherungen" (ibid.: 241).

Nun dürfen in der Tat solche Aussagen, die die Bestandsorientierung Sozialer Systeme, nicht ihren Wandel im Auge haben, nicht mit der Position gleichgesetzt werden, Ansprüche grundsätzlich als unberechtigt abweisen zu wollen. Dennoch bleibt ein Unbehagen, weil Soziale Arbeit das Institutionshandeln auch von den Interessen der Klienten her erfassen sollte. Brumlik (1987: 253) ist daher zuzustimmen, wenn er schreibt: „der Systemtheorie würde es wohl anstehen, auch die eigene Präferenz für bestimmte Präferenzen zu kontrollieren."

Ergebnis dieser Betrachtungen ist nunmehr, daß das weitreichende analytische Potential der Systemtheorie hier der Ergänzung bedarf, da Funktionalität selbst keine praxisbegründende Kategorie darstellt (vgl. Brumlik/Keckeisen 1976: 246f).

Eine Handlungstheorie Sozialer Arbeit muß auch die Frage beantworten, wem womit geholfen werden soll, welche ‚Selektionsfilter' und ‚Stoppregeln' angewandt werden und wie groß ‚Problembearbeitungskapazitäten' sein sollen. Wertentscheidungen und Zielvorstellungen für das Handeln müssen benannt und offengelegt werden.

Auch der subjektiv gemeinte Sinn sozialen Handelns wird von der Ebene der funktionalen Betrachtung aus nicht erfaßt. Ob ein bestimmtes Handeln im Kontext Sozialer Arbeit vom Klienten als hilfreich erlebt wird oder vom Sozialarbeiter selbst beispielsweise als solidarische Unterstützung eingestuft wird, benötigt andere Beurteilungskriterien, die bei den handelnden Personen, an der Innenperspektive der Bedeutungen ansetzen. Gleichzeitig ist jedoch die Möglichkeit zur Kontexterweiterung, die Einordnung helfender Prozesse in einen größeren, ‚übergeordneten' Zusammenhang zum Verständnis des Handlungsfeldes notwendig. Solche Perspektivenwechsel ermöglichen die systemtheoretischen Ansätze.

192

Für eine Handlungstheorie Sozialer Arbeit, die – abweichend vom gängigen soziologischen Begriff der Handlungstheorie[164] – zugleich als Praxistheorie zu begreifen ist, also Interpretationen konkreter Handlungszusammenhänge und daraus abgeleitete Folgerungen für berufliches Handeln einschließt (Mühlum 1986: 212), ist es daher geboten, systemische Elemente zum Verständnis der funktionalen und strukturellen Dimension mit verstehenden Ansätzen des subjektiv Gemeinten und Gewollten zu verbinden.

III.
Gesellschaftliche Wandlungsprozesse, wie sie in Kapitel 6.2.1. skizziert wurden, zeigen sich mithin auch in der Bestimmung Sozialer Arbeit. Auch deren Bezugsgrößen sind – zumindest im aktuell dominanten Diskurs – nicht mehr gesellschaftliche Veränderung und Solidarität, sondern Ungewißheitsbelastung und Kontingenz. Letztere sind freilich nicht nur für das Handeln Sozialer Arbeit bestimmend, sondern dienen als Metapher zur Kennzeichnung aktueller ‚Welterfahrung‘ insgesamt (vgl. Becker 1989: 13ff); sie sind als Wesensmomente der ‚postmodernen Risikogesellschaft‘ zugehörig (vgl. Keupp 1991).
Die soziologische Systemtheorie verleiht mit ihrem theoretischen Repertoire diesen Zustandsbeschreibungen der Gesellschaft Ausdruck. Verknüpft sich mit der überkommenen Tradition des Systemdenkens noch die Allverbundenheit der Phänomene, ihre Interdependenz, so favorisiert die neuere Systemtheorie, wo sie als Gesellschaftstheorie auftritt, die Kontingenz, die Möglichkeit des Geschehens oder Nichtgeschehens (vgl. Luhmann 1984: 148ff). Die Handlungskoordination auf allen Ebenen unterliegt dem Risiko des Nichtgelingens, da Systeme entsprechend ihrer Eigenlogik operieren.
Auf der Ebene der Interaktion verbindet sich mit der Autopoiesis-Vorstellung als Ausgangspunkt eine reduzierte Erwartung in bezug auf Beeinflussungsmöglichkeiten und auf pädagogische Handlungschancen generell. Dies findet auf der Ebene der Gesellschaft seine Entsprechung: Eine auf die Gesamtrationalität der Gesellschaft zielende Veränderungsabsicht findet keinen Ansatzpunkt mehr. Ein politischer Veränderungsanspruch ist daher auch nicht Bestandteil der Systemtheorie. Sie entsagt „dem Alptraum der Moderne mit ihrer manipulativen Vernunft und ihrem Fetisch der Totalität" (Eagleton 1987, zit. n. Keupp 1991: 27), wie es in postmoderner Diktion heißt.

---

[164] Vgl. hierzu Hennen (1989).

Damit verweist sie jedoch gleichzeitig auf die „Zweifel an der Zukunftsfähigkeit des Projektes der Moderne" (Keupp, ibid.), da wir durch die Systemtheorie auch wissen, daß wachsende Binnenrationalität der Teilsysteme gerade nicht die Möglichkeiten gesamtgesellschaftlicher Problemlösungen erhöhen. Die soziologische Systemtheorie ist insoweit eine Theorie des Kontrollverlustes im Hinblick auf rationale gesellschaftliche Steuerung.

Als Positivum der Autopoiesistheorie und der damit verbundenen Beschränkung äußerer Einwirkung, war für Soziale Arbeit festgestellt worden (Kapitel 5.4.), daß diese Perspektive zumindest „enttäuschungsverarbeitend" (Brumlik 1987: 233) wirkt. Sozialpädagogische Erwartungen werden realistischer im Sinne reduzierter Ansprüche und erscheinen gleichsam ‚entideologisiert', da das so verstandene systemtheoretische Berufshandeln ebenfalls keinen gesellschaftskritischen Anspruch kennt. Hierbei kann jedoch der gleiche Effekt auftreten, wie auf der Ebene der Gesellschaftstheorie selbst: Die absolut gesetzte System-Diagnose verhindert, daß die vorhandenen Handlungs- und Denk-Spielräume tatsächlich ausgenutzt werden. Die soziologische Systemtheorie setzt sich hier der Gefahr aus, selbst zu einer „Anspruchsabweisungsinstanz" (Luhmann) zu werden, deren theoretisches Potential dann dazu dienen würde, „daß sie die bestehende Ordnung diskursiv wirkungsvoll abschottet gegen Kritik, Ansprüche und Veränderungsversuche von Individuen und Gruppen" (Knobloch 1991).

7. Zusammenfassung

Zu Beginn einer Zusammenfassung dieser Arbeit muß noch einmal in Erinnerung gerufen werden, daß ‚systemisch' ein vieldeutiger Begriff ist, unter dem verschiedene Ansätze und Analyseebenen versammelt sind. In Kapitel 2 wurden die wesentlichen Unterscheidungsmerkmale diskutiert:

(1) Die Entwicklungsschritte der Systemtheorie: Kybernetisches Modell, Theorie offener Systeme, Selbstorganisations-Theorie,
(2) die erkenntnistheoretischen Voraussetzungen, die sich mit dem Konstruktivismus verbinden,
(3) die Unterscheidung zwischen einem Vernetzungs-Modell und einem Modell der Selbstreferenz,
(4) die Konstitution sozialer Systeme durch Personen, Handlungen oder Kommunikationen und
(5) das Verhältnis von Sinn- und Realdimension.

Als Resultat der Arbeit kann festgehalten werden, daß sich systemtheoretische Ansätze in mehrfacher Hinsicht als ergiebig für Soziale Arbeit erweisen.

(1) Für die Entwicklung einer Handlungstheorie Sozialer Arbeit kann die Systemtheorie durch ihren Charakter als ‚operative Theorie' (Jensen 1983: 24) einen übergreifenden Bezugsrahmen zur Verfügung stellen. Systemtheorie dient hier als Instrument der Theorie-Integration, das einzelwissenschaftliches Erklärungswissen, Gegenstandsbestimmungen und Arbeitsweisen miteinander verbinden kann. Mit den verschiedenen systemtheoretischen Ansätzen können alle Handlungs- und Beschreibungsebenen Sozialer Arbeit erfaßt werden. Systemtheorie ermöglicht als ‚theoretische Klammer' die Anschlußfähigkeit der unterschiedlichen sozialen Kontexte und Dimensionen der Theoriebildung und kann Vorhandenes unter neuen Gesichtspunkten ordnen.

(2) Die Austauschbeziehungen zwischen Mensch und Umwelt bilden den Kerngedanken systemorientierter Handlungskonzepte. Damit stehen sie in einer Denktradition, die für Soziale Arbeit seit Beginn ihrer Verberuflichung kennzeichnend ist. In aktueller Diktion kann eine solche Orientierung als ‚ökologisch' bezeichnet werden.

Die systemischen Konzepte beziehen sich auf kybernetische Vorstellungen und die General System Theory. Mit ersteren verbindet sich die Erwartung außengeleiteter Beeinflussung; mit der General System Theory das Konzept des offenen Systems.

Damit sind nachvollziehbare Beschreibungsprinzipien für Vorstellungen menschlicher Stabilität, auch in psychosozialer Hinsicht, für interpersonalen Austausch und Umweltorientierung gewählt. Theorieelemente naturwissenschaftlicher Herkunft werden hierbei analoghaft auf das Handeln in sozialen Systemen übertragen. Anpassungsprozesse können damit besser beschrieben werden als Wandlungsprozesse. Die Spezifika menschlicher und sozialer Systeme werden damit jedoch nicht vollständig erfaßt.

(3) Der Hauptertrag für die Theorie Sozialer Arbeit besteht in der Übernahme der Systemvorstellung als solcher: Alle sozialen Phänomene können unter dem Aspekt ihrer Verbundenheit und Zugehörigkeit zu einem übergeordneten Kontext betrachtet werden. Die bei allen Beteiligten vorhandene Interdependenzerfahrung wird durch den Systemansatz konzeptionell ausgedrückt.

Für das Handlungssystem Sozialer Arbeit ergeben sich daraus spezifische Konsequenzen und Erweiterungen:

a) Systemorientiert zu arbeiten, heißt, stärker in Beziehungs- und Austauschprozessen zu denken, statt in Kategorien persönlicher Eigenschaften. Betrachtungen werden dadurch ,dynamisierter‘ und zeigen gleichzeitig die Kontextabhängigkeit menschlichen Denkens und Handelns. Die Systemtheorie zeigt den Übergang von einem individualistischen zu einem interaktionistischen Modell. Systemdenken ist strukturelles Denken.

b) Die Systemtheorie erschließt die Komplexität realer Lebenssituationen, die vielfältigen Verbindungen, Abhängigkeiten und Wirkungsdimensionen, die ein Problem konstituieren. Systemische Problemdefinitionen und Interventionen müssen sich nicht auf die Klienten selbst beziehen. Das Interventionsfeld erweitert sich über die unmittelbare Klientenbeziehung hinaus. Systemdenken ist multikausal und am Netzwerkgedanken orientiert.

c) In der psycho-sozialen Beratung können Probleme in einer zusätzlichen Dimension betrachtet und bearbeitet werden: als funktional für die Bestandserhaltung des jeweiligen Systems.

d) Das analytische Potential des Systemdenkens kann auch selbstreflexiv auf die SozialarbeiterInnen und die Institutionen Sozialer Arbeit angewandt werden. Deren Interessen und Möglichkeiten können mit den gleichen Kriterien beurteilt werden wie Klientensysteme. Helfersysteme können Probleme mitkonstituieren und kontraproduktiv wirken. Systemtheorie ist ein Denkinstrument zur Erweiterung der Selbstthematisierungsfähigkeit.

Systemorientierte Handlungsmodelle sind im Sinne einer konkreten Systemtheorie konzipiert mit Personen als Grundelementen. Dadurch bleiben diese Konzepte mit anderen theoretischen Ansätzen Sozialer Arbeit kompatibel. Die strukturelle und funktionale Perspektive schließt weder den Subjektbegriff, noch eine Bearbeitung subjektiv erlebter Dimensionen aus. Erst die Verbindung beider Perspektiven ergibt ein umfassendes, ‚ganzheitliches‘ Bild.

Aktuelle Diskussionen systemischer Therapie betonen zunehmend die verstehende Dimension als Grundoperation jedes therapeutischen Vorgehens. Insoweit zeichnen sich Tendenzen der Annäherung oder gar der Ko-Existenz zwischen systemischen und interpretativen Verfahren ab, wenn auch die Konsequenzen hinsichtlich Ansatzpunkt und Vorgehensweise in der psycho-sozialen Beratung unterschiedlich bleiben.

(4) Eine Kernaussage der Selbstorganisationstheorien besteht in der Eigendeterminiertheit und begrenzten Beeinflußbarkeit von Systemen. Für das Handeln in der Sozialen Arbeit, wie auch in psycho-sozialen Kontexten generell, ergeben sich daraus Konsequenzen:

Die Betonung der Eigenverantwortung der Klienten für die Lösung ihrer Probleme ist zentral. Entscheidungen sollen möglichst nicht durch die professionellen Helfer getroffen werden. Dem stellvertretenden Handeln und der Überidentifikation wird dadurch vorgebeugt.

Professionelle Systeme können lediglich die ‚Anfangs- und Randbedingungen‘ beeinflussen. Mit der These des Strukturdeterminismus steht eine Theorie im Hintergrund, die potentielles Scheitern professioneller Helfer erklären kann und dadurch auch enttäuschungsverarbeitend wirkt.

Die Vorstellungen geplanter Veränderung, mit der eine Verbesserung instrumenteller Kompetenzen erreicht und der Legitimationsdruck im Feld Sozialer Arbeit reduziert werden sollte, werden nunmehr durch Orientierungen abgelöst, die die Kontingenz von Entwicklungsprozessen und die Grenzen professioneller Hilfe verdeutlichen.

Mit der Verarbeitung des Konstruktivismus für psychosoziales Handeln ist die Bedeutung subjektiver Wirklichkeitskonstruktionen stärker in das Bewußtsein Sozialer Arbeit gerückt. Unterschiedliche Wirklichkeitskonstruktionen führen zu unterschiedlichem Verhalten; sie haben reale Folgen.

Die Beschränkung auf eine bewußtseins- und sprachkonstituierte Dimension durch den Konstruktivismus hat eine spezifische Vereinseitigung zur Folge: Sinn- und Realdimension werden voneinander getrennt, beziehungsweise Realität erscheint nur noch als ‚Inhalt' des Bewußtseins. Eine solche Position muß sich für Zwecke Sozialer Arbeit als unbefriedigend erweisen, da es hier – in je unterschiedlichem Verhältnis – um Erleben und Handeln zugleich geht. Soziale Arbeit muß nicht nur die Erzeugung alternativer Wirklichkeitskonstruktionen ermöglichen, sondern auch das Handeln in der Realdimension.

(5) Die gesellschaftlichen Wandlungsprozesse, die als Übergang vom sozialen zum ökologischen Paradigma gekennzeichnet wurden, betreffen Soziale Arbeit in mehrfacher Hinsicht:
Ihre Bedeutung als Vermittlungsinstanz zwischen der Rationalität funktionaler Teilsysteme und lebensweltlichen Bezügen nimmt zu. Immer mehr gesellschaftliche Probleme werden der Sozialen Arbeit zur Bearbeitung übertragen; immer mehr Menschen sind davon betroffen. Wandlungsprozesse drücken sich auch in Umstrukturierungen des Systems sozialer Hilfe aus. Die Entwicklung der Selbsthilfebewegung, die erneute Betonung des Subsidiaritätsprinzips, die Bedeutung von Netzwerken und nichtprofessioneller Hilfe wurden als Beispiele dafür diskutiert. Das Systemdenken als Grundlage ökologischer Konzepte kann diese Prozesse erklären und begründen.
Die Funktionsbestimmung Sozialer Arbeit erfährt auf der Basis der systemtheoretischen Gesellschaftsanalyse eine Neudefinition. In funktionaler Perspektive wird sie als Normalisierungsarbeit bestimmt. Ein politischer Veränderungsanspruch ist nicht mehr Teil einer solchen Standortbestimmung.
Ebenso wie auf der Interaktionsebene reflektiert die Systemtheorie in ihrer Variante als Theorie der Selbstorganisation auf der Ebene gesellschaftlicher Prozesse deren Kontingenz und Ungewißheitsbelastung. Sie ist insoweit auch Ausdruck eines allgemeinen Krisenbewußtseins.

Die Leistungsfähigkeit systemtheoretischer Konzepte für Soziale Arbeit konnte in mehrfacher Hinsicht veranschaulicht werden:
als Theorierahmen für eine Handlungstheorie Sozialer Arbeit,
bei Handlungskonzepten für Helfersysteme,
als funktionale Analyse der Institutionen Sozialer Arbeit,
als Funktionsbestimmung,
und als system-ökologische Orientierung alternativer Wohlfahrtspolitik.

Der Nutzen für die Theoriebildung Sozialer Arbeit ist damit offenkundig.

Neben den diskutierten Problemen der Analogieübertragung und der konstruktivistischen Erkenntnistheorie, ist das Verhältnis von funktionaler und struktureller Analyse zu normativen Dimensionen in den Konzeptionen der Systemtheorie klärungsbedürftig. Das Handlungsfeld Sozialer Arbeit entwickelt sich unter bestimmten Wertentscheidungen und politischen Vorgaben. In einer Handlungstheorie Sozialer Arbeit muß das Systemdenken zur normativen Dimension hinzutreten, kann sie aber nicht ersetzen.

Literatur

Alinsky, Saul 1973: Leidenschaft für den Nächsten, Gelnhausen/Berlin: Burckhardthaus

Armutsbericht 1989: „...wessen wir uns schämen müssen in einem reichen Land..." Armutsbericht des Paritätischen Wohlfahrtsverbandes für die Bundesrepublik Deutschland, in: Blätter der Wohlfahrtspflege Nr.11 + 12/1989

Baecker, Dirk (Hg.) 1987: Theorie als Passion, Frankfurt: Suhrkamp

Bäumer, Gertrud 1929: Wesen und Aufbau der öffentlichen Erziehungsfürsorge, in: Nohl/Pallat (Hg.) 1929

Baier, Horst 1989: Solidarität und Subsidiarität-Ersatzreligionen des Sozialstaats, in: Deutsches Ärzteblatt 86, Heft 17, 1989: B-894-898

Balzer, Brigitte/Rolli, Susanne 1981: Sozialpädagogik und Krisenintervention: Argumente für ein psychosoziales Versorgungssystem, Neuwied: Luchterhand

Barabas, Fr./Blanke, Th./Sachße, C./Stascheit, U. 1976: Jahrbuch der Sozialarbeit 1976, Reinbek: Rowohlt

Baron, Rüdeger/Landwehr, Rolf 1989: Zum Wandel beruflicher Identität – der Verlust bürgerlichen Selbstbewußtseins in der sozialen Arbeit, in: Olk/Otto (Hg.) 1989a

Bartlett, Harriett 1976: Grundlagen beruflicher Sozialarbeit, Freiburg: Lambertus

Bautsch, Andrea/Wiesinger, Angelika 1989: Systemwissenschaftliche Integrationsversuche in der Psychotherapie insbesondere in der Familientherapie, Frankfurt: Verlag für interkulturelle Kommunikation

Becker, Egon 1984: Die Systemtheorie auf dem Weg zu sich selbst, Frankfurt: unveröff. Manuskript

ders. 1987: Die ökologische Krise im pädagogischen Diskurs, in: Becker/Ruppert (Hg.) 1987

ders. 1989: Systemdenken in der wissenschaftlichen Ökologie und in der politischen Ökologiebewegung, Frankfurt: Verlag für interkulturelle Kommunikation

Becker, Egon/Ruppert, Wolfgang (Hg.) 1987: Ökologische Pädagogik – pädagogische Ökologie, Frankfurt: Verlag für interkulturelle Kommunikation

Belardi, Nando (Hg.) 1980a: Soziale Arbeit, Bd. 1, Pädagogik, sozialpädagogische Arbeitsfelder, Frankfurt: Diesterweg

Bennis, Warren/Benne, Kenneth/Chin, Robert (Hg.) 1975: Änderung des Sozialverhaltens, Stuttgart: Klett

Berger, Johannes 1982: Die Versprachlichung des Sakralen und die Entsprachlichung der Ökonomie, in: Zeitschrift für Soziologie, Jg. 11, H.4, Okt. 82: 353 – 365

Bergner, Dieter/Mocek, Reinhard 1986: Gesellschaftstheorien, Berlin, DDR: Dietz

Bernfeld, Siegfried 1973: Sisyphos oder die Grenzen der Erziehung, Frankfurt: Suhrkamp

Bertalanffy, Ludwig von 1968: General System Theory, NewYork: Braziller

Beugen, Marinus van 1972: Agogische Intervention, Freiburg: Lambertus

Blanke,Thomas/Sachße, Christoph 1987: Wertwandel in der Sozialarbeit? in: Olk/Otto (Hg.) 1987a

Blau, Peter/Scott, Richard 1971: Professionale und bürokratische Orientierung in formalen Organisationen – dargestellt am Beispiel der Sozialarbeiter, in: Otto/Utermann (Hg.) 1971

Böhnisch, Lothar 1974: Rezension, ohne Titel, in: Neue Praxis 2/74: 199 – 201

ders. 1977: Staatliche Entwicklung und Reformperspektiven für die Sozialarbeit, in: Lukas et al. (Hg.) 1977

ders. 1982: Der Sozialstaat und seine Pädagogik, Neuwied: Luchterhand

Böhnisch, Lothar/Lösch, Hans 1973: Das Handlungsverständnis der Sozialarbeiter und seine institutionelle Determination, in: Otto/Schneider (Hg.) 1973b

Böse, Reimund/Schiepek, Günter 1989: Systemische Theorie und Therapie, Heidelberg: Asanger

Bossong, Horst 1987: Die freundliche Kolonialisierung, Bielefeld: Kleine

Brack, Ruth 1981: Methode – die Suche nach dem Allgemeinen im Besonderen, in: Projektgruppe Soziale Berufe 1981

Brandt, Eberhard 1983: Sozialarbeit in antagonistischer Gesellschaft, Köln: Pahl-Rugenstein

Braun, Hans 1972: Wissenschaft und Soziale Praxis, in: KZfSS 1972, Heft 2: 342 – 356

Breuer, Rolf 1981: Welle oder Bewegung? Zur Frage der Gesellschaftsveränderung durch Selbsthilfe, in: Neue Praxis 1981, Sonderheft 6

Breuer, Stefan 1992: Adorno/Luhmann: Die moderne Gesellschaft zwischen Selbstreferenz und Selbstdestruktion, in: Ders.: Die Gesellschaft des Verschwindens, Hamburg : Junius

Brezinka, Wolfgang 1971: Von der Pädagogik zur Erziehungswissenschaft, Weinheim/Berlin/Basel: Beltz

Brocher, Tobias/Sies, Claudia 1986: Psychoanalyse und Neurobiologie. Zum Modell der Autopoiese als Regulationsprinzip, Stuttgart-Bad Cannstatt: frommann-holzboog

Bronfenbrenner, Urie 1981: Die Ökologie der menschlichen Entwicklung, Frankfurt: Fischer

Brückner, Margrit 1974: Bedingungen und Grenzen der Sozialarbeit im Kapitalismus, in: Neue Praxis 3/74: 266 – 270

Brumlik, Micha 1986: Verstehen oder Kolonialisieren. Überlegungen zu einem aktuellen Thema, in: Müller/Otto (Hg.) 1986

ders. 1987: Reflexionsgewinne durch Theoriesubstitution? Was kann die Systemtheorie der Sozialpädagogik anbieten? in: Oelkers/Tenorth (Hg.) 1987

ders. 1989a: Kohlbergs „Just Community"-Ansatz als Grundlage einer Theorie der Sozialpädagogik, in: Neue Praxis 5/89: 374 – 383 ders. 1989b: Zur Trivialisierung einer wissenschaftlichen Revolution. Die Rezeptionsgeschichte des Etikettierungsansatzes in der sozialpädagogischen Metatheorie, in: Olk/Otto (Hg.) 1989a

Brumlik, Micha/Keckeisen, Wolfgang 1976: Etwas fehlt. Zur Kritik und Bestimmung von Hilfsbedürftigkeit für die Sozialpädagogik, in: Kriminologisches Journal, Nr. 3/1976: 241 – 262

Brunkhorst, Hauke 1983: Systemtheorie, in: Lenzen (Hg.) 1983

Brunkhorst, Hauke/Sünker, Heinz 1985: Strategische Alternativen kommunaler Sozialarbeitspolitik, in: Neue Praxis 2/3/1985: 120 – 132

Buchholz, Michael 1990: Hermeneutik und/oder Systemtheorie?, in: System Familie (1990) 3: 23 – 36

Buchkremer, Hansjosef 1982: Einführung in die Sozialpädagogik, Darmstadt: Wiss. Buchgesellschaft

Buckley, Walter, 1967: Sociology and Modern Systems Theory, Englewood Cliffs: Prentice-Hall

Buddecke, Eckhart 1974: Grundriß der Biochemie, Berlin/New York: de Gruyter

Bühl, Walter 1986: Soziologie und Systemökologie, in: Soziale Welt, Jg. 37, H. 4, 1986: 363 – 389

Capra, Fritjof 1988: Wendezeit, München: Knaur, (Neuausgabe)

ders. 1987: Das Neue Denken, Bern/München/Wien: Scherz

Caritas-Report 1987: Arme haben keine Lobby: Caritas-Report zur Armut, Hg.: Caritasverband für die Diözese Münster, Freiburg: Lambertus

Chin, Robert 1975: System- und Entwicklungsmodelle – Ihr Nutzen für den Praktiker, in: Bennis et al. (Hg.) 1975

Cierpka, Manfred 1991: Entwicklungen der Familientherapie, in: Praxis der Psychotherapie und Psychosomatik 1991, Bd. 36 (1): 32 – 44

Ciompi, Luc 1981: Psychoanalyse und Systemtheorie – ein Widerspruch? Ein Ansatz zu einer „Psychoanalytischen Systemtheorie", in: Psyche XXXV, 1: 66 – 86

Clemenz, Manfred 1983: Intervenieren ohne Interpretieren? in: Psychologie Heute, Mai 1983: 42 – 43

ders. 1986: Soziale Codierung des Körpers, Opladen: Westdeutscher Verlag

Cohn, Ruth 1975: Von der Psychoanalyse zu themenzentrierten Interaktion: von der Behandlung einzelner zu einer Pädagogik für alle, Stuttgart: Klett

Crott, Helmut 1979: Soziale Interaktion und Gruppenprozesse, Stuttgart: Kohlhammer

Dahrendorf, Ralf 1965: Gesellschaft und Freiheit, München: Piper

Danckwerts, Dankwart 1978: Grundriß einer Soziologie sozialer Arbeit und Erziehung, Weinheim: Beltz

Dell, Paul 1984: Von systemischer zur klinischen Epistemologie, I. Von Bateson zu Maturana, in: Z. syst. Ther. 2 (7) 1984: 147 – 171

Dewe, Bernd/Otto, Hans-Uwe 1984a: Professionalisierung in der Sozialarbeit/Sozialpädagogik, Kurseinheit 1, Hagen: Fernuniversität Gesamthochschule

dies. 1984c: Professionalisierung in der Sozialarbeit/Sozialpädagogik, Kurseinheit 3

Dewe, Bernd/Ferchhoff, Wilfried 1986: Sozialarbeit, Selbsthilfe und neue Subsidiarität, in: Soziale Arbeit 3/86: 82 – 87

Dilthey, Wilhelm 1981: Der Aufbau der geschichtlichen Welt in den Geisteswissenschaften, Frankfurt: Suhrkamp

Dörner, Dietrich 1989: Die Logik des Mißlingens, Reinbek: Rowohlt

Dörner, Dietrich/Reither, Franz/Stäudel, Thea 1983: Emotion und problemlösendes Denken, in: Mandl, Heinz/Huber, Günther (Hg.) 1983: Emotion und Kognition, München, Wien, Baltimore: Urban und Schwarzenberg

Dress/Hendrichs/Küppers (Hg.) 1986: Selbstorganisation. Die Entstehung von Ordnung in Natur und Gesellschaft, München: Piper

Drygala, Anke 1987: Der Dialog im Lebensweltansatz und in der Handlungsforschung – kann man heute noch so arbeiten? in: Iben (Hg.) 1988

Duss-von Werdt, Josef/Welter-Enderlin, Rosmarie (Hg.) 1980: Der Familienmensch. Systemisches Denken und Handeln in der Therapie, Stuttgart: Klett-Cotta

Eagleton, Terry 1987: Times Literary Supplement v. 20. 2. 1987, London

Eberhart, Herbert 1983: Systemtheorie und Arbeit mit Einzelnen, in: Staub-Bernasconi et al. (Hg.) 1983

Eberwein, Hans (Hg.) 1987: Fremdverstehen sozialer Randgruppen, Berlin: Marhold

Efran, Jay/Heffner, Kerry/Lukens, Robert 1988: Alkoholismus als Auffassungssache. Struktur-Determinismus und Trinkprobleme, in: Z. syst. Ther. 6(3) 1988: 180 – 191

Elkaïm, Mony 1980: Von der Homöostase zu offenen Systemen, in: Duss-v. Werdt/Welter-Enderlin (Hg.) 1980

Endruweit, Günter / Trommsdorf, Gisela (Hg.) 1989: Wörterbuch der Soziologie, Bd. 1, Stuttgart: Enke

Evans, Roger 1976: Some Implications of an Integrated Model of Social Work for Theory and Practice, in: Br. J. Social Wk. 6, 2 1976: 177 – 200

Eyfert, H./Otto, H.-U./Thiersch, H. (Hg.) 1984: Handbuch zur Sozialarbeit/Sozialpädagogik, Neuwied und Darmstadt: Luchterhand

Falck, Hans 1986: Das Membership-Prinzip in der Sozialarbeit, in: Mühlfeld et al. (Hg.) 1986

Foerster, Heinz von 1984: Das Konstruieren einer Wirklichkeit, in: Watzlawick (Hg.) 1984

Forder, Anthony 1976: Social Work and System Theory, in: Br. J. Social Wk. 6, 1 1976: 23 – 42

Forschungsgruppe Soziale Ökologie 1987: Soziale Ökologie. Gutachten zur Förderung der Sozial-Ökologischen Forschung in Hessen, Frankfurt

Friedländer,Walter / Pfaffenberger, Hans 1966: Grundbegriffe und Methoden der Sozialarbeit, Neuwied: Luchterhand

Fritz, Jürgen 1981: Methoden des sozialen Lernens, München: Juventa

Fuchs/Klima/Lautmann/Rammstedt/Wienold 1988: Lexikon zur Soziologie, 2. verb. u. erw. Aufl., Opladen: Westdeutscher Verlag

Gängler, Hans/Rauschenbach, Thomas 1986: Sozialpädagogik in der Moderne. Vom Hilfe-Herrschafts-Problem zum Kolonialisierungstheorem, in: Müller/Otto (Hg.) 1986

Geiser, Kaspar 1990: Die prozessual-systemische Denkfigur als Arbeitsinstrument von Sozialarbeiterinnen und Sozialarbeitern, in: Sozialarbeit 4/1990: 15 – 37

Geißler, Karlheinz/Hege, Marianne 1985: Konzepte sozialpädagogischen Handelns, Weinheim und Basel: Beltz, 3. Aufl.

Gerard, R. W. 1958: Concepts and Principles of Biology, in: Behavioral Science 3: 95 – 102

Germain, Carel 1974: Soziale Einzelhilfe und Wissenschaft: eine historische Auseinandersetzung, in: Roberts/Nee (Hg.) 1974: 17 – 46

dies. (Hg.) 1979: Social Work Practice: People And Environments, New York: Columbia University Press

Germain, Carel/Gitterman, Alex 1983: Praktische Sozialarbeit, Stuttgart: Enke

dies. 1986: Ökologische Sozialarbeitsforschung in den USA, in: Mühlfeld et al. (Hg.) 1986

Gildemeister, Regine 1983: Als Helfer überleben: Beruf und Identität in der Sozialarbeit/Sozialpädagogik, Neuwied/Darmstadt: Luchterhand

Glasersfeld, Ernst von 1984: Einführung in den radikalen Konstruktivismus, in: Watzlawick (Hg.) 1984

ders. 1987: Siegener Gespräche über Radikalen Konstruktivismus, in: Schmidt, S. (Hg.) 1987

Goldstein, Howard 1980: Theoriebildung und der einheitliche Ansatz in der Praxis der Sozialarbeit, in: Specht/ Vickery (Hg.) 1980

Gordon, William 1969: Basic Constructs for an Integrative and Generative Conception of Social Work, in: Hearn (Hg.) 1969

Greitemeyer, Dagmar 1989: Der Symptombegriff in individuum- und systemorientierter Sicht, Frankfurt: Peter Lang

Guntern, Gottlieb 1980: Die kopernikanische Revolution in der Psychotherapie: der Wandel vom psychoanalytischen zum systemischen Paradigma. in: Familiendynamik 1/1980: 2 – 41

ders. 1984: Schizophrenie und Systemtherapie, in: Schweizer Archiv für Neurologie, Neurochirurgie und Psychiatrie, Band 135, Heft 1: 41 – 71

Guttman, Herta A. 1985: Epistemologie, Systemtheorien und die Theorie der Familientherapie, in: Z. system. Ther. Jg. 3 (1/2): 13 – 20

Haag, Fritz/Parow, Eduard/Pongratz, Liselotte/Rehn, Gerhard 1973: Überlegungen zu einer Metatheorie der Sozialarbeit, in: Otto/Schneider (Hg.) 1973a

Habermas, Jürgen/Luhmann, Niklas, 1971: Theorie der Gesellschaft oder Sozialtechnologie – Was leistet die Systemforschung? Frankfurt: Suhrkamp

Habermas, Jürgen 1988: Theorie des kommunikativen Handelns, Frankfurt: Suhrkamp, Neuauflage

Erster Band (1988a): Handlungsrationalität und gesellschaftliche Rationalisierung

Zweiter Band (1988b): Zur Kritik der funktionalistischen Vernunft ders. 1983: Moralbewußtsein und kommunikatives Handeln, Frankfurt: Suhrkamp

Händle, Frank/Jensen, Stefan (Hg.) 1974: Systemtheorie und Systemtechnik, München: Nymphenburger Verlagshandlung

Haferkamp, Hans 1987: Autopoietisches soziales System oder konstruktives soziales Handeln? in: Haferkamp / Schmid (Hg.) 1987

Haferkamp, Hans/Schmid, Michael (Hg.) 1987: Sinn, Kommunikation und soziale Differenzierung, Frankfurt: Suhrkamp

Hagmann, Thomas 1990: Systemisches Denken und die Heilpädagogik, in: Hagmann / Simmen (Hg.) 1990

Hagmann, Thomas / Simmen, René (Hg.) 1990: Systemisches Denken und die Heilpädagogik, Luzern CH: Edition SZH/SPC

Haken, Hermann 1984: Erfolgsgeheimnisse der Natur, Frankfurt, Berlin, Wien: Ullstein

Halfmann, Jost 1986: Autopoiesis und Naturbeherrschung, in: Unverferth (Hg.) 1986

Hall, A. D./Fagen, R. E. 1975: Definition of System, in: Ruben / Kim (Hg.) 1975

Hanhart, Dieter 1973: Sozialarbeitsforschung. Defizite, Notwendigkeiten, Perspektiven, in: Hollstein/Meinhold (Hg.) 1973

Harney, Klaus 1975: Sozialarbeit als System – Die Entwicklung des Systembegriffs durch N. Luhmann im Hinblick auf eine Funktionsbestimmung sozialer Arbeit, in: Zeitschrift für Soziologie, Heft 2, April 1975: 103 – 114

Haupert, Bernhard/Kraimer, Klaus 1991: Die disziplinäre Heimatlosigkeit der Sozialpädagogik / Sozialarbeit. in: Neue Praxis 2 / 1991: 106 – 121

Hearn, Gordon 1958: Theory Building in Social Work, Toronto: University of Toronto Press

ders. (Hg.) 1969: The General Systems Approach: Contributions Toward An Holistic Conception Of Social Work, New York: CSWE

Heekerens, Hans-Peter 1990: Soziale Arbeit und systemische Therapie, in: Soziale Arbeit, 8/1990: 282 – 285

Hege, Marianne 1981: Die Bedeutung der Methoden in der Sozialarbeit, in: Projektgruppe Soziale Berufe 1981

Heimler, Eugene 1976: Einführung in die sozialintegrative Methode, Frankfurt: Eigenverlag des Dt. Vereins für öffentl. u. private Fürsorge

Heiner, Maja (Hg.) 1988a: Selbstevaluation in der sozialen Arbeit, Freiburg: Lambertus

dies. (Hg.) 1988b: Praxisforschung in der sozialen Arbeit, Freiburg: Lambertus

Hejl, Peter M., 1982: Sozialwissenschaft als Theorie selbstreferentieller Systeme, Frankfurt: Campus

ders., 1986: Soziale Systeme: Körper ohne Gehirne oder Gehirne ohne Körper? in: DELFIN, Nr. VI, 3.Jg., H. 2, 4/1986

ders., 1987a: Zum Begriff des Individuums – Bemerkungen zum ungeklärten Verhältnis von Psychologie und Soziologie, in: Schiepek (Hg.) 1987

ders., 1987b: Konstruktion der sozialen Konstruktion: Grundlinien einer konstruktivistischen Sozialtheorie, in: Schmidt (Hg.) 1987

Hennen, Manfred 1989: Handlungstheorie, in: Endruweit/Trommsdorf (Hg.)
1989
Herwig-Lempp, Johannes 1988: Der systemische Ansatz im Suchtbereich, in:
Z. syst. Ther. 6 (3) 1988: 195 – 201
Hey, Georg 1989: Einige Überlegungen zum Stellenwert neuerer Entwick-
lungen systemischer Theorien für die Sozialarbeit/Sozialpädagogik, un-
veröff. Arbeitspapier, Lüneburg
Hollenstein, Erich/Philipp, Frank 1986: Sozialökologische Konzeptualisie-
rungen in Praxisfeldern der Sozialarbeit und Sozialpädagogik, in: Mühlfeld
et al. (Hg.) 1986
Hollis, Florence 1974: Die psychosoziale Arbeitsweise als Grundlage Sozialer
Einzelhilfe-Praxis, in: Roberts/Nee (Hg.) 1974
Hollstein, Walter 1973: Hilfe und Kapital. Zur Funktionsbestimmung der Sozialarbeit, in: Hollstein/Meinhold (Hg.) 1973
Hollstein, Walter/Meinhold, Marianne (Hg.) 1973: Sozialarbeit unter kapita-
listischen Produktionsbedingungen, Frankfurt: Fischer
dies. (Hg.) 1977: Sozialpädagogische Modelle: Möglichkeiten der Arbeit im so-
zialen Bereich, Frankfurt: Campus
Hollstein-Brinkmann, Heino 1989: Sozialarbeit und Systemtheorie (Vermu-
tungen und Erwartungen, den Nutzen der Systemtheorie für Sozialarbeit
betreffend), in: Z. syst. Ther. 7 (4) 1989: 255 – 259
Holtstiege, Hildegard 1976: Sozialpädagogik? Zur Geschichte eines Theorie-
Dilemmas, Kastellaun: Henn
Holzer, Horst, 1977: Gesellschaft als System. Makrosoziologische System-
theorie in der Soziologie der USA und der Bundesrepublik Deutschland,
Frankfurt: Marxistische Blätter
Hondrich, Karl Otto 1987: Die andere Seite sozialer Differenzierung, in: Ha-
ferkamp/Schmid (Hg.) 1987
Horn, Klaus 1987: Subjektivität und Gesellschaft. Entwicklung eines neuen
Persönlichkeitstyps? in: Olk/Otto (Hg.) 1987a
Hunziker, Anton 1964: Theorie und Nomenklatur der Sozialarbeit, Luzern
CH: Caritas-Verlag
Huschke-Rhein, Rolf, 1988: Systemische Pädagogik Band I: Systempädago-
gische Wissenschaftslehre als Bildungslehre im Atomzeitalter, Köln: Rhein-
Verlag, 2. erw. Aufl.
ders. 1987: Systempädagogische Wissenschafts- und Methodenlehre, Band II:
Qualitative Forschungsmethoden und Handlungsforschung, Köln: Rhein-
Verlag
ders. 1989: Systemische Pädagogik Band III: Systemtheorien für die Pädago-
gik, Köln: Rhein-Verlag
ders. (Hg.) 1990: Systemische Pädagogik Band IV: Zur Praxisrelevanz der Systemtheorien, Köln: Rhein-Verlag
Husserl, Edmund 1954: Die Krisis der europäischen Wissenschaften und die
transzendentale Phänomenologie. Husserliana, Bd. 6, Den Haag
Iben, Gerd 1969: Die Sozialpädagogik und ihre Theorie, in: Zeitschrift f.
Pädagogik, 15. Jg., 1969, Nr. 4: 385 – 401

ders. 1972: Rolle der Sozialarbeit in Stadtplanung und Stadtentwicklung, in: Neues Beginnen, Nr. 3: 7 – 17

ders. (Hg.) 1981: Beraten und Handeln, München: Juventa

ders. 1987: Handlungsforschung und das Verstehen von Lebenswelten, in: Eberwein (Hg.) 1987

ders. 1988: Momente des Dialogischen und kommunikative Kompetenz – Versuch einer Zusammenfassung, in: ders. (Hg.) 1988

ders. (Hg.) 1988: Das Dialogische in der Heilpädagogik, Mainz: Grünewald

Illich, Ivan 1973: Entschulung der Gesellschaft, Reinbek: Rowohlt

Inglehart, Ronald 1987: Wertwandel unter Bedingungen sozialer Unsicherheit, in: Olk/Otto (Hg.) 1987a

Jantsch, Erich 1982: Die Selbstorganisation des Universums, München: dtv

Jensen, Stefan 1976: Einleitung zu Parsons (1976)

ders. 1983: Systemtheorie, Stuttgart: Kohlhammer

Karberg, Walter 1988: Einzelfallhilfe, in Kreft/Mielenz (Hg.) 1988: 149 – 152

Keupp, Heiner 1991: „Postmoderne": Das Ende von welchem Subjekt? in: Marxistische Blätter, Nr. 6/91: 26 – 33

Keupp, Heiner/Röhrle, Bernd (Hg.) 1987: Soziale Netzwerke, Frankfurt, New York: Campus

Kiss, Gabor 1977: Einführung in die soziologischen Theorien II, Opladen: Westdeutscher Verlag, 3. Aufl.

ders. 1986: Grundzüge und Entwicklung der Luhmannschen Systemtheorie, Stuttgart: Enke

ders. 1987: Paradigmawechsel in der Kritischen Theorie: Jürgen Habermas' intersubjektiver Ansatz, Stuttgart: Enke

KJHG 1990: Kinder- und Jugendhilfegesetz. Sozialgesetzbuch – Achtes Buch, Textausgabe 1. Aufl. 1990, hg. vom Dt. Verein für öff. u. priv. Fürsorge, Frankfurt

Klafki, Wolfgang 1976: Aspekte kritisch-konstruktiver Erziehungswissenschaft, Weinheim und Basel: Beltz

Klages, Helmut 1987: Wertwandel und Modernisierung. Eine theoretische Exploration, in: Olk/Otto 1987a

Klaus, Georg/Buhr, Manfred 1971: Philosophisches Wörterbuch Bd. 2, Leipzig: Bibliographisches Institut, 8. Aufl.

Knapp, Wolfgang (Hg.) 1980: Die wissenschaftlichen Grundlagen der Sozialarbeit und Sozialpädagogik, Stuttgart: Kohlhammer

Knobloch, Clemens 1991: Wie es ist, ist es gut, obwohl es auch anders sein könnte. Über Niklas Luhmanns Systemtheorie, in: Freitag, Die Ost-West-Wochenzeitung, Berlin, Nr. 25 v. 14. 6. 1991

Konopka, Gisela 1978: Soziale Gruppenarbeit: ein helfender Prozeß, Weinheim und Basel: Beltz, 6. überarb. Aufl.

Kosik, Karel 1967: Dialektik des Konkreten, Frankfurt: Suhrkamp

Kratky, Karl/Wallner, Friedrich (Hg.) 1990: Grundprinzipien der Selbstorganisation, Darmstadt: Wiss. Buchgesellschaft

Kreft, Dieter/Mielenz, Ingrid (Hg.) 1988: Wörterbuch Soziale Arbeit, Weinheim und Basel: Beltz, Neuausgabe

Krings, Hermann/Baumgartner, Hans M./Wild, Christoph (Hg.) 1974: Handbuch philosophischer Grundbegriffe, Bd. III, München: Kösel

Krohn, Wolfgang / Küppers, Günther / Paslack, Rainer 1987: Selbstorganisation – Zur Genese und Entwicklung einer wissenschaftlichen Revolution, in: Schmidt (Hg.) 1987

Krüll, Marianne 1987: Systemisches Denken und Ethik, in: Z. syst. Ther. 5 (4) 1987: 250 – 255

Krüll, Marianne/Luhmann, Niklas/Maturana, Humberto 1987: Grundkonzepte der Theorie autopoietischer Systeme, in: Z. system. Ther. 5 (1): 4 – 25

Laszlo, Erving 1975: Basic Constructs of Systems Philosophy, in: Ruben / Kim (Hg.) 1975

ders. 1978: Evolution und Invarianz in der Sicht der allgemeinen Systemtheorie, in: Lenk/Ropohl (Hg.) 1978

ders. 1983: Systems science and world order: selected studies, New York: Pergamon

Lathrope, Donald 1969: The General Systems Approach in Social Work Practice, in: Hearn (Hg.) 1969

Lau, Thomas/Wolff, Stephan 1982a: Wer bestimmt hier eigentlich, wer kompetent ist? Eine Kritik an Modellen kompetenter Sozialarbeit, in: Müller, S. et al. (Hg.) 1982a

dies. 1982b: Grenzen von Modellen sozialpädagogischer Kompetenz, in: Neue Praxis 4/1982: 299 – 306

Lehninger, Albert 1977: Biochemie, Weinheim, New York: ChemieVerlag

Lenk, Hans/Ropohl, Günter (Hg.) 1978: Systemtheorie als Wissenschaftsprogramm, Königstein/Ts.: Athenäum

Lenzen, Dieter (Hg.) 1983: Enzyklopädie Erziehungswissenschaft, Bd.1, Stuttgart: Klett-Cotta

Leube, Konrad 1988: Professionalisierung, in: Kreft/Mielenz (Hg.) 1988

Levold, Tom 1984: Einige Gedanken über den Nutzen einer Theorie autopoietischer Systeme für eine klinische Epistemologie, in: Z. system. Ther. 2 (7): 173 – 189

Liechti, Jürg/Liechti-Darbellay, Monique/Zbinden, Martin 1989: Verminderung der Zahl eingeleiteter Maßnahmen als Resultat systemischer Problemdefinitionen: Zum Beispiel das Jugendamt einer hessischen Großstadt, in: Z. syst. Ther. 7 (4) 1989: 220 – 245

Lipitt, Ronald/Watson, Jeanne/Westley, Bruce 1958: The Dynamics of Planned Change, New York: Harcourt Brace

Lockwood, David 1964: Social Integration and System Integration, in: Zollschan/Hirsch (Hg.) 1964

Lowy, Louis 1983: Sozialarbeit/Sozialpädagogik als Wissenschaft im anglo-amerikanischen und deutschsprachigen Raum, Freiburg: Lambertus

Ludewig, Kurt 1983: Die therapeutische Intervention eine signifikante Verstörung der Familienkohärenz im therapeutischen System, in: Schneider (Hg.) 1983

ders. 1987: Vom Stellenwert diagnostischer Maßnahmen im systemischen Verständnis von Therapie, in: Schiepek (Hg.) 1987

ders. 1988: Nutzen, Schönheit, Respekt – Drei Grundkategorien für die Evaluation von Therapien, in: System Familie 1/1988: 103 – 114

Luhmann, Niklas, 1968: Moderne Systemtheorien als Form gesamtgesellschaftlicher Analyse, in: Habermas/Luhmann 1971

ders. 1970: Soziologische Aufklärung 1: Aufsätze zur Theorie sozialer Systeme. 5. Aufl. 1984, Opladen: Westdeutscher Verlag

ders. 1971: Systemtheoretische Argumentationen, in: Habermas/Luhmann 1971

ders. 1973: Formen des Helfens im Wandel gesellschaftlicher Bedingungen, in: Otto/Schneider (Hg.) 1973a

ders. 1974, Bielefelder Manuskripte, unveröff. Manuskr.

ders. 1981: Politische Theorie im Wohlfahrtsstaat, München: Olzog

ders. 1984: Soziale Systeme: Grundriß einer allgemeinen Theorie. Frankfurt: Suhrkamp

ders. 1986: Ökologische Kommunikation, Opladen: Westdeutscher Verlag

ders. 1987a: Die gesellschaftliche Differenzierung und das Individuum, in: Olk/Otto (Hg.) 1987a

ders. 1987b: Strukturelle Defizite. Bemerkungen zur systemtheoretischen Analyse des Erziehungswesens, in: Oelkers/Tenorth (Hg.) 1987

Luhmann, Niklas / Schorr, Karl Eberhard 1979: Reflexionsprobleme im Erziehungssystem, Stuttgart: Klett Cotta

Lukas, Helmut 1977: Theorien für die Praxis? Wissenschaftsalternativen in der Sozialpädagogik/Sozialarbeit, in: Lukas et al. (Hg.) 1977

Lukas, H./Mees-Jacobi, J./Schmitz, I./Skiba, E. G. (Hg.) 1977: Sozialpädagogik/Sozialarbeit – Eine Einführung, Berlin: Spiess

Maciejewski, Franz (Hg.) 1973: Theorie der Gesellschaft oder Sozialtechnologie. Beiträge zur Habermas-Luhmann-Diskussion. Supplement I , Frankfurt: Suhrkamp

Marzahn, Christian 1988: Geschichte der Sozialarbeit/Sozialpädagogik, in: Kreft/Mielenz (Hg.) 1988

Marx, Karl 1970: Lohnarbeit und Kapital, in: Marx, K./Engels, F. 1970: Ausgewählte Schriften in zwei Bänden, Band 1, 18. Aufl., Berlin/DDR: Dietz

Matthes, Joachim 1973: Soziale Stereotype in der Theorie der Fürsorge, in: Otto/Schneider (Hg.) 1973

Maturana, Humberto, 1985: Erkennen: Die Organisation und Verkörperung von Wirklichkeit, 2. durchges. Aufl., Braunschweig: Vieweg

Maturana, Humberto/Varela, Francisco 1987: Der Baum der Erkenntnis, Bern, München, Wien: Scherz

Mc Intyre, Eilene 1986: Social Networks: Potential for Practice, in: Social Work, Vol. 31, Nr. 6: 421 – 426

Meinhold, Marianne/Guski, Elin 1984: Einzelfallhilfe, in: Eyferth/Otto/Thiersch (Hg.) 1984: 271 – 281

Menninger, Karl 1974: Das Leben als Balance, München: Kindler

Merl, Harry 1990: Autopoiese und systemische Familientherapie, in: Kratky/Wallner (Hg.) 1990

Miller, James G. 1978: Living Systems, New York: McGraw-Hill

Minuchin, Salvador 1978: Familie und Familientherapie, Freiburg: Lambertus

Moser, Heinz 1975: Aktionsforschung als kritische Theorie der Sozialwissenschaften, München: Kösel

Mühlfeld, C./Oppl, H./Weber-Falkensammer, H./Wendt, W. R. (Hg.) 1986: Ökologische Konzepte für Sozialarbeit, Frankfurt: Diesterweg

Mühlum, Albert 1981: Sozialpädagogik und Sozialarbeit, Frankfurt: Deutscher Verein für öffentliche und private Fürsorge

ders. 1986: Die ökosoziale Perspektive: Folgerungen für eine Handlungstheorie der sozialen Arbeit, in: Mühlum et al. 1986

Mühlum, Albert/Olschowy, Gerhard/Oppl, Hubert/Wendt Wolf R. 1986: Umwelt – Lebenswelt, Frankfurt: Diesterweg

Müller, Burkhard 1981: Methode und berufliche Identität, in: Projektgruppe Soziale Berufe 1981

ders. 1982: Zum Stellenwert von Konzepten sozialpädagogischer Handlungskompetenz, in: Neue Praxis 4/1982: 306 – 317

ders. 1985: Die Last der großen Hoffnungen: methodisches Handeln und Selbstkontrolle in sozialen Berufen, Weinheim und München: Juventa

Müller, C. Wolfgang 1988a: Wie Helfen zum Beruf wurde, Band 1, Weinheim: Beltz

ders. 1988b: Band 2

ders. 1988c: Achtbare Versuche. Zur Geschichte von Praxisforschung in der sozialen Arbeit, in: Heiner (Hg.) 1988b

Müller, C. Wolfgang/Nimmermann, Peter (Hg.) 1971: Stadtplanung und Gemeinwesenarbeit, München: Juventa

Müller, Siegfried/Otto, Hans-Uwe/Peter, Hilmar/Sünker, Heinz (Hg.) 1982a: Handlungskompetenz in der Sozialarbeit/Sozialpädagogik I, Interventionsmuster und Praxisanalysen, Bielefeld: AJZ

dies. 1982b: Handlungskompetenz in der Sozialarbeit/Sozialpädagogik II, Theoretische Konzepte und gesellschaftliche Strukturen, Bielefeld: AJZ

Müller, Siegfried / Otto, Hans-Uwe (Hg.) 1986: Verstehen oder Kolonialisieren? Bielefeld: Kleine, 2.erw.Aufl.

Münchmeier, Richard 1981: Zugänge zur Geschichte der Sozialarbeit, München: Juventa

Neidhardt, Friedhelm 1979: Das Innere System Sozialer Gruppen, in: KZfSS Jg. 31, 1979: 639 – 660

Neue Praxis 1978: Sonderheft Sozialarbeit und Therapie, Neuwied: Luchterhand

Niemeyer, Christian 1980: Ansätze zu einer sozialpädagogischen Metatheorie, in: Neue Praxis 10/1980: 285 – 306

Nohl, Herman/Pallat, Ludwig (Hg.) 1929: Handbuch der Pädagogik, Fünfter Band: Sozialpädagogik, Langensalza: Julius Beltz

Obrecht, Werner 1991: Zur Kritik des Konstruktivismus oder: eine andere Art, systemisch zu denken, in: Z. system. Ther. 9 (4): 281 – 286

Oelkers, Jürgen/Tenorth, Hans-Elmar (Hg.) 1987: Pädagogik, Erziehungswissenschaft und Systemtheorie, Weinheim: Beltz

Oelschlägel, Dieter 1988: Schadensbegrenzung – Zur Zukunft der sozialen Arbeit, in: schritte..., Veröffentl. der Evang. Fachhochschule Darmstadt, Nr. 2/1988: 69 – 79

Offe, Claus 1987: Das Wachstum der Dienstleistungsarbeit: Vier soziologische Erklärungsansätze, in: Olk/Otto (Hg.) 1987a

Olk, Thomas 1985b: Der informelle Wohlfahrtsstaat – Beziehungsprobleme zwischen Sozialarbeit und nicht-professionellem Hilfesektor, in: Olk/Otto (Hg.) 1985a

ders. 1986: Abschied vom Experten, Weinheim und München: Juventa

Olk, Thomas/Heinze, Rolf 1989: Selbsthilfe im Sozialsektor – Perspektiven der informellen und freiwilligen Produktion sozialer Dienstleistungen, in: Olk/Otto (Hg.) 1989b

Olk, Thomas/Otto Hans-Uwe 1981: Wertewandel und Sozialarbeit – Entwicklungsperspektiven kommunaler Sozialarbeitspolitik, in: Neue Praxis 2/1981: 99 – 146

dies. (Hg.) 1985a: Der Wohlfahrtsstaat in der Wende, Weinheim, München: Juventa

dies. (Hg.) 1987a: Soziale Dienste im Wandel 1, Helfen im Sozialstaat, Neuwied und Darmstadt: Luchterhand

dies. (Hg.) 1989a: Soziale Dienste im Wandel 2, Entwürfe sozialpädagogischen Handelns, Neuwied und Frankfurt: Luchterhand

dies. (Hg.) 1989b: Soziale Dienste im Wandel 3, Lokale Sozialpolitik und Selbsthilfe, Neuwied und Frankfurt: Luchterhand

Opielka, Michael (Hg.) 1985: Die ökosoziale Frage. Entwürfe zum Sozialstaat, Frankfurt: Fischer

ders. 1985a: Ökologische Sozialpolitik. Überlegungen zu einer ökologischen Sozialreform, in: ders. (Hg.) 1985

Oswald, Gerhard 1988: Systemansatz und soziale Arbeit, Freiburg: Lambertus

Otto, Hans-Uwe 1971: Zum Verhältnis von systematisiertem Wissen und praktischem Handeln in der Sozialarbeit, in: Otto/Utermann (Hg.) 1971

Otto, Hans-Uwe/Schneider, Siegfried (Hg.) 1973a: Gesellschaftliche Perspektiven der Sozialarbeit, Erster Halbband, Neuwied 1973: Luchterhand

dies. 1973b: Zweiter Halbband

Otto, Hans-Uwe/Utermann, Kurt (Hg.) 1971: Sozialarbeit als Beruf, München: Juventa

Pankoke, Eckart 1989: Solidarität, Subsidiarität, Pluralität. Programmformeln und Strukturfragen wertgebundenen Helfens, in: Olk/Otto (Hg.) 1989a

Parsons, Talcott 1976: Zur Theorie sozialer Systeme, hg. u. eingel. v. Stefan Jensen, Opladen: Westdeutscher Verlag

Peters, Helge 1971: Die mißlungene Professionalisierung der Sozialarbeit, in: Otto/Utermann (Hg.) 1971

Pincus, Allen/Minahan, Anne 1973: Social Work Practice: Model and Method, Itasca, Ill. USA: Peacock

dies. 1980: Ein Praxismodell der Sozialarbeit, in: Specht/Vickery (Hg.) 1980, (gekürzte dt. Ausgabe)

Podak, Klaus 1984: Ohne Subjekt, ohne Vernunft, in: Merkur, Nr. 7/Okt. 1984: 733 – 744

Polsky, Howard 1969: System as Patient: Client Needs and System Function, in: Hearn (Hg.) 1969

Prigogine, Ilya/Stengers, Isabelle 1981: Dialog mit der Natur, München: Piper

Probst, Gilbert/Siegwart, Hans (Hg.) 1985: Integriertes Management, Bern: Haupt

Probst, Gilbert 1987: Selbstorganisation, Berlin und Hamburg: Parey

Projektgruppe Soziale Berufe 1981: Sozialarbeit: Ausbildung und Beruf, München: Juventa

Prondczynsky, Andreas von 1982: Die mehrebenanalytische Paradigmen-Verknüpfung. Zur Kritik eines Verfahrens additiver Theoriebildung in den Sozial-und Erziehungswissenschaften, in: Zeitschrift für Sozialisationsforschung und Erziehungssoziologie, 2. Jg., H. 2: 285 – 297

Ramsenthaler, Horst 1986: Theoretische Grundlagen der Familientherapie, in: Familiendynamik, 1/1986: 2 – 15

Rapoport, Anatol 1975: Modern Systems Theory – An Outlook for Coping with Change, in: Ruben/Kim (Hg.) 1975

ders. 1985: Die wissenschaftlichen und methodologischen Grundlagen der allgemeinen Systemtheorie, in: Probst/Siegwart (Hg.) 1985

ders. 1988: Allgemeine Systemtheorie, Darmstadt: Darmstädter Blätter

Reiter, Ludwig/Steiner, Egbert 1986a: Paradigma der Familie: Turings Maschine oder autopoietisches System? in: Familiendynamik Nr. 3, 1986: 234 – 248

dies. 1986b: Über Autonomie, in: Reiter (Hg.) 1986: Theorie und Praxis der systemischen Familientherapie, Wien: Facultas

Reiter, Ludwig/Brunner, Ewald J./Reiter-Theil, Stella (Hg.) 1988: Von der Familientherapie zur systemischen Perspektive, Berlin, Heidelberg: Springer

Richter, Helmut 1986: Verstehen oder Kolonialisieren? Eine falsche Alternative, in: Müller/Otto (Hg.) 1986

Riedl, Rupert 1980: Biologie der Erkenntnis, Berlin und Hamburg: Parey

Ritsert, Jürgen 1971: Organismusanalogie und Politische Ökonomie, Zum Gesellschaftsbegriff bei Herbert Spencer, in: ders.: Erkenntnistheorie, Soziologie und Empirie, Frankfurt: Linksdruck

Roberts, Robert/Nee, Robert (Hg.) 1974: Konzepte der Sozialen Einzelhilfe, Freiburg: Lambertus

Rössner, Lutz 1973: Theorie der Sozialarbeit, München/Basel: Reinhardt

Rogers, Carl 1972: Die klientbezogene Gesprächspsychotherapie, München: Kindler

ders. 1976: Entwicklung der Persönlichkeit, Stuttgart: Klett

Ropohl, Günther 1978: Einführung in die allgemeine Systemtheorie, in: Lenk/Ropohl (Hg.) 1978

ders. 1980: Ein systemtheoretisches Beschreibungsmodell des Handelns, in: Lenk (Hg.) 1980

Roth, Gerhard 1986: Selbstorganisation – Selbsterhaltung – Selbstreferentialität: Prinzipien der Organisation der Lebewesen und ihre Folgen für die Beziehung zwischen Organismus und Umwelt, in: Dress/Hendrichs/Küppers (Hg.) 1986

Ruben, Brent D./Kim, John Y. (Ed.) 1975: General Systems Theory and Human Communication, Rochelle Park, N.J.: Hayden

Sachße, Christoph 1982: Die Pädagogisierung der Gesellschaft und die Professionalisierung der Sozialarbeit, in: Müller. S. et al. 1982b

ders. 1988: Subsidiarität, in: Kreft/Mielenz (Hg.)1988

Sachße, Christoph/Tennstedt, Florian 1980: Geschichte der Armenfürsorge in Deutschland, Stuttgart: Kohlhammer

Scherpner, Hans 1962: Theorie der Fürsorge, Göttingen: Vandenhoeck & Ruprecht

Schiepek, Günter (Hg.) 1987: Systeme erkennen Systeme, München/Weinheim: Psychologie Verlags Union

ders. 1989: Selbstreferenz und Vernetzung als Grundprinzipien zweier verschiedener Systembegriffe, in: System Familie (1989) 2: 229 – 241

ders. 1990: Selbstreferenz in psychischen und sozialen Systemen, in: Kratky/Wallner (Hg.) 1990

Schlippe, Arist von 1988: Der systemische Ansatz – Versuch einer Präzisierung, in: Z. system. Ther. 6 (2) 1988: 81 – 89

Schmidbauer, Wolfgang 1977: Die hilflosen Helfer, Reinbek: Rowohlt

Schmidt, Robert/Thews, Gerhard 1976: Einführung in die Physiologie des Menschen, Berlin, Heidelberg, New York: Springer

Schmidt, Siegfried J. (Hg.) 1987: Der Diskurs des radikalen Konstruktivismus, Frankfurt: Suhrkamp

Schmitz, Marcel 1984: Funktionsbestimmung der Sozialarbeit und die Moderne, Bielefeld: Kleine

Schneider, Kristine (Hg.) 1983: Familientherapie in der Sicht psychotherapeutischer Schulen, Paderborn: Junfermann

Schrödter, Wolfgang 1985: Klientenzentrierte Psychotherapie und Systemtherapie, in: Zeitschrift für personenzentrierte Psychologie und Psychotherapie, Nr. 4, 1985: 459 – 472

Schütz, Alfred/Luckmann Thomas 1979: Strukturen der Lebenswelt, Band 1, Frankfurt: Suhrkamp

dies. 1984: Strukturen der Lebenswelt, Band 2, Frankfurt: Suhrkamp

Schwendter, Rolf 1989: Zum Doppelcharakter der Selbsthilfebewegung in der Bundesrepublik Deutschland, in: Olk/Otto (Hg.) 1989b

Schwäbisch, Lutz/Siems, Martin 1974: Anleitung zum sozialen Lernen für Paare, Gruppen und Erzieher, Reinbek: Rowohlt

Schweitzer, Jochen 1989: Professionelle (Nicht-)Kooperation: Ihr Beitrag zur Eskalation dissozialer Karrieren, in: Z. syst. Ther. 7 (4) 1989: 247 – 254

Secord, Paul/Backman, Carl 1983: Sozialpsychologie, Frankfurt: Fachbuchhandlung f. Psychologie

Selvini-Palazzoli, Mara 1983: „DieWahrheit interessiert mich nicht, nur der Effekt", in: Psychologie Heute, Mai 1983: 39 – 45

Selvini-Palazzoli, Mara/Boscolo, Luigi/Cecchin, Gianfranco/Prata, Giuliana 1977: Paradoxon und Gegenparadoxon, Stuttgart: Klett

dies. 1981: Hypothetisieren – Zirkularität – Neutralität: Drei Richtlinien für den Leiter der Sitzung, in: Familiendynamik 6, Heft 2: 123 – 139

Selvini-Palazzoli, Mara/Anolli/Di Blasio/Giossi/Pisano/Ricci/Sacchi/Ugazio 1988: Hinter den Kulissen der Organisation, Stuttgart: Klett-Cotta, 3. Aufl.

Simmen, René/Welter, Rudolf 1988: Therapie von Umweltbedingungen statt Therapie von Symptomen, in: Reiter/Brunner/Reiter-Theil (Hg.) 1988

Simon, Fritz (Hg.) 1988: Lebende Systeme, Berlin, Heidelberg: Springer

Simon, Fritz/Stierlin, Helm 1984: Die Sprache der Familientherapie: Ein Vokabular, Stuttgart: Klett-Cotta

Solarova, Svetluse (Hg.) 1983: Geschichte der Sonderpädagogik, Stuttgart: Kohlhammer

Specht, Harry 1971: Disruptive Taktiken in der Gemeinwesenarbeit, in: Müller/Nimmermann (Hg.) 1971

Specht, Harry/Vickery, Anne (Hg.) 1980: Methodenintegration in der Sozialarbeit – zur Entwicklung eines einheitlichen Praxismodells, Freiburg: Lambertus

Speck, Ross/Attneave, Carolyn 1976: Die Familie im Netz sozialer Beziehungen, Freiburg: Lambertus

Stachowiak, Herbert 1973: Allgemeine Modelltheorie, Wien/New York: Springer

Stallberg, Friedrich/Springer, Werner (Hg.) 1983: Soziale Probleme: grundlegende Beiträge zu ihrer Theorie und Analyse, Neuwied und Darmstadt: Luchterhand

Staub-Bernasconi, Silvia 1983a: Soziale Probleme – Dimensionen ihrer Artikulation, Diessenhofen CH: Rüegger

dies. 1983b: Ein ganzheitliches Methodenkonzept – Wunschtraum? Chance? Notwendigkeit? Problembezogene Arbeitsweisen in der Sozialen Arbeit, in: Staub-B./v. Passavant/Wagner (Hg.) 1983

dies. 1985: Außen-Ansichten zur „Familiendynamik" und „Familienbehandlung" aus dem Blickwinkel der Sozialarbeit, in: Familiendynamik Nr. 1/85: 65 – 69

dies. 1986: Soziale Arbeit Als Eine Besondere Art Des Umganges Mit Menschen, Dingen Und Ideen, in: Sozialarbeit 10, Okt. 1986: 2 – 71

dies. 1988a: Ist Soziale Arbeit zu einfach oder zu komplex, um theoriewürdig zu sein? Vortrag 9. 12. 1988, München

dies. 1988b: Theoretiker und Praktiker/innen Sozialer Arbeit – Essay über symbolische Macht und die Bewegungsgesetze des Bildungskapitals, in: Schweiz. Zeitschrift für Soziologie, Sondernummer 3: Formen soziologischer Berufspraxis 1988

dies. 1989: Zur Zukunft Sozialer Arbeit, in: Nachrichtendienst des Dt. Vereins für öffentl. u. private Fürsorge, Frankfurt, April 1989: 127 – 137

Staub-Bernasconi, Silvia/von Passavant, Christina/Wagner, Antonin (Hg.) 1983: Theorie und Praxis der Sozialen Arbeit, Bern CH: Haupt

Stegeren, Willemina van 1979: Agologie: Entwicklung zu einer Handlungswissenschaft, in: Sozialarbeit, Nr. 9/1979: 2 – 8

Steiner, Egbert 1987: Selbstorganisierende Systeme: Ein neues theoretisches Fundament für die Familientherapie, in: Delfin, Nr. VIII, 1987: 48 – 58

Stierlin, Helm 1988: Prinzipien der systemischen Therapie, in: Simon (Hg.) 1988

Sünker, Heinz 1989: Bildung, Alltag und Subjektivität, Weinheim: Deutscher Studien Verlag

Swenson, Carol 1979: Social Networks, Mutual Aid, and the Life Model of Practice, in: Germain (Hg.) 1979

Thiersch, Hans 1978a: Alltagshandeln und Sozialpädagogik, in: Neue Praxis Heft 1/1978: 6 – 25

ders. 1978b: Zum Verhältnis von Sozialarbeit und Therapie, in: Neue Praxis Sonderheft 1978: 6 – 24

ders. 1986a: Die Erfahrung der Wirklichkeit. Perspektiven einer alltagsorientierten Sozialpädagogik, Weinheim und München: Juventa

ders. 1986b: Verstehen oder Kolonialisieren? Verstehen als Widerstand, in: Müller/Otto (Hg.) 1986

ders. 1988: Theorie der Sozialarbeit/Sozialpädagogik, in: Kreft/Mielenz (Hg.) 1988

Thiersch, Hans / Rauschenbach, Thomas 1984: Sozialpädagogik / Sozialarbeit: Theorie und Entwicklung, in: Eyferth / Otto / Thiersch (Hg.) 1984

Tönnies, Ferdinand 1979: Gemeinschaft und Gesellschaft, Darmstadt: Wiss. Buchgesellschaft, Neudruck

Treml, Alfred 1987: Welche Erziehung brauchen wir für einen anderen Fortschritt? in: Becker / Ruppert (Hg.) 1987

ders. 1990: Die Systemtheorie – Folgenloses Sprachspiel oder erfolgversprechendes Paradigma? in: Huschke-Rhein (Hg.) 1990

Trojan, Alf 1985: Zwischen Mut zur Realität und Mut zur Utopie. Zu Grenzen und Möglichkeiten von Selbsthilfe-Initiativen, in: Opielka (Hg.) 1985

Tschümperlin, Peter 1988: Erklärungen der Armut – Konsequenzen für die öffentliche Fürsorge, Bern: Schweizer Konferenz für öff. Fürsorge

Tuggener, Heinrich 1971: Social Work, Weinheim, Berlin, Basel: Beltz

ders. 1983: Verwahrlostenpädagogik, in: Solarova (Hg.) 1983

Tyrell, Hartmann 1988: Systemtheorie und Soziologie der Familie – ein Überblick. Teil I: Soziologische Systemtheorien und Familie, in: System Familie (1988) 1: 207 – 219

Ulrich, Hans/Probst, Gilbert 1990: Anleitung zum ganzheitlichen Denken und Handeln, Bern, Stuttgart: Haupt

Unverferth, Hans-Jürgen (Hg.) 1986: System und Selbstproduktion: zur Erschließung eines neuen Paradigmas in den Sozialwissenschaften, Frankfurt, Bern, New York: Lang

Varela, Francisco 1979: Principles of Biological Autonomy, New York: Elsevier North Holland

ders. 1987: Autonomie und Autopoiese, in: Schmidt, S. (Hg.) 1987

Vester, Frederic 1984: Neuland des Denkens, München: dtv

Vollmer, Gerhard 1981: Evolutionäre Erkenntnistheorie, Stuttgart: Hirzel

Waschkuhn, Arno 1987: Politische Systemtheorie: Entwicklung, Modelle, Kritik, Opladen: Westdeutscher Verlag

Watzlawick, Paul (Hg.) 1984: Die erfundene Wirklichkeit, Neuausgabe, München: Piper

Watzlawick, P./Beavin, J./Jackson, D. 1969: Menschliche Kommunikation, Bern: Huber

Watzlawick, P./Weakland, J./Fisch, R. 1974: Lösungen. Zur Theorie und Praxis menschlichen Wandels, Bern: Huber
Weber, Gunthard / Simon, Fritz 1987: Systemische Einzeltherapie, in: Z. system. Ther. 5 (3) 1987: 192 – 206
Weber, Max 1956a: Asketischer Protestantismus und kapitalistischer Geist, in: Soziologie, Weltgeschichtliche Analysen, Politik, hg. von J. Winckelmann, Stuttgart: Kröner
ders. 1956b: Wirtschaft und Gesellschaft. Grundriß der verstehenden Soziologie, 1. Halbband, Tübingen: Mohr (Paul Siebeck)
Weinrich, Harald 1973: System, Diskurs, Didaktik und die Diktatur des Sitzfleischs, in: Maciejewski (Hg.) 1973
Wendt, Wolf R. 1986: Zum Stand der ökologischen Diskussion in der Sozialarbeit, in: Mühlfeld et al. (Hg.) 1986
ders. 1990: ökosozial denken und handeln, Grundlagen und Anwendungen in der Sozialarbeit, Freiburg: Lambertus
Willke, Helmut 1978: Elemente einer Systemtheorie der Gruppe, in: Soziale Welt Jg. 29, H. 3, 1978
ders. 1984: Zum Problem der Intervention in selbstreferentielle Systeme, in: Z. syst. Ther. 2 (7) 1984: 191 – 200
ders. 1987: Systemtheorie – Eine Einführung in die Grundprobleme, 2. erw. Aufl., Stuttgart, New York: Fischer UTB
ders. 1987a: Strategien der Intervention in autonome Systeme, in: Baecker (Hg.) 1987
ders. 1988: Systemtheoretische Grundlagen des therapeutischen Eingriffs in autonome Systeme, in: Reiter et al. (Hg.) 1988
ders. 1989: Systemtheorie entwickelter Gesellschaften, Weinheim und München: Juventa
Winkler, Michael 1988a: Eine Theorie der Sozialpädagogik, Stuttgart: Klett-Cotta
ders.: 1988b: „Ideen braucht man nur, wenn man nichts erlebt", in: Neue Praxis 5/88: 386 – 401
Wolff, Stephan 1983: Die Produktion von Fürsorglichkeit, Bielefeld: AJZ
Zahn, Manfred 1974: System, in: Krings et al. (Hg.) 1974
Zollschan, George / Hirsch, Walter (Hg.) 1964: Explorations In Social Change, London: Routledge & Paul
Zwölfer, Helmut 1986: Insektenkomplexe an Disteln – ein Modell für die Selbstorganisation ökologischer Kleinsysteme, in: Dress et al. (Hg.) 1986

217

Br.J.Social Wk. = British Journal of Social Work
KZfSS = Kölner Zeitschrift für Soziologie und
Sozialpsychologie
Z. syst. Ther = Zeitschrift für systemische Therapie

HINWEISE

1. Hervorhebungen in Zitaten sind jeweils aus dem Original übernommen worden.
Eigene Hinzufügungen in Zitaten stehen in eckigen Klammern [].
2. Soweit sich aus einem Textzusammenhang eine männliche Aussageform ergibt, ist dies lediglich der besseren Lesbarkeit geschuldet und meint daher keine geschlechtsspezifische Unterscheidung.
3. Ebenso wurde darauf verzichtet, jeweils ‚SozialarbeiterIn/SozialpädagogIn' zu schreiben. Es sind stets beide Berufsgruppen gemeint, wenn von SozialarbeiterInnen die Rede ist.

Autor

Dr. Heino Hollstein-Brinkmann ist Professor für Sozialarbeitswissenschaft an der Hochschule für Technik, Wirtschaft und Sozialwesen, Zittau/Görlitz.

Ernst Engelke

Soziale Arbeit als Wissenschaft
Eine Orientierung

Lambertus

Karl-Dieter Ulke (Hrsg.)

Ist Sozialarbeit lehrbar?

Zum wechselseitigen
Nutzen
von Wissenschaft
und Praxis

Lambertus

Ernst Engelke
Soziale Arbeit als Wissenschaft
Eine Orientierung
1992, 332 Seiten, mit Abbildungen,
kart. lam., DM 38,–

Soziale Arbeit als Praxis hat mit sozialen Problemen zu tun, auf die sie handelnd antworten muß. Die Erforschung sozialer Probleme und deren Lösung ist dagegen die Aufgabe der Sozialen Arbeit als Wissenschaft. Ihr ist sie durch die Ausarbeitung einer großen Zahl von Theorien nachgekommen.

Auch wenn die Soziale Arbeit als Wissenschaft die an Wissenschaftsdisziplinen gestellten Kriterien – wie Ernst Engelke zeigt – erfüllen kann, wird ihr dieser Status in der „scientific community" immer noch versagt. Der Autor beschreibt und erörtert zunächst die allgemeinen wissenschaftstheoretischen Aspekte und Kennzeichen von Wissenschaft(-sdisziplinen). In einem zweiten Schritt werden diese mit Blick auf die Soziale Arbeit als Wissenschaft diskutiert. Der dritte Teil ist verschiedenen „vorwissenschaftlichen Theorien" der Sozialen Arbeit aus den vergangenen Jahrhunderten gewidmet. Die wichtigsten wissenschaftlichen Theorieentwürfe und Theorien im deutschsprachigen Raum seit dem zweiten Weltkrieg werden im letzten Teil des Buches vorgestellt.

Karl-Dieter Ulke (Hrsg.)
Ist Sozialarbeit lehrbar?
Zum wechselseitigen Nutzen von
Wissenschaft und Praxis
1988, 208 Seiten, kart. lam., DM 28,–

DozentInnen einer Fachhochschule beschäftigen sich mit dem zentralen Problem der Vermittlung von Theorie und Praxis.
Welchen Nutzen hat wissenschaftliches Wissen für die Praxis sozialer Arbeit – und umgekehrt? Wie muß Wissenschaft gelehrt werden, damit sie brauchbar ist? Mit welchen Transferproblemen ist dabei zu rechnen? Welche Folgerungen sind daraus zu ziehen? Wer als DozentIn oder als SozialarbeiterIn mit der Umsetzung von Wissenschaft in praktisches Handeln zu tun bekommt – was zwangsläufig für beide Gruppen zutrifft –, wird aus diesen Näherungsversuchen seinen Nutzen ziehen.

Lambertus-Verlag GmbH, Postfach 10 26, W-7800 Freiburg i. Br.

220

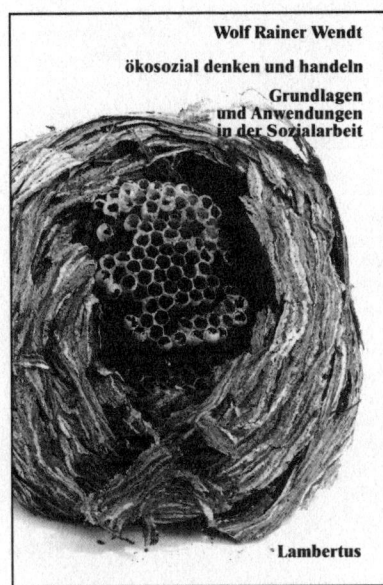

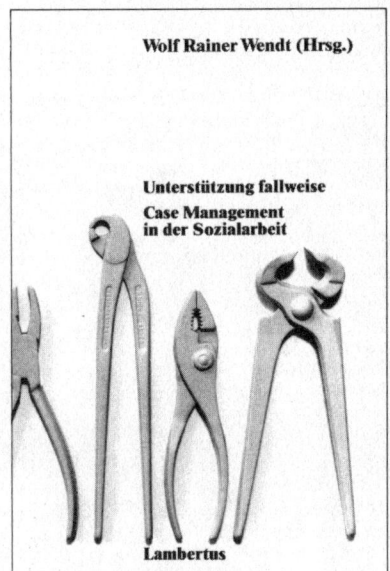

Wolf Rainer Wendt
ökosozial denken und handeln
Grundlagen und Anwendungen in
der Sozialarbeit
1990, 332 Seiten, mit Abbildungen,
kart. lam., DM 38,–

Mit dem ökologischen Denken versucht Wolf
Rainer Wendt die Sozialarbeit auf eine neue
konzeptionelle Grundlage zu stellen. Die Erweiterung des Horizonts auf sozialräumliche, kulturelle, wirtschaftliche und politische Lebens- und
Systemzusammenhänge soll der Einengung der
HelferInnentätigkeit auf die Beschäftigung mit
einzelnen Notlagen und individuellen Problemen entgegenwirken und das herkömmliche Modell der helfenden Beziehung korrigieren helfen.
Die neuen Stichwörter heißen nun: „Lebenslage
und Lebensweise", „Haushalt", „Selbstorganisation", „Ressourcen", „Bewältigungsverhalten",
„Vernetzung", „Unterstützungsmanagement".
Im ersten Teil des Buches wird im einzelnen der
theoretische Bezugsrahmen dargelegt und begründet. Die Anwendung des ökosozialen
Denk- und Handlungsansatzes auf einzelne
Handlungsfelder der Sozialen Arbeit bildet den
zweiten Teil. Und schließlich erweist sich dieser
Ansatz auch als grundlegend und weiterführend
für eine ehtische Orientierung sozialarbeiterischen Handelns.

Wolf Rainer Wendt (Hrsg.)
Unterstützung fallweise
Case Management in der Sozialarbeit
1991, 192 Seiten, mit Abbildungen,
kart. lam., DM 30,–

Mit dem ökosozialen Ansatz hat die Sozialarbeit konzeptionell eine Erweiterung erfahren;
das Konzept des Unterstützungsmanagements
(„case management") hat vor allem in der (vielfach therapeutisch verengten) Einzelfallhilfe zu
einer methodischen Neuorientierung dieser
„klassischen" Arbeitsform geführt. Case Management soll die SozialarbeiterInnen befähigen, unter komplexen Bedingungen den Hilfebedarf und die Hilfemöglichkeiten aufeinander
abzustimmen und im Gemeinwesen die vorhandenen Dienste und Einrichtungen zur fallweisen Unterstützung koordiniert heranziehen.
Der Herausgeber führt zuerst in das Konzept des
Case Managements ein. Dann werden verschiedene Aspekte des Unterstützungsmanagements
weiter ausgeleuchtet: die Funktion des Case Managers, die gemeindenahe Ausgestaltung und
Integration der Dienste („community care"),
Kosten, Nutzen und Finanzierung des Unterstützungsmanagements und schließlich Case Management als Koordination offener Hilfen und
freiwilliger HelferInnen beziehungsweise Angehöriger angesichts des Pflegenotstands in den
Sozial- und Gesundheitsdiensten.

Lambertus-Verlag GmbH, Postfach 10 26, W-7800 Freiburg i. Br.

Dort war er 1979 Gründungsmitglied der Redaktion des TV-Magazins *Schilling* und hat bis 2008 unzählige Beiträge auch für die *Zeit-im-Bild*-Sendungen gestaltet und TV-Dokumentationen geliefert. Neben zahlreichen Fachvorträgen hat er Bücher in den Gebieten Finanz- und Steuerrecht, aber auch zu Familienrecht verfasst, zum Beispiel *Erben und erben lassen, Stirb bankrott* und *Das Leben mit dem Tod.* Er ist Mitglied der Hayek-Gesellschaft in Wien.

Spindelböck, Josef Josef Spindelböck, Dr. theol. habil., ist Professor für Moraltheologie und Dozent für Ethik an der Philosophisch-Theologischen Hochschule der Diözese St. Pölten, wo er derzeit auch das Amt des Rektors innehat, sowie außerordentlicher Professor am Internationalen Theologischen Institut (ITI) in Trumau. Er ist Mitglied der Niederösterreichischen Ethikkommission und gehört als Diözesanpriester von St. Pölten der »Gemeinschaft vom heiligen Josef« an. In der politischen Ethik vertritt Prof. Spindelböck den Ansatz einer grundsätzlichen Berechtigung eines Widerstandsrechts in der Auseinandersetzung mit ungerechter staatlicher Gewalt.

Zapotoczky, Klaus Klaus Zapotoczky ist emeritierter Universitätsprofessor für Soziologie, ehemaliger Vorstand des Instituts für Soziologie und ehemaliger Leiter der Abteilung für Politik und Entwicklungsforschung an der Johannes Kepler Universität Linz. Zudem ist er ehemaliger Vorsitzender des Kuratoriums der Österreichischen Forschungsstiftung in Wien (ÖFSE), ehemaliger Vorsitzender der Wissenschaftskommission beim Bundesministerium für Landesverteidigung und vormaliges Vorstandsmitglied des Österreichischen College/Europäisches Forum Alpbach, dessen Koordination er viele Jahre organisierte.

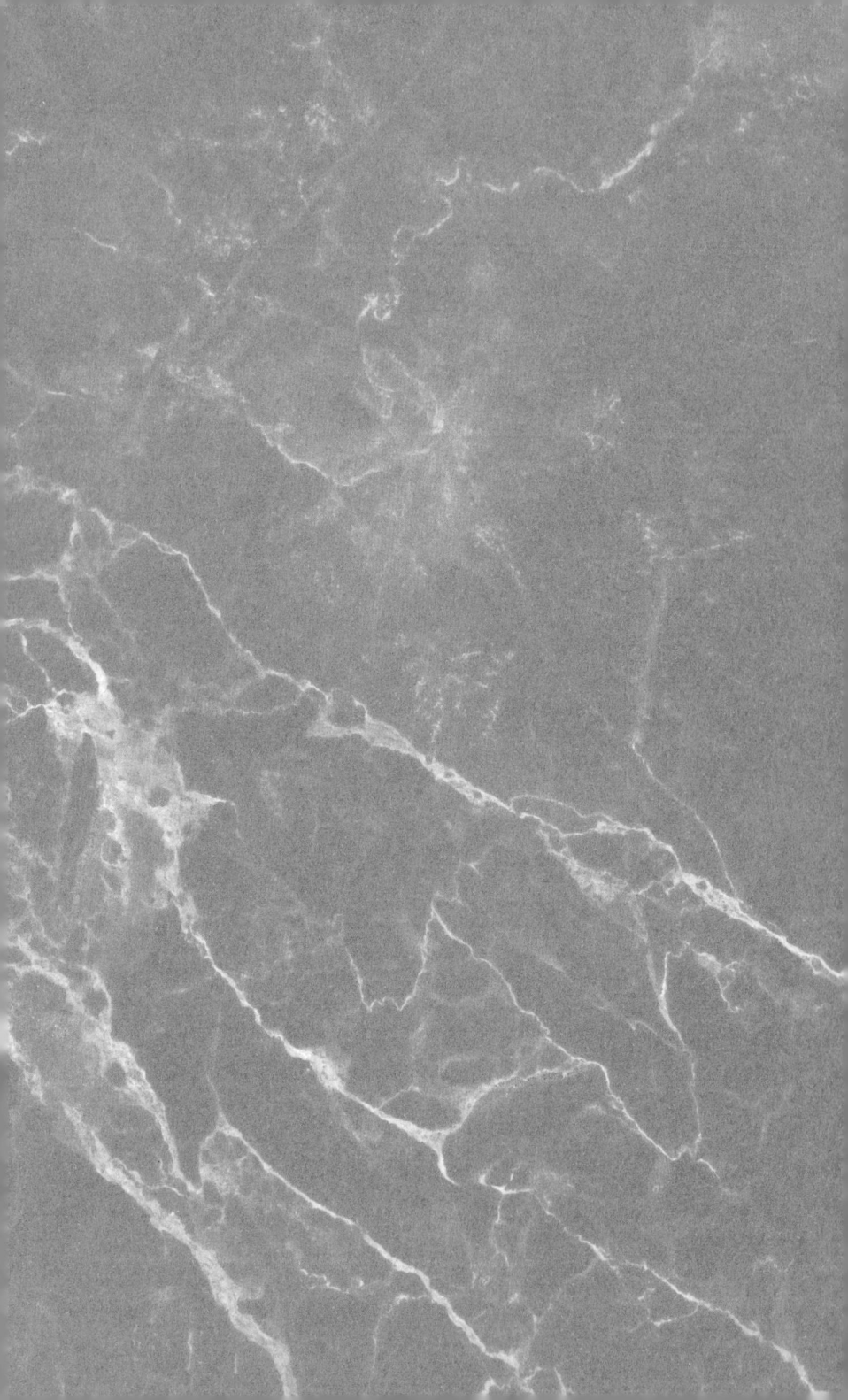